高等学校现代教育技术课程改革规划教材

Camtasia Studio 9.1
详解与微课制作

于化龙 编著

清华大学出版社
北京

内 容 简 介

近年来,微视频技术发展迅速,基于微课的翻转课堂在各层次教育中被广泛运用,这就意味着教师或从事相关职业者必须掌握微课制作技术,而 CS 软件则是最常用的微课制作工具之一。

本书围绕微视频制作技术这一主线,详述 Camtasia Studio 9.1(简称 CS 9.1)软件的基础知识、基本操作和使用技巧。第一篇详尽、深入浅出地介绍软件的诸多功能,把基础知识与实例相结合,运用可操作性强的 46 个实例突出重点操作。第二篇为案例的设计与实现,清晰地阐述微课制作的技术思路、基础知识、设计原则与方法以及制作流程等内容,重点讲述基于 PPT 和录屏的两种常用的微课制作方法,同时穿插介绍大量制作微课所必需的多媒体素材的处理技术。

本书可作为高等学校相关专业的教材,也可作为各级教育机构的培训参考书,同时还可作为教师提升教学质量的自学教材。另外,对于企业员工培训、产品展示、宣传片等方面的微视频制作也有很好的参考价值。

本书封面贴有清华大学出版社防伪标签,无标签者不得销售。
版权所有,侵权必究。举报: 010-62782989,beiqinquan@tup.tsinghua.edu.cn。

图书在版编目(CIP)数据

Camtasia Studio 9.1 详解与微课制作/于化龙编著. —北京:清华大学出版社,2018(2023.8重印)
(高等学校现代教育技术课程改革规划教材)
ISBN 978-7-302-50411-5

Ⅰ. ①C… Ⅱ. ①于… Ⅲ. ①多媒体课件-制作-高等学校-教材 Ⅳ. ① G436

中国版本图书馆 CIP 数据核字(2018)第 123044 号

责任编辑:袁勤勇
封面设计:常雪影
责任校对:徐俊伟
责任印制:杨 艳

出版发行:清华大学出版社
    网 址: http://www.tup.com.cn, http://www.wqbook.com
    地 址: 北京清华大学学研大厦 A 座 邮 编: 100084
    社 总 机: 010-83470000 邮 购: 010-62786544
    投稿与读者服务: 010-62776969, c-service@tup.tsinghua.edu.cn
    质量反馈: 010-62772015, zhiliang@tup.tsinghua.edu.cn
    课件下载: http://www.tup.com.cn, 010-83470236
印 装 者:三河市铭诚印务有限公司
经 销:全国新华书店
开 本:185mm×260mm 印 张:14.5 字 数:344 千字
版 次:2018 年 7 月第 1 版   印 次:2023 年 8 月第 6 次印刷
定 价:46.00 元

产品编号:079594-02

前　言

信息技术和通信技术快速迭代发展,给教育变革注入了巨大助推力。面对世界教育快速的革新,党的二十大报告中提出"推进教育数字化",2022 年教育部实施国家教育数字化战略行动,发布了《教师数字素养》,开启了我国教育发展新赛道和塑造发展新优势的新征程。

在推进教育数字化进程中,教师数字素养的提升至关重要,特别是教师掌握数字技术知识与技能的水平和数字化应用的能力更为关键。而近些年不断创新发展且在教育领域广泛应用的微视频技术及其催生的微课,正在深刻改变着教师的教育与教学和学生的学习与发展。微课以其短小精悍、灵活便捷、媒体多样化、学习个性化、较强互动性等特点,实际运用中可贯穿于数字化教学设计、教学实施、学业评价和协同育人等过程的优势,备受广大教师和学生的青睐。

技术支持是微课发展的基础。Camtasia Studio 9.1(简称 CS)是一款非常好的微视频制作软件,被广泛应用于教学、培训、销售等领域。CS 9.1 版与其以前的版本相比,其功能、操作界面及可操作性等都有了革命性的变化,提供了强大的屏幕录像、视频剪辑和编辑、视频菜单制作、视频效果制作、视频交互和视频播放功能等。使用该软件,用户可以方便地进行录制屏幕或录制 PPT 和配音、视频编辑、视频效果制作、动画添加、字幕和水印添加、视频导航菜单制作、交互和测验制作等,同时生成多种格式的视频文件。

内容创新是微课发展的关键。本书以微视频制作技术的研究为主线,通过实例、案例的设计与实现,厘清 CS 软件的基本知识与操作,同时融入教育技术相关理论和课程思政元素,体现新技术、新教学理论、课程思政相融合的理念。一方面,本书全面、详尽、深入浅出的介绍软件的诸多功能,把基础知识与实例相结合,运用可操作性强的 46 个实例,突出各章的重点操作,更为读者提供提高该软件操作水平的良好途径。另一方面,本书以案例的设计与实现,清晰地展示微课制作的总体技术思路、基本知识、设计原则与方法及制作流程等,突出介绍基于 PPT 和录屏的两种常用的微课制作方法,融入大量制作微课所必需的多媒体素材的处理技术。

全书共分两篇,第一篇为 CS 软件详解,包括第 1 章至第 14 章,第二篇为微视频案例,包括第 15 章及第 16 章。第 1 章为 CS 软件概述,详细叙述软件的发展历程、安装、界面及项目的管理模式;第 2 章为录制视频,详述录像机的功能、录制屏幕、录制 PPT 及摄像头录制外部画面的方法;第 3 章为媒体,详述软件对媒体资源管理的模式;第 4 章为预览窗口与画布,介绍预览窗口的功能,画布上编辑媒体的方法和媒体视觉效果的运用;第 5 章为时间轴,详述时间轴的工具栏、刻度尺、播放头、轨道、视图以及时间轴上媒体的编辑方法;第6章为音频,介绍录制语音旁白的方法和音频的编辑;第7章为转场与动画,详述片断媒体间转场效果、特效镜头以及动画的制作;第8章为行为与光标,介绍媒体元素添加行为效果的类型与方法,以及录制屏幕或PPT时,指针效果的录制与后期的编辑;第9章为注释,介绍注释的类别、运用及交互视频的制作;第10章为画中画,介绍画中画视频的录制、编辑与渲染生成;第11章为标题与字幕,介绍添加标题与制作片头(尾),字幕的编辑与字幕、音频、画面的同步;第12章为标记,介绍标记的类型、运用及交互视频的制作;第13章为测验,详述视频中测验的制作、发布与应用;第14章为分享视频,介绍视频生成与分享的步骤及相关参数。第15章为PPT类微课制作,以案例的形式介绍PPT中多媒体素材运用的技巧和以PPT为基础的微课制作方法;第16章为录屏类微课制作,以案例的形式介绍图像、音频、视频和动画素材的加工技术和录屏类微课的制作方法。

本书全部实例、案例所用到的素材,包括图片、音频、视频、动画及讲解脚本文本等资源,均存放于每个实例、案例文件夹中,读者可通过清华大学出版社官网免费下载。在阅读实例、案例时,读者能够运用所下载的素材,参照实例、案例中的技术操作,轻松掌握技术。

在编辑本书过程中,我们虽然已尽力而为,但难免存在疏漏与不足,期待专家与读者提出宝贵意见,我们将不断修正和完善。

作 者

2023年7月

目　录

第一篇　CS 软件详解

第 1 章　CS 软件概述 ··· 3
1.1　CS 软件基础知识 ·· 3
　　1.1.1　CS 软件的特点 ·· 3
　　1.1.2　CS 软件的应用领域 ·· 4
　　1.1.3　CS 软件的使用流程 ·· 4
1.2　CS 软件版本 ·· 4
　　1.2.1　CS 8.5 版简介 ·· 4
　　1.2.2　CS 9.1 版简介 ·· 5
　　1.2.3　CS 软件漏洞 ·· 5
1.3　CS 软件安装 ·· 5
　　1.3.1　CS 软件下载 ·· 5
　　1.3.2　CS 软件安装 ·· 5
1.4　CS 软件界面 ·· 7
　　1.4.1　菜单 ·· 7
　　1.4.2　工具栏 ·· 8
　　1.4.3　选项卡 ·· 8
　　1.4.4　选项卡列表 ··· 8
　　1.4.5　画布与播放控制条 ··· 9
　　1.4.6　属性框 ·· 9
　　1.4.7　时间轴 ·· 10
1.5　项目管理 ··· 10
　　1.5.1　CS 软件访问文件类型 ··· 10
　　1.5.2　新建项目 ··· 10
　　1.5.3　打开项目 ··· 10
　　1.5.4　项目设置 ··· 11
　　1.5.5　保存项目 ··· 11
　　1.5.6　导出/导入项目 ··· 11

1.6 "首选项"对话框 ………………………………………………………………… 12

第 2 章 录制视频 ……………………………………………………………………… 13
2.1 录制视频基本常识 ………………………………………………………………… 13
    2.1.1 录制前的准备 ……………………………………………………………… 13
    2.1.2 录制注意事项 ……………………………………………………………… 13
2.2 录像机 ……………………………………………………………………………… 14
    2.2.1 录像机窗口 ………………………………………………………………… 14
    2.2.2 参数设置 …………………………………………………………………… 18
    2.2.3 录制工具栏 ………………………………………………………………… 27
2.3 录制屏幕 …………………………………………………………………………… 33
2.4 录制幻灯片 ………………………………………………………………………… 34
    2.4.1 录制按钮 …………………………………………………………………… 34
    2.4.2 录制音频 …………………………………………………………………… 34
    2.4.3 录制摄像头 ………………………………………………………………… 34
    2.4.4 预览摄像头 ………………………………………………………………… 35
    2.4.5 录制选项 …………………………………………………………………… 35

第 3 章 媒体 …………………………………………………………………………… 39
3.1 媒体箱 ……………………………………………………………………………… 39
    3.1.1 媒体箱介绍 ………………………………………………………………… 39
    3.1.2 媒体管理 …………………………………………………………………… 41
3.2 库 …………………………………………………………………………………… 43
    3.2.1 库介绍 ……………………………………………………………………… 44
    3.2.2 媒体管理 …………………………………………………………………… 45

第 4 章 预览窗口与画布 ……………………………………………………………… 49
4.1 预览窗口 …………………………………………………………………………… 49
    4.1.1 工具栏 ……………………………………………………………………… 50
    4.1.2 播放控制条 ………………………………………………………………… 53
4.2 画布 ………………………………………………………………………………… 54
    4.2.1 画布操作 …………………………………………………………………… 54
    4.2.2 编辑媒体元素 ……………………………………………………………… 54
    4.2.3 媒体元素添加效果 ………………………………………………………… 58

第 5 章 时间轴 ………………………………………………………………………… 68
5.1 工具栏 ……………………………………………………………………………… 68
    5.1.1 缩放条 ……………………………………………………………………… 68

5.1.2 媒体元素简单编辑 ··· 69
 5.2 刻度尺与播放头 ··· 70
　　5.2.1 刻度尺 ··· 70
　　5.2.2 播放头 ··· 71
 5.3 轨道 ··· 71
　　5.3.1 轨道简述 ··· 71
　　5.3.2 轨道操作 ··· 72
　　5.3.3 特殊轨道 ··· 74
 5.4 轨道上编辑媒体 ··· 75
　　5.4.1 选择媒体 ··· 75
　　5.4.2 编辑媒体 ··· 76

第 6 章 音频 ··· 83
 6.1 语音旁白 ··· 83
　　6.1.1 前期准备 ··· 84
　　6.1.2 输入设备选择与音量调节 ·· 84
 6.2 音频编辑 ··· 86
　　6.2.1 音频属性 ··· 86
　　6.2.2 音频效果 ··· 87
　　6.2.3 轨道上设置音频效果 ··· 89

第 7 章 转场与动画 ··· 92
 7.1 转场 ··· 92
　　7.1.1 转场介绍 ··· 92
　　7.1.2 转场编辑 ··· 93
 7.2 镜头 ··· 96
　　7.2.1 快、慢镜头 ·· 96
　　7.2.2 缩放镜头 ··· 96
 7.3 动画 ··· 100
　　7.3.1 动画应用 ··· 100
　　7.3.2 动画编辑 ··· 101
　　7.3.3 智能聚焦 ··· 104

第 8 章 行为与指针 ··· 106
 8.1 行为效果 ··· 106
　　8.1.1 行为窗口 ··· 106
　　8.1.2 行为类型 ··· 107
　　8.1.3 行为面板 ··· 107

8.1.4 行为操作 ·· 109
8.2 指针效果 ·· 110
　　8.2.1 指针效果开启 ·· 110
　　8.2.2 指针效果的编辑 ·· 110
　　8.2.3 指针效果的操作 ·· 113

第9章 注释 ·· 115

9.1 注释概述 ·· 115
　　9.1.1 注释选项卡 ·· 115
　　9.1.2 注释类型 ·· 116
9.2 注释的基本操作 ·· 118
　　9.2.1 画布上注释的操作 ······································ 118
　　9.2.2 时间轴上注释的操作 ···································· 120
9.3 注释的设置 ·· 121
　　9.3.1 标注注释 ·· 121
　　9.3.2 箭头＆线条注释 ·· 123
　　9.3.3 特效注释 ·· 124
　　9.3.4 动态注释 ·· 125
　　9.3.5 按键注释 ·· 125
9.4 热点应用 ·· 127
9.5 注释制作 ·· 127
　　9.5.1 素描运动矩形注释制作 ·································· 127
　　9.5.2 模糊注释 ·· 128
　　9.5.3 聚光灯注释 ·· 129
　　9.5.4 按键注释 ·· 130
　　9.5.5 图像添加注释 ·· 130

第10章 画中画 ·· 132

10.1 录制生成画中画 ·· 132
10.2 编辑生成画中画 ·· 133
10.3 渲染生成画中画 ·· 134

第11章 标题与字幕 ·· 136

11.1 标题 ··· 136
　　11.1.1 片头、片尾剪辑 ······································· 136
　　11.1.2 标题剪辑 ··· 137
11.2 字幕 ··· 138
　　11.2.1 窗口介绍 ··· 138

  11.2.2 字幕的类型 ················· 139
  11.2.3 字幕的操作 ················· 141
  11.2.4 字幕的编辑 ················· 148

第 12 章　标记 ························· 152

 12.1 标记概述 ························ 152
  12.1.1 标记的作用 ················· 152
  12.1.2 标记的显示与隐藏 ········· 153
  12.1.3 标记类型 ··················· 153
 12.2 标记的操作 ······················ 153
  12.2.1 添加标记 ··················· 154
  12.2.2 标记的其他操作 ············ 155
 12.3 视频导航目录 ··················· 156

第 13 章　测验 ························· 160

 13.1 测验视图 ························ 160
  13.1.1 显示测验视图 ·············· 160
  13.1.2 隐藏测验视图 ·············· 161
 13.2 测验操作 ························ 161
  13.2.1 测验的类型 ················· 161
  13.2.2 测验的操作 ················· 162
 13.3 测验编辑 ························ 164
  13.3.1 测验问题属性窗口 ········· 164
  13.3.2 测验选项窗口 ·············· 165
  13.3.3 测验问题举例 ·············· 166
 13.4 测验发布 ························ 167
 13.5 浏览器播放测验视频 ·········· 170

第 14 章　分享视频 ····················· 173

 14.1 生成视频的途径与方法 ······· 173
  14.1.1 生成视频的途径 ············ 173
  14.1.2 生成视频的方法 ············ 173
 14.2 生成视频 ························ 173
  14.2.1 自定义生成视频 ············ 174
  14.2.2 批量生成视频 ·············· 179
 14.3 添加/编辑预设 ················· 181

第二篇 微视频案例

第 15 章 PPT 类微课制作 185
15.1 微视频案例——PPT 中文本运用技巧 185
15.2 微视频案例——PPT 中图片运用技巧 187
15.3 微视频案例——PPT 中音频运用技巧 190
15.4 微视频案例——PPT 中视频运用技巧 193
15.5 微视频案例——PPT 中动画运用技巧 196
15.6 微视频案例——基于 PPT 的微课制作 199

第 16 章 录屏类微课制作 203
16.1 微视频案例——图片素材的加工 203
16.2 微视频案例——音频素材的加工 209
16.3 微视频案例——视频素材的加工 214
16.4 微视频案例——动画素材的加工 217

第一篇

CS软件详解

第一篇

CS 软件开发

第 1 章 CS 软件概述

近些年,以 5~15 分钟教学视频为核心,整合了知识学习、练习、作业、测验、调查等内容的微课,备受广大师生的青睐。

当前,微课开发软件层出不穷,功能各异。Camtasia Studio(汉化版,下文简称 CS)9.1 是一款制作微课非常好的软件,它功能强大、操作简单,广泛应用于教学、培训、销售等领域。其主要功能包括:录制视频、编辑视频素材;视频素材特效处理、转场效果、注释、指针效果等;制作画中画、交互视频、测验与调查;视频配音、音频编辑、音频效果以及音、画、字幕同步;生成单机版、网络视频作品等。

1.1 CS 软件基础知识

本节主要介绍 CS 软件的特点、应用领域以及使用基本流程。

1.1.1 CS 软件的特点

CS 软件提供了从屏幕录像、摄像头录像、视频编辑、视频转换到生成并发布视频等全程的视频制作解决方案。其支持在任何显示模式下录制屏幕图像、鼠标操作并同步进行音频的录制,生成录制视频文件。运用其内置的强大视频编辑功能,可对视频进行剪辑、修改、解码转换、添加特殊效果等操作。CS 软件有以下几个重要特点。

1. 操作简单,容易上手

软件界面简单、模块清晰、按钮明确、整体布局非常人性化,读者学习与运用该软件比较容易,可简单快速地制作出属于自己的精彩视频。

2. 功能非常强大

软件有录制视频、编辑视频、录制音频、制作视频画中画等功能。

3. 保存画质清晰

软件生成视频的分辨率可依据用户需求设置,视频画质清晰,特别是对于鼠标单击、输入文本、触发事件等操作的关键地方,会自动放大该区域画面,使观看视频的用户能清晰地看到操作动作、文本输入等。

1.1.2 CS软件的应用领域

1. 教学应用

教学涉及教师的教与学生的学,教师改变教学内容的呈现方式、学生改变学习资源的获取方式是当前教学改革中的热点问题,针对此问题热研的"翻转课堂",其实现关键是微视频的制作技术。CS软件就是教师制作教学视频、微视频的良好工具。教师运用此软件把高质量的教学设计、教学过程等录制为微课,实现课堂的翻转,从而改变传统教学模式并提高教学质量。

学生可在任何时间、任何地点,通过微视频的学习与思考,实现对知识的初步认识与理解,找出不懂的知识点,然后通过课堂学习、讨论等加深理解并解决问题,达到知识的内化,从而提高学习效率,增强学习效果。

2. 培训应用

公司运用CS软件制作员工培训视频,运用线下或线上的方式对职工或新入职员工进行职业技能培训,既节省人力、物力、财力,又起到良好的效果。

3. 销售应用

运用CS软件制作微视频,销售人员可以向客户直观地展示本公司的产品或售后服务等,从而增大公司宣传的力度和广度,扩大公司影响力。

运用CS软件制作视频的应用领域很多,在此不一一列举。

1.1.3 CS软件的使用流程

运用CS软件,通常需要经过以下几个步骤。
(1) 软件的下载、安装。
(2) 运用软件录制视频,包括录制屏幕、录制PPT、摄像头录制视频等。
(3) 编辑视频,包括视频编辑、音频编辑等。
(4) 生成与发布视频。

1.2 CS软件版本

目前,被广泛运用的CS软件版本主要是CS 8.5和CS 9.1,下面就这两个主要版本做简要介绍。

1.2.1 CS 8.5版简介

CS 8.5版(或CS 8.6版)有如下几个特点。一是功能较之前版本更加强大,但运行时占用系统资源比较多,对计算机的性能要求高;二是时间轴支持任意数量的轨道,包括音频、视频、图片等;三是支持X、Y、Z三轴旋转视频及设置旋转动画,能够实现交互视频;四是界面做了调整,使操作更加人性化。缺点是汉化不够完全,极个别操作界面有中、英文混杂现象。

1.2.2　CS 9.1 版简介

　　CS 9.1 版较前几个版本具有如下几个特点。一是功能更加强大,但运行时占用系统资源同样比较多,对计算机的性能要求更高;二是软件整体界面又做了调整,使操作更加人性化,特别是选项卡窗口的调整,分为选项卡、选项卡窗口和属性窗口 3 部分,原部分窗口中的选项调整到软件的相应菜单中;三是新增加行为功能,可为元素添加进入、持续、退出动画效果;四是转场、行为、动画等均可以从选项卡窗口中用鼠标拖动的方式应用于时间轴轨道上的元素;五是剪辑箱、库合并为媒体选项卡,同时增加了更多的媒体资源,还可以快速登录其官方网站下载更多资源;六是汉化较完全,极少有中、英文混杂现象。

1.2.3　CS 软件漏洞

　　CS 8.5 汉化版存在的主要漏洞,一是当运用标注时,无法保存项目,更无法生成视频(英文版不存在此漏洞);二是无法运用录制摄像头功能。解决的办法是使用英文版完成制作与生成视频。

1.3　CS 软件安装

　　本节主要介绍 CS 软件的下载与安装,同时以 Windows 7 操作系统为例,说明安装的注意事项。

1.3.1　CS 软件下载

　　该软件各版本可在其官方网站 http://www.techsmith.com 下载。

1.3.2　CS 软件安装

　　CS 软件从官方网站下载后,将压缩文件解压。执行解压文件夹中的 Camtasia 9.1 英文原版安装程序,依据提示即可完成软件的安装。

　　安装过程中需要注意两点。一是软件对于操作系统有新的要求,无论是 Windows 7、Windows 8 还是 Windows 10 系统,都要考虑是否安装了 Microsoft.NET 4.6 插件,如果没有安装此插件,用户可在网上下载此插件并安装。二是需要安装此版本的汉化程序进行软件的汉化,执行"Camtasia 9.1.0.2356 完美汉化补丁"安装程序,依据提示进行安装,其中有一个界面需要用户勾选"安装简体中文版""安装中文资源库""安装软件密钥"三个选项,如图 1.1 所示。用户如果想恢复软件的英文界面,只需要再次执行"Camtasia 9.1.0.2356 完美汉化补丁"安装程序,在此界面中勾选"还原原始英文版""还原英文资源库"选项,再依据提示操作即可。

实例 1.1　软件的安装(以 Windows 7 系统为例)

步骤 1:安装 Microsoft.NET 4.6 插件。从网上下载并执行 NDP46-KB3045557-

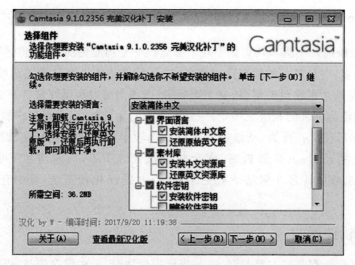

图 1.1 汉化界面勾选项

x86-x64-AllOS-ENU.exe 程序,依据提示进行该插件的安装。安装过程中若出现问题,需要执行下述步骤 2 和步骤 3;若未出现问题,则跳过步骤 2 和步骤 3,从步骤 4 执行。

步骤 2:打开"控制面板",如图 1.2 所示,单击"程序"选项卡,打开下一个窗口,如图 1.3 所示,单击"程序和功能"选项卡中的"打开或关闭 Windows 功能"命令。

图 1.2 控制面板窗口 1

步骤 3:打开"打开或关闭 Windows 功能"窗口,在窗口列表项中找到". NET Framework 4.6 高级服务"项并勾选该项目,单击窗口中的"确定"按钮即可。

步骤 4:执行 Camtasia 9.1 英文原版安装程序,安装软件的英文版。

步骤 5:执行 Camtasia 9.1 汉化补丁安装程序,完成软件的汉化。

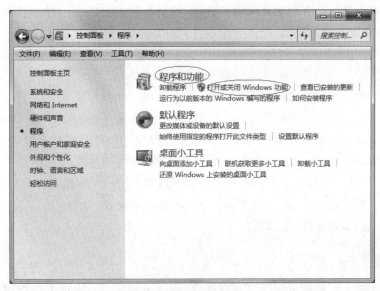

图 1.3　控制面板窗口 2

1.4　CS 软件界面

CS 9.1 软件界面主要包括：①菜单、②工具栏、③选项卡、④选项卡列表、⑤画布、⑥播放控制条、⑦属性框、⑧时间轴等。软件主界面如图 1.4 所示。

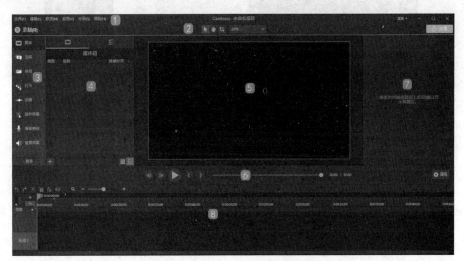

图 1.4　CS 9.1 软件主界面

1.4.1　菜单

菜单包括文件、编辑、修改、视图、分享和帮助 6 个菜单项。

文件菜单包括的命令主要是对项目管理、项目保存、项目设置、登录官网、新建录制、导入媒体、库资源的导入导出、导入导出项目等进行操作,如图1.5所示。

1.4.2 工具栏

工具栏为图1.4所标出的②条形区域,工具栏包括的按钮有录制、编辑、平移、裁剪、画布选项和分享。单击"录制"按钮,将打开CS软件的录像机;单击"编辑"按钮,把鼠标移动到画布上可对选定的对象进行编辑;单击"裁剪"按钮,可对视频画幅进行裁剪;单击"画布选项"右侧的下拉按钮,打开下拉列表框选项,可选择的项目包括适合窗口、25%、70%、100%、200%、300%、分离画布、项目设置等;单击"分享"按钮会打开"分享"菜单,菜单包含本地文件、Screencast.com、Vimeo、YouTube、Google Drive、自定义生成(新建自定义生成、添加/编辑预设)菜单项。

1.4.3 选项卡

选项卡为图1.4所标出的③竖条形区域,如图1.6所示。选项卡包含媒体、注释、转场、行为、动画、指针效果、语音旁白、音频效果、视觉效果、交互式功能和字幕。

图1.5 CS 9.1软件的文件菜单

图1.6 选项卡

1.4.4 选项卡列表

选项卡列表为图1.4所标出的④矩形区域。不同选项卡所包含的内容不同,单击某一选项卡,则在选项卡的右侧显示相应的选项卡列表。例如:单击"转场"选项卡,其选项卡列表如图 1.7 所示。

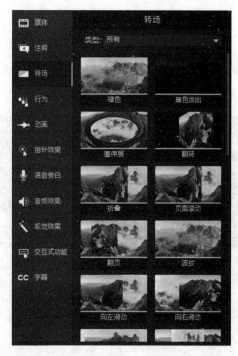

图 1.7 选项卡列表

1.4.5 画布与播放控制条

画布与播放控制条为图 1.4 所标出的⑤矩形、⑥条形区域。画布用来摆放各种媒体对象、编辑对象，播放控制条上有上一帧、下一帧、播放、上一个媒体、下一个媒体、播放条和属性按钮，通过这些按钮可以控制媒体的播放，如图 1.8 所示。

图 1.8 画布与播放控制条

1.4.6 属性框

属性框为图 1.4 所标出的⑦矩形区域。属性框用来设置选定对象的属性，选择不同的对象,属性框中的内容不同。单击播放控制条上的"属性"按钮可切换属性框的打开或关闭状态。

1.4.7 时间轴

时间轴为图1.4所标出的⑧矩形区域。时间轴包含工具栏、标尺、轨道等内容,它们相互配合使用,可实现所有媒体对象的编辑功能,如图1.9所示。

图1.9 时间轴

1.5 项目管理

CS 9.1以项目形式对各种素材进行组织、管理,因此项目也是一个容器。项目管理包括新建项目、打开项目、保存项目、项目另存为、导入压缩项目等。

1.5.1 CS软件访问文件类型

CS 9.1创建、编辑、保存的项目文件为*.tscproj。

CS 9.1导入、导出的视频文件可以是*.camrec、*.trec、*.avi、*.mpeg、*.mpg、*.wmv、*.mov、*.mts、*.m2ts、*.mp4、*.swf等。

CS 9.1导入、导出的图像文件可以是*.bmp、*.gif、*.jpg、*.jpeg、*.png等。

CS 9.1导入、导出的音频文件可以是*.wav、*.mp3、*.wma、*.m4a等。

CS 9.1导入、导出的演示文稿可以是*.ppt、*.pptx。

1.5.2 新建项目

软件启动时会打开"开始使用"对话框,该对话框包括新建项目、新建录制、打开项目等命令,单击"新建项目"命令,便会创建一个默认的项目,这个项目的名称叫作"未命名项目"。软件在启动状态下,还可单击"文件"菜单的"新建项目"命令,重新创建一个项目。

1.5.3 打开项目

软件启动时会打开"开始使用"对话框,在该对话框中单击"打开项目"命令,打开已有项目。软件在启动状态下,单击"文件"菜单的"打开项目"命令,同样会打开一个项目。

1.5.4　项目设置

新建项目后,在编辑项目之前,需要对项目的相关参数进行设置。单击"文件"菜单的"项目设置"命令,会打开"项目设置"对话框,如图1.10所示。对话框中"画布尺寸"右侧有一个下拉列表框,单击下拉列表框可从中选择画布的尺寸;"宽度"和"高度"的右侧均有一个文本框,用于设置宽度、高度的具体数值;"颜色"右侧有一个下拉列表框,单击下拉列表框可打开颜色选择页面,设置画布的背景颜色。

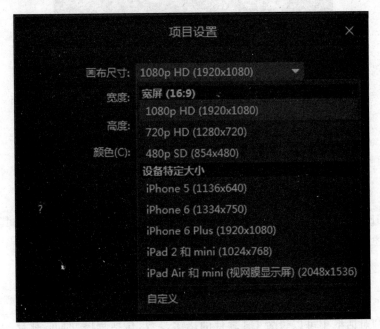

图1.10　"项目设置"对话框

1.5.5　保存项目

项目编辑过程中或完成后,需要对项目进行保存。保存项目的方法是单击"文件"菜单的"保存"命令,即可完成项目的保存。也可以单击"文件"菜单的"另存为"命令,把当前项目保存为另外的项目。

编辑项目时为了能够及时保存项目,需要设置项目自动保存、自动保存时间间隔等。单击"编辑"菜单的"首选项"命令,打开"首选项"对话框,如图1.11所示。在"程序"选项卡中勾选"自动保存时间间隔"复选框,然后单击右侧的微调按钮,调整文本框中的数值,从而改变项目自动保存的时间间隔。该对话框中的诸多参数需要用户自己去查看、熟悉,在此不一一叙述。

1.5.6　导出/导入项目

用户根据需要编辑的项目,除保存项目外,还可以运用导出、导入命令对项目进行管理。单击"文件"菜单的"导出项目为Zip"命令,可把项目导出为压缩文件;单击"文件"菜

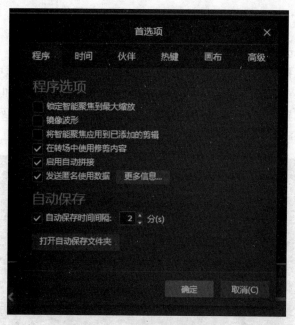

图1.11 "首选项"对话框

单的"导入 ZIP 项目"命令,可把压缩文件导入项目中。还有一些项目管理的其他命令,在此不一一叙述。

1.6 "首选项"对话框

"首选项"对话框中可以设置 CS 软件的诸多参数,包括程序、时间、伙伴、热键、画布、高级 6 个选项卡,如图 1.11 所示。本节将介绍一些重点参数的使用方法。

"程序"选项卡中,可设置项目文件的自动保存,上节已经有所叙述。

"时间"选项卡中,可以设置转场、图像、注释、动画、生成预览、字幕等的默认持续时间。

"伙伴"选项卡中,可以设置 PowerPoint 加载项,如对幻灯片注释项的选择;可以设置移动共享的开/关,设置存储的文件夹。

"热键"选项卡中,可以设置添加标注、添加动画、添加字幕、添加转场、添加标记、添加测验、分割、扩展帧等操作的快捷键。

"画布"选项卡中,可以设置画布的尺寸,画布的尺寸包括自动大小、宽屏、设备特定大小、原始录制尺寸、自定义等。用户在使用 CS 软件编辑视频时,一般应先在这里设置好画布的尺寸,然后再开始工作。

"高级"选项卡中,可以设置检查更新、硬件加速、对库的操作以及临时存储文件夹等。

第 2 章 录 制 视 频

录制视频是 CS 软件的重要功能之一,主要包括录制屏幕、摄像头录制视频和录制 PPT 3 部分功能。录制屏幕和摄像头录制视频均使用 CS 软件自带的录像机完成。使用录像机之前需要对录像机的选择区域、录制输入区和录制按钮 3 部分进行设置。录制 PPT 使用的是 CS 软件所带的录制插件,在安装 CS 软件时会自动安装此插件,当 PPT 处于启动状态时,在 PowerPoint 加载项选项卡中可以设置 CS 录制插件的相关参数。

2.1 录制视频基本常识

本节将介绍运用 CS 软件录制视频前的准备及注意事项。

2.1.1 录制前的准备

录制视频之前,至少要做好三方面的准备工作。一是硬件方面的准备工作,包括摄像头、麦克风的安装、调试等。二是软件的安装,主要是 CS 软件的安装。三是录制脚本的设计与撰写。首先要对录制的内容、过程以及运用的素材进行充分的设计与准备,其次是撰写录制脚本与讲解提纲。录制时依据提纲进行录制,会使整个录制过程变得更加流畅,出错率比较低,这样会大大减少录制完成后编辑的工作量。

2.1.2 录制注意事项

录制视频时,尽可能选择比较安静的环境。安静环境下录制的视频噪音少且轻,可保证视频整体质量较高。如果在较嘈杂的环境下录制视频,虽然后期可通过降噪的方式对音频降噪,也不可能全部去除噪音,因而影响视频的整体质量。

录制视频时,要充分考虑视频的应用环境。例如视频若需在网络上传播,则要考虑使视频文件尽量小。录制时尽量选择一些图案比较简单或者是颜色比较单一的画面进行录制,这样会使后期生成的视频文件比较小,易于网络传播;如果录制画面不需要操作鼠标,就尽量保持画面的静止状态,从而可以少生成关键帧,关键帧越少后期发布的视频文件越小。

录制视频时,要正确处理错误的操作。录制视频过程中,常常会出现一些错误的操作,此时如果停止操作而重新录制,会使工作量变大。一般不用停止录制,而是通过后期编辑将这些错误操作删除,因为在有大纲前提下的录制过程,出现的错误较少,从而后期剪辑工作量也较小。

2.2 录像机

录像机是 CS 软件录制视频的重要工具,本节将对录像机窗口、相关参数设置、录制工具栏的功能详细介绍。

2.2.1 录像机窗口

软件启动状态下,在工具栏最左侧有一个红色的"录制"按钮,将鼠标悬停于该按钮之上,悬停提示内容为"录制屏幕(Ctrl+R),录制应用程序、幻灯片、网站、音频、指针移动等,录制全屏或选择自定义录制区域"。单击"录制"按钮,会打开"录像机"窗口,如图 2.1 所示。"录像机"窗口包括菜单、选择区域、录制输入、录制按钮部分内容。

图 2.1 "录像机"窗口

1. 菜单

菜单包括捕获、效果、工具和帮助 4 个菜单项。

"捕获"菜单包括录制、停止、删除、选择要录制的区域、锁定应用程序、录制音频、录制摄像头等命令。有些命令后面标有快捷键,当使用录像机录制视频时,按下相应的快捷键即可完成相应的操作,例如:F9 键为开始录制,F10 键为停止录制。单击"捕获"菜单的"选择要录制的区域"命令,软件立即进入录制区域选择状态,鼠标指针变为十字线状,在屏幕上按住鼠标左键进行拖动,形成一个矩形区域,则该区域被设置为录制区域。单击"捕获"菜单的"锁定应用程序"命令,鼠标指针变为十字线状,同时被录制的应用程序窗口周围呈现黄色的矩形框,单击红色的 rec 按钮即开始对该应用程序窗口进行录制。如果要进行音频录制或运用摄像头录制视频,则分别单击"录制音频"和"录制摄像头"命令。

"效果"菜单包括注释、使用鼠标单击声音、选项 3 个命令。注释命令包括"添加系统戳记"和"添加字幕"两个勾选项,当勾选"添加系统戳记"选项后,可通过"效果选项"窗口,为录制的视频预设系统戳记;当勾选"添加字幕"选项后,可通过"效果选项"窗口,为录制的视频预设字幕。二者的使用将在下文详细介绍。若勾选"使用鼠标单击声音"选项,则在录制视频时鼠标单击的声音将被一同录入视频中。单击"选项"命令会打开"效果选项"窗口,该窗口的内容将在下文详细介绍。

"工具"菜单包括 Camtasia(C)、Screencast.com、选项、录制工具栏 4 个命令,前两个命令分别为登录到指定的官网,单击"选项"命令打开"工具选项"对话框,单击"录制工具栏"命令打开"录制工具栏"对话框,这两个对话框的内容将在下文详细介绍。

"帮助"菜单包括 Camtasia Recorder 帮助、教程/使用方法、技术支持、发送反馈、TechSmith 网站、关于 Camtasia 等命令。

2. 选择区域

"录像机"窗口中的选择区域包含两个按钮,分别是"全屏"按钮和"自定义"按钮。

录制全屏是指录制计算机整个屏幕,也就是计算机的桌面。打开 CS 的录像机,单击"全屏"按钮,然后再单击 rec 按钮,则开始录制计算机桌面。

自定义区域是指用户可以根据录制的需要,自行设定录制屏幕的区域,录制区域有锁定宽高比与非锁定宽高比两种状态。当单击"自定义"按钮后,其后面显示出宽度、高度文本框和"锁头"按钮,单击"锁头"按钮来切换锁定/非锁定状态。当处于锁定状态时,改变宽度(高度)文本框中的数值,则高度(宽度)的数值等比例缩放。当处于非锁定状态时,改变宽度(高度)文本框中的数值,则高度(宽度)的数值不变。

单击"自定义"右侧的下拉按钮,会打开尺寸选择下拉列表框,其中包括宽屏(1080p HD、720p HD、480p HD)、标准(1024×768、640×480)、最近录制的区域、锁定应用程序、选择要录制的区域等选项,用户依据需要选择录制屏幕的尺寸即可。

自定义录制区域还有另一种方法。在单击"自定义"按钮之后,在计算机桌面上出现一个绿色虚线并且带有 8 个方句柄的矩形框,用鼠标左键拖动 8 个方句柄中的任意一个,均会改变录制区域的大小。绿色虚线矩形框中间有一个罗盘,用鼠标拖动"罗盘"图标,可改变录制区域在屏幕上的位置,如图 2.2 所示。

图 2.2 自定义录制区域

录制自定义区域时,常常会录制某个应用程序的窗口。首先,单击"自定义"按钮右侧的"锁头"按钮,使宽、高比处于解锁状态;其次,用鼠标左键拖动录制区中的"罗盘"图标来改变矩形框在屏幕上的位置,用鼠标左键拖动屏幕上绿色虚线矩形框上的方句柄,调整其宽、高使其与应用程序窗口大小相同;最后,单击"自定义"按钮右侧的下拉按钮,在打开的下拉菜单中选择"锁定应用程序"命令。这样录制开始后,所录制的区域只是选定的应用程序窗口区域。

3. 录制输入区

录制输入区包括摄像头和麦克风的设置。

(1)摄像头的设置

如果计算机装有摄像头并且需要用摄像头录制计算机外部的画面,在录制视频前需要单击"摄像头"按钮打开摄像头,这样在录制计算机屏幕的同时,摄像头也会录制计算机外部的画面,从而形成画中画。摄像头打开状态下,在其按钮上有绿色的对勾,其右侧会出现摄像头包含的视频预览窗口,当鼠标悬停在该窗口上时,会出现更大的视频预览窗口,此时可以调整被摄像头录制的画面区域。

单击"摄像头"右侧的下拉按钮,弹出菜单中包含 Integrated Camera 和选项两个命令,其中 Integrated Camera 已经被勾选,表示使用摄像机。单击"选项"命令,打开"工具选项"对话框,如图 2.3 所示。"工具选项"对话框的"输入"选项卡中,下半部分为摄像头设置,包括摄像头设备、设备属性、预览窗口、格式设置 4 部分内容。单击"摄像头设备"右侧的下拉列表框,列表框中有 Integrated Camera、不录制摄像头两个选项。预览窗口显

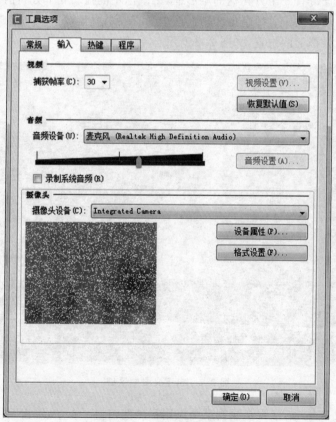

图 2.3 "工具选项"对话框

示了当前摄像头抓取的外部画面。单击"设备属性"按钮,打开"属性"对话框,在"属性"对话框中可以设置抓取外部视频的亮度、对比度、色调、饱和度等参数。单击"格式设置"按钮,打开"属性"对话框,在"属性"对话框中可以设置视频的格式,如帧率、输出大小等,如图 2.4 所示。

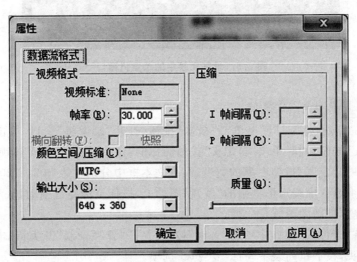

图 2.4 "属性"对话框

(2) 麦克风的设置

当录制屏幕并且需要录制音频时,一定要选择麦克风。单击录像机录制输入区的"音频"按钮后,其上出现一个绿色的对勾,表示启用了音频录制,单击该按钮右侧的下拉箭头,会弹出一个菜单,菜单包括麦克风、不录制麦克风、录制系统音频和选项 4 个命令。如果使用麦克风录制音频,则必须勾选"麦克风"选项;如果勾选了"不录制麦克风"选项,则无法通过麦克风录制音频;若勾选"录制系统音频"选项,则计算机播放的声音通过系统进行内录,此种录制方式不会掺入噪音;单击"选项"命令,打开"工具选项"对话框,如图 2.3 所示。在"工具选项"对话框的"输入"选项卡中,其中间部分为音频设备、音量测试条、录制系统音频、音频设置。"音频设备"右侧有个下拉列表框,下拉列表框包括麦克风、不录制麦克风两个选项;当用户对着麦克风讲话时,音量测试条会呈现波动状态,表示音量大小的变化;勾选"录制系统音频"选项,表示录制系统音频;单击"音频设置"按钮,打开"属性"对话框,在"属性"对话框中可以对音频的相关参数做进一步的设置。

麦克风的右侧有音量测试条和音量调节滑块。录制音频前可以测试麦克风,麦克风音量大小的变化在音量测试条中显示。麦克风音量的调节可用鼠标左键拖动音量调节滑块,调整到比较满意的音量,一般将音量调到 90% 左右为最佳。如果将麦克风音量调到 100%,很容易会产生破音;如果将麦克风音量调得过低,则系统电流声音就会显得较大。

4. 录制按钮

录像机窗口中的 rec 红色按钮为录制按钮,完成录制区域、摄像头、音频等设置后,单击此按钮即开始视频的录制,此时的录像机窗口如图 2.5 所示。窗口中的录制按钮变为删除、暂停和停止 3 个按钮,用户可根据需要单击相应的按钮。单击"删除"按钮,则把刚刚录制的视频删除;单击"暂停"按钮,则视频录制暂时停止;单击"停止"按钮,则视频录制停止,此时所录制的视频自动加载到CS软件的媒体箱和轨道中。

图2.5　录制视频中的录像机窗口

实例2.1　录制自定义区域

步骤1:在CS软件工具栏上单击"录制"按钮,打开"录像机"窗口,单击"录像机"窗口中的"自定义"按钮,同时单击"自定义"按钮右侧的"锁头"按钮切换至解锁状态。

步骤2:在"自定义"按钮右侧的宽度、高度文本框中分别输入1024、720,把鼠标移动到计算机桌面上绿色虚线矩形框中的"罗盘"图标上,按住鼠标左键拖动,从而改变其在屏幕上的位置,确定录制的区域。

步骤3:在"录像机"窗口中单击"音频"按钮,打开"音频录制"开关,单击"音频"按钮右侧的下拉箭头,在下拉列表中勾选"麦克风"选项。

步骤4:在"录像机"窗口中单击"录制"按钮,开始自定义区域视频的录制。

实例2.2　录制程序窗口

步骤1:启动PowerPoint软件,打开(..\实例2.2\入门演示文稿.pptx)文件。

步骤2:在CS软件工具栏上单击"录制"按钮,打开"录像机"窗口,单击"自定义"右侧的"锁头"按钮,切换至解锁状态。

步骤3:单击"自定义"右侧的下拉箭头,在下拉列表中勾选"锁定应用程序"选项,此时因PowerPoint软件窗口为当前激活窗口,所以CS软件的录制区域框自动套在PowerPoint软件窗口上,如图2.6所示。

步骤4:在"录像机"窗口中单击"录制"按钮,开始PowerPoint软件窗口的录制。

2.2.2　参数设置

1. 设置录制时鼠标点击的声音

录制视频时实现鼠标点击声音效果,首先要在"录像机"窗口的"效果"菜单中,把"使用鼠标单击声音"选项勾选,表示此开关处于打开状态,这样鼠标单击声音就会录制于视频中,如图2.7所示。

录制视频过程中,若要录制点击鼠标键时出现的音效,则需要在"录像机"窗口中单击"效果"菜单的"选项"命令,打开"效果选项"对话框,选择"声音"选项卡,如图2.8所示。

"声音"选项卡中包括鼠标按键按下声音、鼠标按键松开声音和音量3个参数设置,声音来源于一个声音文件,声音文件格式应为wav格式。例如:单击"鼠标按键按下声音"下面文本框右侧的"打开"按钮,可以加载一个外部音频文件作为鼠标按键按下时的声音,单击后面的"喇叭"按钮,可试听声音。

图 2.6 录制 PowerPoint 软件窗口

图 2.7 鼠标单击声音效果开关

2. 设置录制时添加系统戳记、字幕

运用 CS 录制视频时,可以通过预设参数为录制视频添加系统戳记、字幕等。系统戳记一般为时间、日期,它是为方便编辑视频而设置,可在视频录制中添加,也可以在编辑视频中添加,对于系统戳记的设置包括在视频中布局、顺序、颜色等(此内容在后面章节介绍)。字幕一般设置为视频的版权信息、特殊说明、附加信息等,同样可设置字幕的字体、字型和颜色等。系统戳记与字幕一般用来为视频添加水印,系统戳记与字幕的参数设置如图 2.9 所示。

(1) 系统戳记

若需要对录制的视频添加系统戳记,录制前需要在"录像机"窗口中单击"效果"菜单的"选项"命令,打开"效果选项"对话框,在对话框中选择"注释"选项卡,如图 2.9 所示。"注释"选项卡中关于系统戳记的设置包括时间/日期、已用时间、首先显示时间/日期、时间/日期格式、系统戳记选项、预览等。

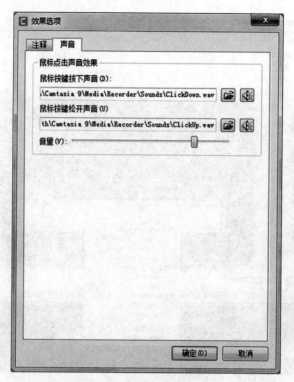

图 2.8 鼠标点击声音效果设置

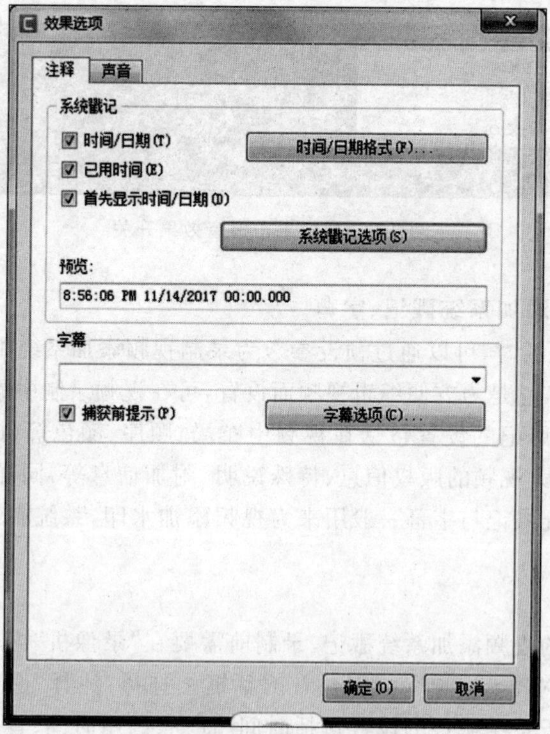

图 2.9 "效果选项"对话框

最终在视频中生成系统戳记包含的内容取决于"效果选项"对话框中的勾选项。当勾选"时间/日期"复选框后,则当前系统时间、日期显示于"预览"下面的文本框中;当勾选"已用时间"复选框后,则"预览"下面的文本框中显示出 00:00,000;当勾选"首先显示时间/日期"复选框后,则"预览"下面的文本框中显示内容的顺序为时间、日期、已用时间,反之则顺序为已用时间、时间、日期。

在"效果选项"对话框中,单击"时间/日期格式"按钮,打开"时间/日期格式"对话框,对话框包括显示、时间、日期、自定义时间格式、自定义日期格式、预览 6 方面内容。"显示"下包括时间然后日期、日期时间、仅时间、仅日期 4 个单选项,选择某一个选项,则"时间""日期"下面的文本框中分别显示出若干时间格式和日期格式,用户从中选择所需的格式即可。如果用户在"时间""日期"下面的文本框中选择"自定义格式",则自定义时间(日期)格式下面的文本框会变为可用状态,用户在文本框中可自定义时间(日期)格式。无论运用哪一种时间、日期格式,"预览"下面的文本框中都会以设置的格式显示出当前的时间、日期,如图 2.10 所示。

图 2.10 "时间/日期格式"对话框

在"效果选项"对话框中,单击"系统戳记选项"按钮,打开"系统戳记选项"对话框,对话框中包括样式、位置、字体、文字颜色、背景颜色、阴影颜色、轮廓颜色、预览窗口 8 方面内容,如图 2.11 所示。

"样式"包括标准、阴影、轮廓和阴影 3 个单选项,透明背景、自动换行为勾选项。例如选择"轮廓和阴影",则文字有阴影轮廓线;如果勾选"透明背景"复选框,则文字以外的背景为透明色;若勾选"自动换行"复选框,则生成视频的系统戳记文本较长时会自动换行。

"位置"的选择用来决定系统戳记在视频画面中的位置,位置区域有 9 个矩形块,用户单击某一个矩形块,则该矩形块被选中并呈现蓝色,表示系统戳记出现在视频中的此位置。

单击"字体"按钮,打开"选择字体"对话框,对话框中可设置字符的字体、字体风格、大小、删除线、下画线等。单击"文字颜色"按钮,打开颜色选择页面,可以设置字符的颜色。单击"背景颜色"按钮,同样打开颜色选择页面,用来设置系统戳记的背景颜色。单击"阴影颜色"按钮,打开颜色选择页面,用来设置阴影的颜色。单击"轮廓颜色"按钮,打开颜色选择窗口,用来设置字符轮廓线的颜色。

图 2.11 "系统戳记选项"对话框

为使添加的系统戳记在录制视频中生效,需要在"录像机"窗口中"效果"菜单的"注释"子菜单的级联菜单中勾选"添加系统戳记"选项,如图 2.12 所示。这样在录制视频时会自动将设置的时间/日期一起录入视频。

图 2.12 添加系统戳记选项开关

(2) 字幕

若需要对录制的视频添加字幕,录制视频前在"录像机"窗口单击"效果"菜单的"选项"命令,打开"效果选项"对话框,选择"注释"选项卡,该选项卡的"字幕"区域包括下拉列表框、捕获前提示、字幕选项按钮 3 部分。下拉列表框中可以添加字幕文本内容,若勾选"捕获前提示"复选框,则在录制视频前会提示用户输入新的字幕文本或使用"效果选项"对话框设置的文本内容,如图 2.13 所示。单击"字幕选项"按钮,打开"字幕选项"对话框,"字幕选项"对话框的设置内容与"系统戳记"选项对话框基本相同。应用上述对话框完成字幕的内容、格式、位置、背景、字体、字型、颜色等设置。

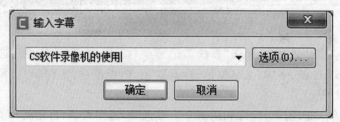

图 2.13 输入字幕询问窗口

为使添加的字幕在录制视频中生效,需要在"录像机"窗口中的"效果"菜单的"注释"级联菜单中勾选"添加字幕"选项,参照图 2.12 所示。这样在录制视频时会自动将设置的字幕一同录进视频。

录制视频时只能添加一段字幕,而且在录制过程中不能对字幕进行更改。如果保存字幕选项的设置,则字幕将会出现在每个录像文件中。这里的字幕不是传统意义的视频字幕,而是形成视频版权水印的一种方法。

实例 2.3　添加系统戳记

步骤 1:在"录像机"窗口中单击"效果"菜单的"选项"命令,打开"效果选项"对话框;在对话框中勾选"时间/日期"复选框,单击"时间/日期格式"按钮,打开"时间/日期格式"对话框,选择"时间然后日期"单选项。

步骤 2:在"效果选项"对话框中单击"系统戳记选项"按钮,打开"系统戳记选项"对话框,选择"轮廓和阴影"单选按钮,"位置"中选择中间的矩形块;单击"文字颜色"按钮,在打开的页面中设置文字颜色为绿色;单击"背景颜色"按钮,在打开的页面中设置背景颜色为黑色。

步骤 3:在"录像机"窗口中单击"效果"菜单的"注释"命令,在弹出的级联菜单中勾选"添加系统戳记"选项。

步骤 4:完成上述设置后,在"录像机"窗口中单击"录制"按钮,开始视频的录制。将录制完成的视频加载到 CS 媒体箱和轨道上,播放视频时会看到视频中间显示有设置格式的系统戳记,视频截图如图 2.14 所示。

图 2.14　添加有系统戳记的视频

实例 2.4　添加字幕

步骤 1:在"录像机"窗口中单击"效果"菜单的"选项"命令,打开"效果选项"对话框;在对话框中"字幕"下面的下拉列表框中输入"CS 软件用字幕制作水印"文本。

步骤 2:单击"字幕选项"按钮,打开"字幕选项"对话框;在对话框中选择"阴影"单选按钮,"位置"中选择中间的矩形块;单击"文字颜色"按钮,在打开的页面中设置文字颜色为红色;单击"背景颜色"按钮,在打开的页面中设置背景颜色为白色。

步骤 3:在"录像机"窗口中单击"效果"菜单的"注释"子菜单,勾选"添加字幕"选项。

步骤 4:完成上述设置后,在"录像机"窗口中单击"录制"按钮,开始视频的录制。将录制完成的视频加载到 CS 媒体箱和轨道上,播放视频时会看到视频中间显示有设置格式的字幕,视频截图如图 2.15 所示。

3. 设置录制时添加屏幕绘制

运用 CS 软件录制视频时,往往需要对录制的内容添加箭头、线条甚至是插图等,把这些类似于绘图的效果称为 CS 的屏幕绘制。CS 提供了屏幕绘制工具,使用录像机录制视频前,在"录像机"窗口中单击"工具"菜单的"录制工具栏"命令,打开"录制工具栏"对话框,如图 2.16 所示。"录制工具栏"对话框包括音频、摄像头、统计、效果、持续时间 5 个勾选项,用户根据需要从中勾选所需选项。这里勾选"效果"选项,这样录制视频时"绘图工具栏"才会打开,用户可对工具进行选择、颜色编辑和宽度修改等设置,然后再绘制所需图形,绘制图形的操作会一同被录制到视频中保存。

图 2.15 添加有字幕的视频

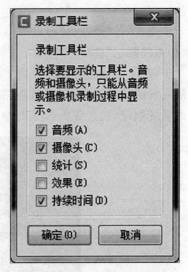

图 2.16 "录制工具栏"对话框

(1) 效果选项开关

在录像机打开状态下,在"录像机"窗口中单击"工具"菜单的"录制工具栏"命令,打开"录制工具栏"对话框,在该对话框中勾选"效果"选项。

(2) 屏幕绘制

录制视频时,在"录像机"窗口中单击"录制"按钮开始录视频后,屏幕绘制效果选项即出现。单击"屏幕绘制"按钮,屏幕绘制效果工具可扩大或收回。屏幕绘制效果工具扩大状态下,有矩形、填充矩形、椭圆、笔 4 组工具,单击某一组工具右侧下拉箭头,弹出菜单包括工具、颜色和宽度。屏幕绘制效果工具栏如图 2.17 所示。

使用 4 组工具其中某一组之前,需要选择具体的工具并设置其颜色、宽度属性。例如使用矩形工具,首先在屏幕绘制效果工具栏中单击"矩形工具"右侧的下拉箭头,打开该工

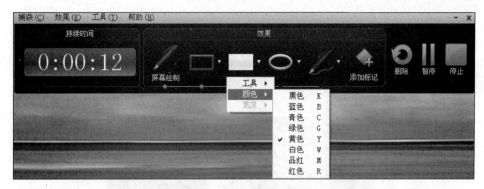

图 2.17　屏幕绘制工具

具的菜单。"工具"菜单包括画笔、箭头、线条、椭圆、矩形、高亮勾选项,用户使用哪个工具就需要勾选相应的选项,如图 2.18 所示。"颜色"菜单包括黑、蓝、青、绿、黄、白、品红、红等颜色选择,如图 2.19 所示。"宽度"菜单包括 1 至 8 数字勾选项来决定工具的线条宽度,如图 2.20 所示。设置完上述参数后,录制视频过程中即可在屏幕上绘图,绘图过程被一起录入视频中。

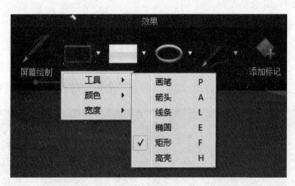

图 2.18　屏幕绘制效果矩形工具菜单

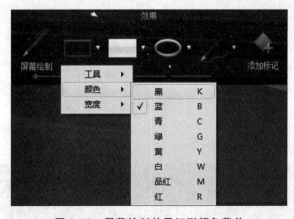

图 2.19　屏幕绘制效果矩形颜色菜单

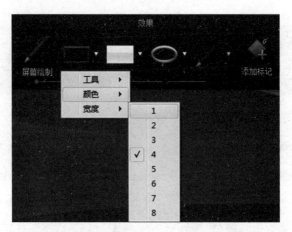

图 2.20 屏幕绘制效果矩形宽度菜单

实例 2.5　录制屏幕绘制

步骤 1：在"录像机"窗口中单击"工具"菜单的"录制工具栏"命令，打开"录制工具栏"对话框，在该对话框中勾选"效果"选项。

步骤 2：在"录像机"窗口中单击"录制"按钮开始录制视频。

步骤 3：录制视频开始后，屏幕绘制效果工具栏自动打开，如图 2.21 所示。单击效果工具栏的"笔工具"右侧的下拉箭头，在打开菜单中选择"工具"并在其子菜单中勾选"线条"选项，选择"颜色"并在其子菜单中勾选"品红"选项，完成绘制工具的设置。

图 2.21 屏幕绘制效果工具栏

步骤 4：把鼠标移到录制区域，绘制三角形，则此过程录制为视频。生成的视频截图如图 2.22 所示。

图 2.22 屏幕绘制生成的视频截图

(3) 屏幕绘制工具快捷键

运用屏幕绘制工具绘图时，为使用户操作快捷、方便，CS 提供了相应的快捷键，如表 2.1 所示。

表 2.1 屏幕绘制工具快捷键

功 能 选 项	快捷键	功 能 选 项	快捷键
使用屏幕绘制	Ctrl+Shift+D	箭头(Arrow)	A
退出屏幕绘制模式	Esc	黑色(Black)	K
撤销最后一次屏幕绘制	Ctrl+Z	蓝色(Blue)	B
工具线条宽度(Tool Width)	1～8	红色(Red)	R
框架(Frame)	F	白色(White)	W
突出显示(Highlight)	H	黄色(Yellow)	Y
椭圆(Ellipse)	E	绿色(Green)	G
笔(Pen)	P	青色(Cyan)	C
线(Line)	L		

2.2.3 录制工具栏

运用 CS 软件的录像机录制视频时，会打开"录制工具栏"窗口，"录制工具栏"包括音频工具栏、摄像头工具栏、统计工具栏、效果工具栏、持续时间工具栏。

1. 显示或隐藏工具栏

各个工具栏在录制视频时是否可用，需要在录制视频前对其进行开与关的切换设置。设置方法是在"录像机"窗口中单击"工具"菜单并在弹出的子菜单中选择"录制工具栏"命令，此时会打开"录制工具栏"对话框，参见图 2.16。

2. 工具栏介绍

"录制工具栏"包括统计工具栏、持续时间工具栏、音频工具栏、摄像头工具栏和效果工具栏，如图 2.23 所示。

(1) 统计工具栏

"统计工具栏"显示出相关的录制信息，包括帧率(播放速率，即每秒播放的帧数)、帧

图 2.23　录制工具栏

数,录制过程中帧数后面的数值不断增长,表示视频总的帧数。

（2）持续时间工具栏

"持续时间工具栏"显示出录制视频的持续时间长度,从左到右分别表示时、分、秒。

（3）音频工具栏

"音频工具栏"中有一个音量条,音量条上有音量调节滑块,用鼠标左右拖动音量滑块,调节录制音频的音量。此时,如果用户通过麦克风进行音频的输入,音量条上的音量滑块会左右移动。如果音频电平在绿色到黄色范围,表示当前的音量合适;如果音频电平在橙色至红色范围,则表示音量不合适,可能会产生破音。

（4）摄像头工具栏

"摄像头工具栏"下面有一个预览窗口,显示出摄像头获取的计算机外部画面。

（5）效果工具栏

"效果工具栏"是录制视频时,为视频添加绘图、标志以及光标效果的工具栏,其包括屏幕绘制、添加标记、添加光标效果等。

3. 工具选项设置

使用 CS 软件录像机的工具栏前,需要进行一些参数设置。在"录像机"窗口中单击"工具"菜单的"选项"命令,打开"工具选项"对话框,"工具选项"对话框包括常规、输入、热键、程序 4 方面参数设置,如图 2.24 所示。

（1）常规

"常规"选项卡中,包括帮助、捕获、保存 3 方面内容设置。

"帮助"中包括"显示工具提示""当 Recorder 录制时,提醒我"两个选项。"捕获"中包括"捕获分层窗口""捕获键盘输入""在捕获期间禁用屏幕保护程序""捕获期间禁用 Aero"4 个选项。"保存"中包括"录制到""临时文件夹"两个选项。例如,若勾选"当 Recorder 录制时,提醒我"选项后,每次运用 CS 录像机录制屏幕时,单击"录制"按钮后会有录制倒计时提示;若勾选"捕获分层窗口"选项后,CS 软件在捕获应用程序窗口时,可把程序窗口及其子窗口同时捕获。再如,"录制到"右侧有一个下拉列表,可选录像机录制视频的保存类型,下拉列表框包含 *.trec、*.avi 两个选项,用户可以根据需要选择二者之一;"临时文件夹"是用来设置存储文件的路径,单击"浏览"按钮,打开"浏览文件夹"对话框来设置文件的保存路径。此外,设置文件保存类型时,单击"文件选项"按钮,打开"文件选项"对话框,对话框中包括"输出文件名"("输出时指定文件名""使用固定文件名""自动文件名")和"输出文件夹"内容设置,如图 2.25 所示。如果选择"输出时指定文件名"单选项,则在录制完成保存视频时,打开"保存文件"对话框,依据用户操作保存文件;如果选择"使用固定文件名"单选项,并且在其下面的文本框中输入了一个固定的文件名称,则保

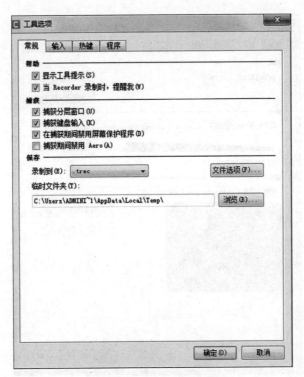

图 2.24 "工具选项"对话框

存录制视频时以该名称保存文件;如果选择"自动文件名"单选项,则系统自动按照日期生成文件名。单击"输出文件夹"下面的"浏览"按钮,设置录制保存文件的路径。

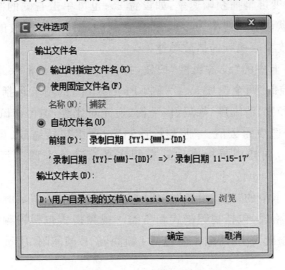

图 2.25 "文件选项"对话框

(2) 输入

"输入"选项卡主要包括视频、音频和摄像头 3 部分内容设置,如图 2.26 所示。

视频设置包括捕获帧率、视频设置、恢复默认值 3 部分内容。使用"捕获帧率"右侧的

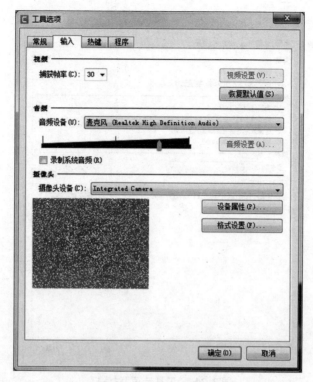

图 2.26 "输入"选项卡

下拉列表框,从 1、10、15、30 四个值中选择帧速率;还可在此下拉列表框中通过键盘输入具体的帧速率值来改变屏幕捕获帧速率,如设置 25;也可单击右侧的"恢复默认值"按钮,使用默认的帧速率,默认的帧速率为 30。如果录制的是计算机播放的视频,还可以单击"视频设置"按钮,来改变原视频的播放帧速率。

单击"输入"选项卡中的"设备属性"按钮,打开"属性"对话框。此对话框包含"视频 Proc Amp""照相机控制"两个选项卡。"视频 Proc Amp"选项卡包括设置录制视频的亮度、对比度、色调、饱和度、清晰度、伽玛、白平衡、逆光对比等,均可用鼠标拖动其右侧的水平滚动条来调整每个选项的数值。"照相机控制"选项卡包括缩放、焦点、曝光、光圈、全景、倾斜、滚动等设置,同样用鼠标拖动其右侧水平滚动条来调整每个选项的数值,如图 2.27 所示。

单击"输入"选项卡中的"格式设置"按钮,打开"属性"对话框,如图 2.28 所示。此对话框主要设置数据流格式,包括视频格式和压缩。视频格式包括视频标准、帧率、横向翻转、颜色空间/压缩、输出大小;压缩主要包括 I 帧间隔、P 帧间隔、质量。

(3) 热键

运用 CS 软件录像机时,为了录像时操作快捷、简单,软件提供了相关热键设置的功能,"工具选项"对话框的"热键"选项卡可完成相关操作的热键设置,对话框如图 2.29 所示。

"录制/暂停"是指在运用 CS 录制视频时,如果在此设置了快捷键,按下快捷键就会开始录制,再次按下快捷键就会暂停录制;"停止"是指在运用 CS 录制视频时,如果在此

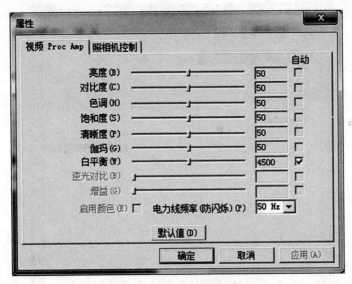

图 2.27 设备属性对话框

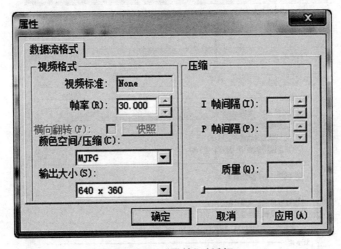

图 2.28 "属性"对话框

设置了快捷键,按下快捷键就会停止视频的录制;"标记"是指在运用 CS 录制视频时,如果在此设置了快捷键,按下快捷键就会在录制视频的那一帧上添加一个标记;"屏幕绘制"是指在运用 CS 录制视频时,如果在此设置了快捷键,按下快捷键就会打开屏幕绘制工具栏,此时用户运用工具栏中的工具,在屏幕上绘制的内容将会一同录入视频中,再次按下快捷键就会关闭屏幕绘制工具栏;"选择区域"是指在运用 CS 录制视频时,如果在此设置了快捷键,按下快捷键就会显示选择录制区域帮手;"隐藏托盘图标"是指在运用 CS 录制视频时,如果在此设置了快捷键,按下快捷键就会在系统托盘中隐藏或显示录像机图标。

(4) 程序

"程序"选项卡包括录制区域、工作流程、最小化 3 部分内容,如图 2.30 所示。

图 2.29 "热键"选项卡

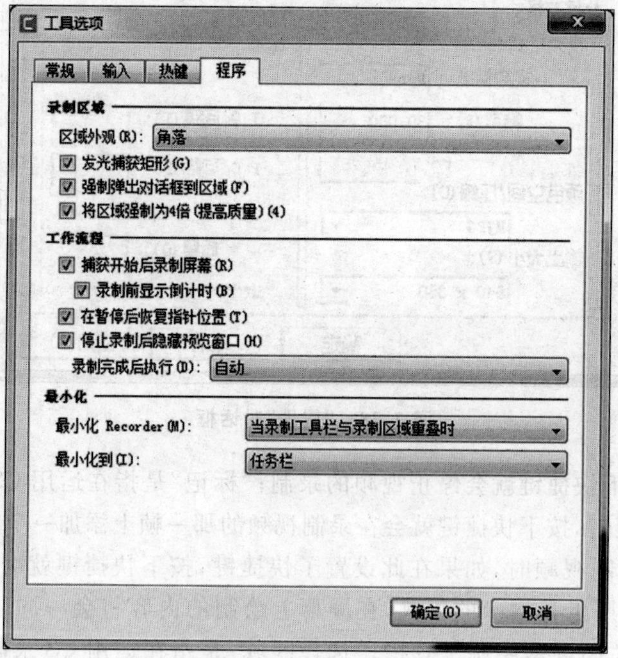

图 2.30 "程序"选项卡

"录制区域"包括区域外观、发光捕获矩形、强制弹出对话框到区域、将区域强制为4倍(提高质量)4个内容。通过"区域外观"可设置录制视频的区域外观,单击"区域外观"右侧的下拉列表框,从中选择角落、矩形、隐藏三者之一。其他几个复选框可以根据需要进行勾选。

"工作流程"包括捕获开始后录制屏幕、录制前显示倒计时、在暂停后恢复指针位置、停止录制后隐藏预览窗口、录制完成后执行5个内容。例如,若勾选"录制前显示倒计时"复选框,则按下录像机的"录制"按钮后,屏幕上会显示倒计时3、2、1,然后开始录制。再如,若勾选"停止录制后隐藏预览窗口"复选框,则"录制完成后执行"右侧的下拉列表框可用,从中选择自动、保存、生成、添加到媒体箱等选项,来决定最后生成视频的存放与使用。

"最小化"包括"最小化 Recorder""最小化到"两部分内容。"最小化 Recorder"的设置通过其右侧的下拉列表框完成,主要决定运用 CS 录像机录制视频时,对于录像机自身是否进行录制,从下拉列表框中选择"当录制工具栏与录制区域重叠时""始终""从不"三者之一。如果选择"始终",录像机录制视频时会将录像机窗口一同录入视频;如果选择"从不",录像机在录制视频时就不会将录像机窗口录入视频。

"最小化到"主要是指录像机录制视频时,录像机是最小化到系统托盘还是任务栏上。在其右侧的下拉列表框可选择"系统托盘"或"任务栏"。录制视频时,当单击托盘上"图标"时,记录工具显示,再次单击托盘"图标",记录工具隐藏。用户录制视频时,显示或隐藏工具栏的操作同样会被录入视频。

2.3 录制屏幕

CS 软件最主要的作用就是录制计算机的屏幕,前文已经提及可录制全屏、区域、应用程序窗口等。本节简要介绍录制屏幕的基本流程,用户可根据自己需要设置录制区域。

在 CS 软件主界面中单击"工具栏"上的"录制"按钮,打开"录像机"窗口。录制屏幕的基本流程简述如下。

通过"录像机"窗口设置录制区域,在选择区域中选择"全屏"或"自定义"录制区域。录制全屏需要选择"全屏"按钮,然后单击"rec"按钮开始录制;录制某个区域或程序窗口需要选择"自定义"按钮并设置相关参数,然后单击"rec"按钮开始录制。

开始录制后,屏幕上会出现按 F10 键停止录制和数字3、2、1进行倒计时,倒计时到1时表示正式开始录制。

录制过程中可以进行删除、暂停和停止操作。单击屏幕下方任务栏中"CS 录像机图标",此时弹出"录制工具栏"对话框,其中包含了设置打开的统计工具栏、计时工具栏、效果工具栏等,还包删除、暂停、停止按钮。单击"停止"按钮或按下 F10 键,即停止视频的录制。

完成录制后,依据用户在"文件选项"对话框中的设置来决定文件的保存方式。例如,用户在"文件选项"对话框中选择的是"输出时指定文件名"单选项,此时系统会打开"保存文件"对话框,用户需要设置保存文件的名称,然后进行文件的保存,同时生成的视频自动加载到媒体箱和轨道上。

2.4 录制幻灯片

CS 9.1 软件安装过程中，会自动给 PowerPoint 安装一个 CS 录制插件，运用该插件可实现对 PowerPoint 演示文稿的录制。

启动 PowerPoint 后，打开所要录制的演示文稿，在"加载项"选项卡的"自定义"工具组中，出现 CS 录制插件的 5 个命令按钮，分别是录制、录制音频、录制摄像头、显示预览摄像头、录制选项。

2.4.1 录制按钮

当所需要录制的演示文稿处于打开状态时，在"加载项"选项卡的"自定义"工具组中，单击"录制"命令按钮，屏幕右下角会弹出一个对话框，对话框包括音频测试条、麦克风音量显示条、单击开始录制按钮、暂停与停止快捷键提示等，如图 2.31 所示。此时，如果用户通过麦克风输入音频，麦克风音频测试条上的滑块会左右移动，同时麦克风音量显示条中的绿色音量条会随着声音的高低波动，使用此方法可以调节音量至合适状态，也可用鼠标拖动"音频测试条"上的滑块来调节麦克风音量。然后单击"单击开始录制"按钮，开始幻灯片录制。录制过程中有几组快捷键，如 Ctrl＋Shift＋F9 为暂停、Ctrl＋Shift＋F10（或 ESC 键）为停止。

当整个演示文稿录制完毕后，会自动弹出一个对话框，询问用户下一步的操作选择，如图 2.32 所示。单击"停止录制"按钮，可对录制的视频进行保存；单击"继续录制"按钮，可继续录制其他演示文稿。

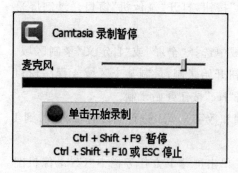

图 2.31 录制提示对话框

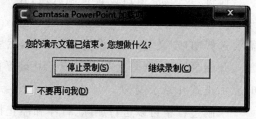

图 2.32 录制结束提示对话框

2.4.2 录制音频

录制幻灯片时，如果需要录制幻灯片中的声音或讲解声音，在"加载项"选项卡的"自定义"工具组中，须使"音频"按钮处于按下状态。

2.4.3 录制摄像头

录制幻灯片实质是 CS 软件录制计算机 PPT 窗口，而在实际中往往需要在录制 PPT

窗口的同时,把讲解者(计算机外部)的画面与声音同时录制为视频,与录制的PPT形成画中画视频。此时需要打开录制摄像头,打开录制摄像头的方法是单击"录制摄像头"按钮,使其处于按下状态。

2.4.4 预览摄像头

通过录制摄像头录制的画面,用户若想看见,则单击"显示摄像头预览"按钮打开"预览"窗口,即可预览摄像头录制的内容。

2.4.5 录制选项

单击"录制选项"按钮,打开"Camtasia加载项选项"对话框,在对话框中包括程序、视频和音频、画中画、录制热键4部分内容,如图2.33所示。

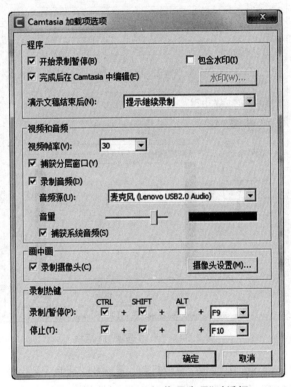

图 2.33 "Camtasia 加载项选项"对话框

1. 程序

"程序"选项包括开始录制暂停、包含水印、水印、完成后在Camtasia中编辑、演示文稿结束后5部分内容的设置。

(1) 开始录制暂停。勾选"开始录制暂停"复选框,单击"录制"按钮后会在屏幕右下角弹出提示对话框,当单击提示对话框中的"单击开始录制"按钮后才开始幻灯片的录制;如果不勾选此复选框,单击"录制"按钮后不弹出提示对话框,即刻开始幻灯片的录制。

(2) 包含水印。勾选"包含水印"复选框,可在录制幻灯片过程中同时为视频添加水印。勾选此复选框后,将弹出"水印选项"对话框,如图2.34所示。此对话框中包括图像路径、效果、缩放、位置、示例预览 5 部分。在"图像路径"栏中可以设置水印图片的来源并自定义水印图片;在"效果"栏中,若勾选"使用透明颜色"复选框,则"更改"按钮为可用状态,此时可单击"更改"按钮,设置水印透明的颜色,也可以用鼠标拖动"不透明度"右侧的滑块调节水印的不透明度;在"缩放"栏中,可单选"保留图像大小"或"缩放图像"选项来调整图片的尺寸,若选择前者则图片保持原始尺寸,若选择后者则图片可等比例缩放;在"位置"栏中,单击"位置"中的缩图来确定水印显示的位置,此时右侧"示例预览"栏中显示出水印所处在视频画面中的位置。

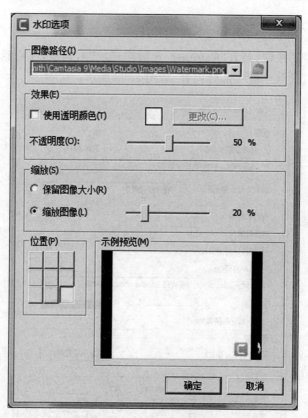

图 2.34 "水印选项"对话框

（3）完成后在 Camtasia 中编辑。若勾选此复选框,录制 PPT 时,单击"停止"按钮结束录制,同时直接跳转到 CS 软件中,即可编辑录制的视频。

（4）演示文稿结束后。单击"演示文稿结束后"右侧的下拉列表框,若选择继续录制、提示继续录制、停止录制三者之一。若选择"继续录制"选项,幻灯片演示完之后不会自动停止录制,而需单击屏幕左上角的"停止录制"按钮方可结束幻灯片的录制;若选择"提示继续录制"选项,幻灯片播放完毕即弹出提示对话框,可根据提示选择是否继续录制;若选择"停止录制"选项,幻灯片播放完毕自行停止录制。

2. 视频和音频

"视频和音频"选项中包括视频帧率、捕获分层窗口、录制音频 3 部分内容。

(1) 视频帧率。"视频帧率"的右侧有一个下拉列表框,通过该下拉列表框设置视频帧率的大小,取值范围为1～30,视频帧率越大,录制的视频越清晰,反之则不然。

(2) 捕获分层窗口。勾选此选项录制PPT时,可以录制PPT的多层窗口。

(3) 录制音频。勾选"录制音频"选项后,通过"音频源"右侧的下拉列表框可以选择麦克风、不要录制麦克风二者之一;音量的调节通过鼠标拖动"音量"右侧的滑块调节声音的大小。

3. 画中画

计算机在接入摄像头的情况下,若勾选"画中画"栏中的"录制摄像头"选项,录制视频时就会将摄像头采集到的视频作为录制PPT视频的画中画。

4. 录制热键

此栏中可以通过设置Ctrl、Alt、Shift与功能键几者之间的不同组合,构成录制、暂停、停止的热键。

实例2.6　录制PPT

步骤1:在CS软件中单击"编辑"菜单的"首选项"命令,打开"首选项"对话框;在对话框中选择"伙伴"选项卡,勾选"始终将PowerPoint幻灯片注释导入为字幕"选项,单击"确定"按钮完成设置。

步骤2:启动PowerPoint并打开(..\实例2.6\入门演示文稿.pptx)文件,把每一张幻灯片的备注页面添加上讲解的文本,如图2.35所示。

图2.35　添加了备注的幻灯片

步骤 3：选择"加载项"选项卡，把"录制音频"按钮按下，单击"录制"按钮开始演示文稿的录制，录制完毕并返回 CS 软件窗口，把录制的视频拖动到轨道上，会看到对应每张幻灯片的视频均添加了 ADA 字幕(此概念后面章节专门介绍)。

第 3 章 媒 体

媒体一般指制作视频时所使用到的文本、图形、图像、音频、视频、动画等,这里指能够导入到 CS 软件"媒体箱"和"库"中的媒体元素,包括图片、音频、视频、动画。CS 软件的"媒体"选项卡承载着对媒体管理的功能,其包括①媒体箱和②库,如图 3.1 所示。本章主要介绍媒体的管理与使用方法。

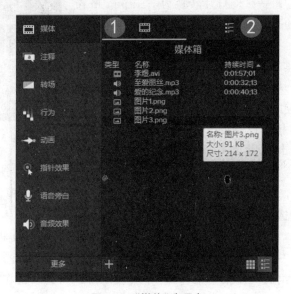

图 3.1 "媒体"选项卡

3.1 媒 体 箱

用户编辑视频时需用到大量外部的媒体素材,使用这些媒体素材前,需要把它们导入到 CS 软件中。"媒体"选项卡的"媒体箱"是这些外部媒体素材的存放空间,同时也具有对这些外部素材导入、导出及管理的功能。

3.1.1 媒体箱介绍

"媒体箱"包含①列表、②工具栏,如图 3.2 所示。列表中显示所有已经导入的多媒体素材，当项目保存后全部素材一并保存到当前项目中。工具栏有添加、缩略图视图、列表视图3个按钮，分别用于添加媒体素材，在缩略图视图与列表视图间切换。

1. 导入媒体

导入媒体指的是将需要的媒体资源导入到"媒体箱"中。导入的媒体素材可以是视频、图像、音频、动画等。视频文件格式包括*.camrec、*.trec、*.avi、*.mpeg、*.mpg、*.wmv、*.mov、*.mts、*.m2ts、*.mp4等格式；动画文件格式主要为*.swf格式；图像文件格式包括*.bmp、*.gif、*.jpg、*.jpeg、*.png等格式；音频文件格式包括*.wav、*.mp3、*.wma、*.m4a等格式。需要说明的是导入swf文件时，只认可TechSmith公司开发的swf文件格式，而Flash软件编辑生成的swf文件格式不可导入。

CS软件能够直接把PPT演示文稿导入到"媒体箱"中，演示文稿文件格式可以是*.ppt、*.pptx文件。导入后会把演示文稿的每一张幻灯片转换为一张png格式的图片。需要说明的是原演示文稿中的音频、视频、动画等会失效。

移动设备上创建的图像和视频等媒体元素也可导入到CS软件当中。从TechSmith.com官方网站安装TechSmith的移动应用程序，把计算机、移动设备连接到同一个网络，在您的移动设备的TechSmith应用程序中选择图像或视频，点击"分享到Camtasia"按钮即可。

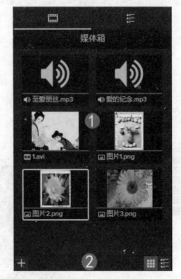

图3.2 媒体箱

导入媒体的方法通常为使用"文件"菜单、媒体箱的快捷菜单、拖动3种方式。①运用"文件"菜单将媒体导入到媒体箱，在"文件"菜单的"导入"子菜单中单击"媒体"命令，弹出"打开文件"对话框，选择需要导入的媒体文件，单击"打开"按钮，媒体文件即可导入到媒体箱中。②运用媒体箱中的快捷菜单导入媒体到媒体箱，方法有4种。其一是在"媒体箱"列表窗口空白处右击，在弹出的快捷菜单中选择"导入媒体"命令；其二是在"媒体箱"的标题上右击，在弹出的快捷菜单中选择"导入媒体"命令；其三是在"媒体箱"工具栏的"缩略图"视图或"列表"视图按钮上右击，在弹出的快捷菜单中选择"导入媒体"命令；其四是在"媒体箱"工具栏左侧，单击"导入媒体"按钮。③运用拖动的方式将媒体导入到媒体箱，打开Windows资源管理器，找到要加载的媒体文件，用鼠标拖动的方法将该文件拖曳到媒体箱中。

2. 媒体视图

媒体箱有缩略图和列表两种视图，二者之间可以进行切换。不同视图下媒体列表显示的方式不同。

视图的切换通过媒体箱的工具栏完成，单击工具栏的"缩略图（或列表）"按钮，则媒体箱切换到"列表（或缩略图）"视图，用户根据需要选择二者之一。

缩略图视图下，"媒体箱"的媒体列表中显示媒体缩略图、媒体类型图标、媒体名称，默认情况下为此种视图模式。列表视图下,"媒体箱"的媒体列表中以列表方式显示媒体类型、媒体名称、持续时间,单击"类型"标题名,则媒体按类型分组排列,且"类型"标题旁边出现三角箭头,表示媒体以此标题排序,还可以单击"名称""持续时间"两个标题,使媒体进行相应的排序。

3. 媒体排列

加载到"媒体箱"中的媒体文件,在缩略图视图和列表视图下,用户均可以依据需要对它们的排列方式进行设置。媒体文件在列表中的排列方式包括名称、类型、持续时间、大小、尺寸、添加日期等,选择其中之一,则"媒体箱"中全部媒体文件按此方式排列。

设置媒体文件在列表中排列方式的方法是,在"媒体箱"中任何位置上右击,在弹出的快捷菜单中选择"排列方式",其子菜单中有上述排列方式命令,选择相应的命令,完成媒体文件排列方式的设置。

例如,在列表视图下,若选择按名称排列,文件以编号、英文、中文等方式命名,编号则按升顺或降顺排列,英文、中文则按字母升顺或降顺排列。若选择按类型排列,则图片、音频、视频等同一类媒体文件排列在一起,同一类媒体文件的排列又遵循名称排列规则。若选择按持续时间排列,则媒体文件按其时间长短进行升顺或降顺排列。若选择按大小排列,则媒体文件按其文件字节数量大小进行升顺或降顺排列。若选择按尺寸排列,则媒体文件按其尺寸大小进行升顺或降顺排列。若选择按添加日期排列,则媒体文件按其添加到媒体箱的日期进行升顺或降顺排列。

3.1.2 媒体管理

用户依据需要对"媒体箱"中的媒体资源进行管理。媒体管理的操作主要有添加到时间轴播放头位置、添加到库、预览、更新媒体、删除、删除未使用的媒体、打开文件位置、详情和排序方式。媒体的操作可使用快捷菜单,在"媒体箱"的媒体列表中任一媒体文件上右击,在弹出的快捷菜单中选择相应命令,即可完成对媒体的相应操作,快捷菜单如图 3.3 所示。

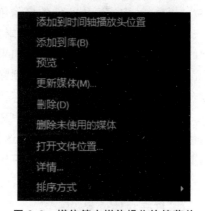

图 3.3 媒体箱中媒体操作快捷菜单

下面对其中部分操作进行简单介绍。

1. 添加到时间轴播放头位置

用户对"媒体箱"中的媒体文件预览后,如果认为其可用或需要进一步编辑,首先要把它加载到时间轴的轨道上。因此,添加到时间轴播放头位置就是指把媒体置于时间轴的轨道上,操作方法有鼠标拖曳和快捷菜单两种方法。

鼠标拖曳的方法是在"媒体箱"中选定某一媒体文件,按住鼠标左键把媒体文件拖曳到时间轴的轨道上,这样就把该媒体文件加载到轨道上;若选中多个媒体文件,则把它们拖曳到时间轴的轨道上,它们在同一轨道的排列顺序取决于媒体箱中媒体文件的选择顺序。

快捷菜单的方法是在"媒体箱"中选定一个或多个媒体文件并右击,在弹出的快捷菜单中选择"添加到时间轴播放头位置"命令,所选定的媒体文件就添加到了时间轴的轨道上。

2. 添加到库

"媒体箱"中的媒体文件同样可以保存到库中。这里需要说明的是"媒体箱"中的媒体文件是保存于项目文件中,仅供本项目文件使用,而"库"中的文件以单独文件形式存储于计算机磁盘上,只要用 CS 软件编辑的项目都可以使用"库"中的资源。"媒体箱"中的媒体文件添加到"库"的方法是,选定某一媒体文件并在其上右击,在弹出的快捷菜单中选择"添加到库"命令,跳转到"媒体"选项卡的"库"窗口并创建该媒体文件的一个副本。

3. 预览

添加到"媒体箱"中的媒体素材,用户在使用前往往需要先预览一下其内容,然后再添加到时间轴的轨道和画布上使用或编辑。预览媒体的方法有两种,其一是在"媒体箱"的媒体列表中双击某一媒体文件,就会打开单独的"媒体预览"窗口;其二是在"媒体箱"的媒体列表中选定某一媒体文件并在其上右击,在弹出的快捷菜单中选择"预览"命令,同样会打开单独的"媒体预览"窗口。

4. 更新媒体

添加到"媒体箱"中的媒体文件,用户如果需要对某一个或多个进行更换,则选定某一个文件并在其上右击,在弹出的快捷菜单中选择"更新媒体"命令,并在弹出的"打开文件"对话框中选择新的文件,单击"打开"按钮完成媒体文件的更换。

5. 删除媒体

"媒体箱"中的媒体文件的删除包括删除未使用的媒体和删除媒体。

删除未使用的媒体是指,虽然媒体文件已添加到"媒体箱"中,但其并没有应用于时间轴的轨道上,对于这类媒体文件,如果用户想从媒体箱中删除,则在"媒体箱"的任何位置右击,在弹出的快捷菜单中选择"删除未使用的媒体"命令,则媒体箱中的此类媒体文件将被全部一次性删除。

删除媒体是指删除"媒体箱"中选定的媒体文件,在"媒体箱"中选定一个或多个媒体文件并右击,在弹出的快捷菜单中选择"删除"命令,此时如果媒体文件没有被应用于时间轴上,则被删除,如果媒体文件被应用于时间轴上了,则提示必须在时间轴上删除媒体后,才可从"媒体箱"中删除该媒体文件。

6. 打开文件位置

用户如果想知道"媒体箱"中的媒体文件在磁盘上的存储位置,则需要选定某一媒体文件并在其上右击,在弹出的快捷菜单中选择"打开文件位置"命令,弹出"Windows 资源管理器"窗口,窗口的地址栏中显示出该文件在磁盘的存储路径。

7. 详情

用户若想对"媒体箱"中的媒体文件的详细信息进行了解,则需要查看文件的详细信息。选定某一媒体文件并右击,在弹出的快捷菜单中选择"详情"命令,打开"查看媒体的详情"窗口。图片文件的详细信息包括文件大小、修改日期、图片格式、尺寸、色彩、格式等;音频文件的详细信息包括长度、大小、修改日期、采样率、采样、声道、编码等;视频文件的详细信息包括长度、大小、修改日期、采样率、采样位数、声道、编码、宽度、高度、色彩、帧数、帧率、编码等。

实例 3.1　媒体箱的使用

步骤 1:启动 CS 软件,单击选项卡中的"媒体",打开"媒体"选项卡;单击该选项卡中的"导入媒体"按钮,如图 3.4 所示,在打开的对话框中选择(..\实例 3.1\1.jpg、2.jpg、1.wav、1.mp4)4 个文件,单击"打开"按钮,添加 4 个媒体文件到"媒体箱"中。

步骤 2:在"媒体箱"中的空白位置右击,在弹出的快捷菜单中选择"排列方式"菜单,勾选其子菜单的"类型"选项,按类型排列"媒体箱"中的媒体文件。

步骤 3:在"媒体箱"中选定 1.mp4 媒体文件并右击,在弹出的快捷菜单中选择"添加到时间轴播放头位置"命令,把该媒体文件添加到时间轴的轨道上。

步骤 4:在"媒体箱"中选定 1.jpg 媒体文件并右击,在弹出的快捷菜单中选择"删除"命令,从"媒体箱"中删除此媒体文件。

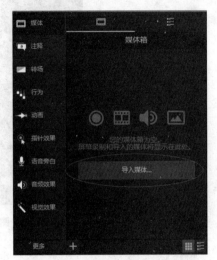

图 3.4　媒体箱——导入媒体

步骤 5:在"媒体箱"中选定 1.wav 媒体文件并在其上右击,在弹出的快捷菜单中选择"添加到库"命令,把该媒体文件添加至"库"中。

实例 3.2　导入演示文稿

步骤 1:启动 CS 软件,单击选项卡中的"媒体",打开"媒体"选项卡。

步骤 2:在 Windows 资源管理器中,找到(..\实例 3.2\入门演示文稿.pptx)演示文稿文件,用鼠标拖曳的方法把该演示文稿拖动到"媒体箱"中,演示文稿自动转换为 4 张 png 格式的图片。

步骤 3:在"媒体箱"中选定某一张图片并将其用鼠标拖曳到时间轴的轨道上,每个幻灯片的图片默认持续时间是 5 秒,然后为每张幻灯片录制语音旁白(此部分内容将在后面讲述)。

3.2　库

用户编辑视频时需用到大量的媒体素材,如果用户运用软件自主开发这些媒体素材,制作微视频的工作量无疑会数倍增加。CS 软件提供了大量媒体素材存放于"库"中,如图 3.5 所示,用户还可登录 TechSmith 公司官网下载媒体资源到"库"中,用户运用"库"

中的媒体素材能够快速、便捷的制作属于自己的微视频。前文提到媒体选项卡包括"媒体箱"和"库",因此本节介绍库的功能与使用。

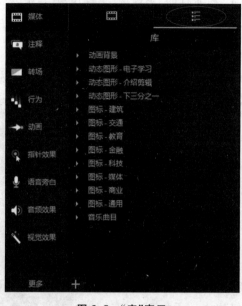

图 3.5 "库"窗口

3.2.1 库介绍

"库"是存放视频、音频和图像等媒体素材的容器,存放于其中的媒体素材也称为媒体资源,"库"中的媒体资源可添加到时间轴上用于项目的编制。"库"中的媒体资源是软件开发商打包于软件中的资源,用户也可向其中导入资源,其中的资源可用于任何打开项目的编辑,这是其与"媒体箱"的不同之处。

默认状态下,"库"中包含的媒体资源有动画背景、动态图形、图标、音乐曲目 4 大类。动态图形包括电子学习、介绍剪辑、下三分之一 3 类,图标包括建筑、交通、教育、金融、科技、媒体、商业、通用 8 种类别,如图 3.5 所示。CS 软件对于"库"的使用与管理,主要包括导入媒体到库、新建文件夹、导出库、导入 ZIP 库、下载更多资源等。

1. 导入媒体到库

用户运用 CS 软件进行微视频编辑时,除使用"库"中的资源外,更多的是把获取、搜集到的外部媒体资源添加到"媒体箱"或"库"中加以使用。导入媒体到"库"即指把需要的外部媒体资源导入到"库"中。

导入媒体资源到"库"中通常有以下 3 种方法,其一是在"库"中空白处右击,在弹出的快捷菜单中选择"导入媒体到库"命令,弹出"打开文件"对话框,选择需要导入的媒体文件,单击"打开"按钮;其二是在时间轴的某一轨道上选定某一媒体并在其上右击,在弹出的快捷菜单中选择"添加到库"命令;其三是在"媒体箱"中选定某一媒体并在其上右击,在弹出的快捷菜单中选择"添加到库"命令。

2. 新建文件夹

"库"的实质就是一个资源管理器,其使用文件夹和文件的形式管理其中的媒体资源。当"库"中的媒体资源比较多时,为便于对媒体资源的管理,在"库"中可以用建立文件夹的方式对媒体资源分类管理。

建立文件夹的方法是在"库"中的空白处右击,在弹出的快捷菜单中选择"新建文件夹"命令,输入文件夹的名称完成创建。文件夹建立后,使用鼠标拖曳的方式,把同类媒体资源移动到新建的文件夹中。双击某一文件夹的名字,可给文件夹重命名。

3. 导出库

"库"中的媒体资源(包括软件自带的媒体资源和用户导入的外部资源)可以导出为压缩文件保存于磁盘中,以备重新安装 CS 软件时重新导入。"导出库"命令是一次性把库中所有媒体资源导出为压缩文件,所以需要说明的是用户在没有向"库"导入任何外部资源的情况下,"导出库"命令是不可用的状态。

导出的方法是在"库"中空白处右击,在弹出的快捷菜单中选择"导出库"命令,即将"库"中的全部媒体资源从"库"中导出,导出的压缩文件保存在 CS 默认安装目录的"库"文件夹中,当然在导出窗口用户也可以改变导出路径的设置,生成的文件格式为 *.libzip 文件。

4. 导入 ZIP 库

从"库"中导出的压缩库,需要时还可通过导入功能把压缩库文件再次导入到"库"中,也就是把储存于磁盘上的媒体资源压缩文件导入到"库"中。方法是在"库"中空白处右击,在弹出的快捷菜单中选择"导入 ZIP 库"命令,在打开对话框中选择媒体资源压缩文件,单击"确定"按钮完成导入。

5. 下载更多资源

CS 软件的官方网站中有很多媒体资源供用户使用,用户根据需求可在线将所需媒体资源导入所编辑项目的"库"中。方法是在"库"中空白处右击,在弹出的快捷菜单中选择"下载更多资源"命令,跳转到 CS 软件官方网站,进行用户注册并登录,然后可选择所需资源进行下载,如图 3.6 所示。

3.2.2 媒体管理

"库"以文件夹和文件的形式管理媒体资源,一般把同一类的媒体资源存放于一个文件夹中。

1. 文件夹的操作

文件夹的操作包括将媒体导入到文件夹、从库中删除、导出所选资源、重命名 4 项操作,上述操作通过快捷菜单完成,如图 3.7 所示。

将媒体导入到文件夹是指将需要的媒体资源文件导入到"库"指定的文件夹中。方法是在某文件夹上右击,在弹出的快捷菜单中选择"将媒体导入到文件夹"命令,在打开的对话框中选择要导入的媒体文件,单击"打开"按钮,完成媒体文件的导入。

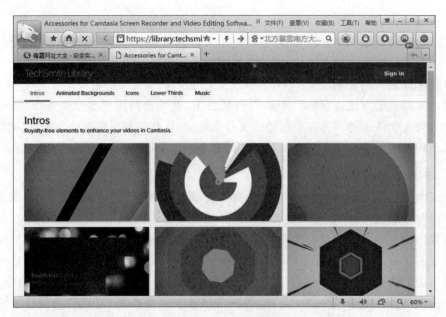

图 3.6 CS 官方资源

"库"中的文件夹,如果用户认为不需要,则可以把它删除。方法是选定某一文件夹并右击,在弹出的快捷菜单中选择"从库中删除"命令,则会把此文件夹删除。双击文件夹的名称,可以给文件夹更名。选定某一文件夹并右击,在弹出的快捷菜单中选择"导出所选资源"命令,会把该文件夹导出为 *.libzip 格式的文件。

"库"的各个文件夹中包含了多个媒体文件,查看这些媒体文件需要展开文件夹,展开文件夹的方法是单击每个文件夹前面的"折叠/展开"按钮,即可完成文件夹的展开或折叠。

对于文件夹的其他操作与文件操作相似,下文讲述文件操作时会提及。

2. 文件的操作

"库"中媒体文件的操作包括添加到时间轴播放头位置、预览、从库中删除、导出所选资源、重命名、详情 6 项,如图 3.8 所示。

(1) 添加到时间轴播放头位置

用户如果用"库"中的媒体资源制作视频,必须把它们从"库"中添加到时间轴的轨道上。添加到时间轴播放的位置就是指将媒体放置于时间轴的轨道上,对其进行进一步的编辑,再配合用户导入的外部媒体,制作出属于用户的视频。将"库"中的媒体资源添加到时间轴的轨道上的方法有鼠标拖曳和快捷菜单两种。

鼠标拖曳的方法是,选定"库"中某个媒体文件,按住鼠标左键用拖曳的方法将其添加到时间轴的某轨道上;若选中多个媒体文件,也可将它们一次性拖曳到时间轴的轨道上,其在轨道上的排列顺序取决于在"库"中媒体文件的选择顺序。快捷菜单的方法是,选中一个(或多个)媒体文件,右击,在弹出的快捷菜单中选择"添加到时间轴播放头位置"命令,即将媒体文件添加到时间轴的轨道上。

媒 体 第 3 章 47

图 3.7 文件夹操作快捷菜单

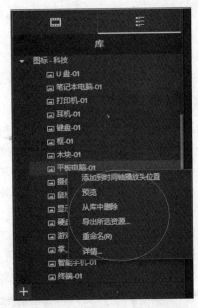

图 3.8 媒体文件的操作

（2）预览

"库"中的媒体文件在未添加到时间轴的轨道上时，用户往往需要预览一下媒体的效果。预览媒体的方法是在"库"中选定某一媒体文件，双击该媒体文件，则打开"媒体预览"窗口预览媒体文件。预览窗口是一个独立的窗口，预览完媒体文件后，单击窗口右上角的"关闭"按钮关闭窗口。

（3）从库中删除

运用 CS 软件编辑视频时，频繁的使用"库"，会导致"库"中的媒体资源越来越多，这样会影响软件的启动与运行速度。因此，对于"库"中无用的媒体文件可将其删除，方法是在文件上右击，在弹出的快捷菜单中选择"从库中删除"命令即可。

（4）导出所选资源

从"库"中导出媒体文件的方法参照 3.2.1 节的内容。

（5）重命名

用户依据需要可对"库"中的媒体文件进行重命名，方法是在某一文件上右击，在弹出的快捷菜单中选择"重命名"命令，此时文件名称框中光标闪动，用户输入新的文件名称即可。

（6）详情

查看"库"中媒体文件属性的方法是在某一文件夹上右击，在弹出的快捷菜单中选择"属性"命令，打开"属性"对话框。图片文件查看的内容包括文件大小、修改日期、图片格式、宽度、高度、颜色、格式等；音频、视频文件查看的内容包括长度、格式、帧数、帧率等。

3. 清理库

运用 CS 软件编辑项目时，经常会对"库"的媒体文件进行添加、删除、移动等操作，会导致"库"（实质为磁盘上的一个文件夹）中生成大量垃圾文件，因此必须定期对"库"进行维护。维护"库"的方法是进行清理库的操作,一旦执行了"清理库"命令,就无法恢复到该"库"以前的版本。

清理库的方法是执行 CS 编辑菜单中的"首选项"命令,打开"首选项"对话框并选择"高级"选项卡,单击库内容下面的"清理库"按钮,CS 软件会自动对库进行清理。

实例 3.3　库的使用

步骤 1:启动 CS 软件,单击选项卡中的"媒体",打开"媒体"选项卡;单击其中的"导入媒体"按钮,在"打开文件"对话框中选择(..\实例 3.3\1.wav)文件,单击"打开"按钮添加该音频到"媒体箱"中;用鼠标拖曳的方法把该音频拖到时间轴轨道上。

步骤 2:在时间轴轨道上选定该音频并在其上右击,在弹出的快捷菜单中选择"添加到库"命令。

步骤 3:单击选项卡中的"库"选项,打开"库"对话框;在"库"中的空白位置右击,在弹出的快捷菜单中选择"导入媒体到库"命令,在"打开文件"对话框中选择(..\实例 3.3\1.mp4)文件,单击"打开"按钮添加该视频到库中。

步骤 4:在"库"中的空白位置右击,在弹出的快捷菜单中选择"新建文件夹"命令,新建一个名称为"自建媒体"的文件夹;把步骤 1、步骤 2 和步骤 3 添加到"库"中的音频文件、视频文件用鼠标拖动到"自建媒体"文件夹中。

步骤 5:在"库"中选择"音乐曲目"文件夹下的"荧火虫"文件,用鼠标把该文件拖动到"自建媒体"文件夹中。

步骤 6:在"库"中的"自建媒体"文件夹上右击,在弹出的快捷菜单中选择"导出所选资源"命令,把该文件夹导出为压缩文件,如图 3.9 所示。

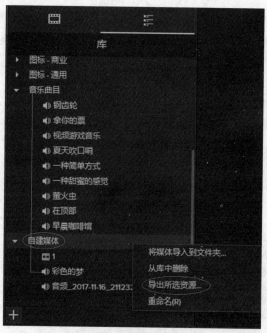

图 3.9　库中媒体文件的操作

第 4 章　预览窗口与画布

预览窗口与画布是 CS 软件的重要窗口之一，窗口的主要功能是预览画布上所摆放的媒体元素及其效果，编辑元素，给元素添加视觉效果，设置视频画布尺寸和背景等。本章介绍预览窗口与画布的功能及使用方法。

4.1　预览窗口

如果用户想观看 CS 软件"媒体箱"和"库"中的媒体资源的预览效果，可以在"媒体箱"和"库"中双击媒体资源，会打开独立的"预览"窗口，如图 4.1 所示。而摆放于画布之上的媒体元素的编辑、预览，则使用独有的预览窗口，该窗口分两种状态，分别是固定于画布和分离于画布，如图 4.2 所示。两个预览窗口所包含的内容不同，下文所提到的预览窗口均指后者。

图 4.1　独立预览窗口

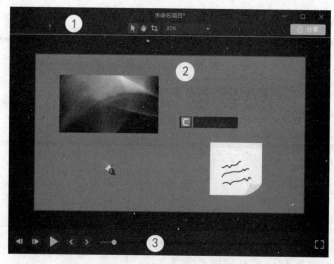

图 4.2 画布上的媒体元素的预览窗口

预览窗口包含①工具栏、②画布和③播放控制条,本节先介绍工具栏和播放控制条。

4.1.1 工具栏

预览窗口工具栏位于预览窗口顶部,包括①编辑模式、②平移模式、③裁剪模式、④画布选项、⑤生成和分享 5 个按钮,如图 4.3 所示。"编辑模式"下可以在画布上对媒体元素进行移动、调整大小和旋转等操作。"平移模式"下能够拖动画布,以获得更好的视图效果,画布上的媒体在平移时保留原始位置和大小,需要注意的是平移模式下禁用画布编辑,也就是"平移模式"下画布上的媒体元素不可编辑。"裁剪模式"下能够把媒体中不需要的区域剪掉。"画布选项"用于调整画布缩放级别显示,而不影响最终视频大小,选择"项目设置"命令可设置视频编辑尺寸和颜色,可在固定画布与分布画布两种模式之间切换。"生成和分享"用于生成和分享视频。

图 4.3 预览窗口工具栏

1. 编辑尺寸

媒体元素从"媒体箱"或"库"中添加到画布上(同时也添加到时间轴的轨道上),通过预览窗口可进行预览,但最终生成视频的画面尺寸则需要进行设置。预览窗口中设置画面尺寸,通过工具栏的"画布选项"命令或在画布上右击,在弹出的快捷菜单中的命令进行设置,同时还可改变画面背景颜色。

画面尺寸的设置方法有两种,单击预览窗口工具栏中的画布选项,或在画布空白处右击,在弹出的快捷菜单中选择"项目设置"命令,均会打开"项目设置"对话框,对话框中包括画布尺寸、宽度、高度、锁定纵横比、颜色5个部分,如图4.4所示。

图 4.4 "项目设置"对话框

(1) 画布尺寸

"项目设置"对话框中提供了尺寸选择功能,用户单击"画布尺寸"右侧的下拉列表框,下拉列表框中包含宽屏(1080p HD、720p HD、480p HD)、设备特定大小(iPhone 5、iPhone 6、iPhone 6 Plus、iPad 2、iPad Air)、适合窗口、自定义4种设置画布尺寸的方式。用户若选择前3类其中之一的尺寸,在"项目设置"对话框中则可以单独设置宽度、高度的数值,"锁定纵横比"按钮处于隐藏状态;若选择自定义尺寸,则"锁定纵横比"按钮处于显示状态,锁定状态下调整宽度(高度)的数值时,高度(宽度)按等比例进行调整,而非锁定状态下调整宽度(高度)的数值,高度(宽度)的值不随着改变。

(2) 颜色

"颜色"是指画布的背景颜色,在"项目设置"对话框中,单击"颜色"右侧的下拉箭头,弹出调色板,此时可通过3种方法设置画布的背景颜色。其一是在调色板中单击选择所需要的背景颜色;其二是使用"吸管工具"从桌面上自由选择所需要的颜色;其三是单击"模式"命令,在RGB颜色和16进制两种颜色间切换,然后设置文本框中的数值,设定选择的颜色,如图4.5所示。

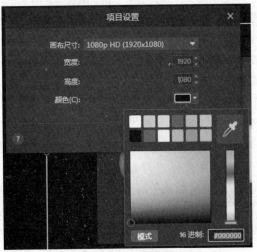

图 4.5 颜色选择

2. 画布缩放

在预览窗口中预览媒体时，为方便用户观看到媒体的整体或细节部分，CS 软件提供了画布的缩放以及设置缩放级别。

画布缩放方法有两种：一是在预览窗口的工具栏上单击"画布选项"右侧的下拉箭头，在弹出的下拉菜单中选择缩放级别，缩放级别是适合窗口、25%、50%、75%、100%、200%、300%等几种，用户依据需要勾选其中之一；二是在画布空白处右击，在弹出的快捷菜单中直接选择"缩放到合适"命令，CS 软件则根据当前整体窗口大小调整比例。CS 软件提供的画面缩放只是方便用户观看媒体，不影响最终视频生成时的尺寸。

3. 分离画布或固定画布

为了让用户更好地通过预览窗口观看画布上媒体元素的效果，可把预览窗口从 CS 软件主窗口中分离出来，以独立的窗口显示，称作分离画布，把独立的"预览窗口"再合并到 CS 软件的主窗口中，称作固定画布。单击"画布选项"右侧的下拉箭头，在弹出的下拉菜单中选择"分离画布"命令，预览窗口即可与主窗口分离，分离后的预览窗口可以像其他 Windows 窗口一样进行操作。单击分离状态的预览窗口中的"画布选项"右侧的下拉箭头，在弹出的下拉菜单中选择"固定画布"命令，预览窗口又会合并到 CS 软件的主窗口中。

4. 模式切换

对画布上摆放的媒体元素进行编辑时，预览窗口中有 3 种编辑模式，分别是编辑模式、平移模式、裁剪模式。模式之间的切换，通过单击工具栏上相应的模式按钮完成，默认情况下为编辑模式。

编辑模式。此模式是在画布上编辑媒体元素的模式，对媒体元素可以进行移动、调整大小、旋转、调整叠放顺序、添加视觉效果等。但此模式下画布是固定的，不可以挪动其位置，也不能对画布上的媒体元素进行裁剪，此模式下可以用鼠标滚轮对画布进行缩放。

平移模式。编辑模式下画布是固定的，不能用鼠标拖动的方式改变画布在预览窗口中的位置。但为了获得更好、更全的视图效果，往往需要对画布在窗口中的位置进行移动，因此需要切换到平移模式，才可移动画布在窗口中的位置。在画布上按住鼠标左键进行上、下、左、右拖动，改变画布在窗口中的位置。此模式下，直接滑动鼠标滚轮，实现画布放大和缩小。另外在编辑模式和裁剪模式下，按下空格键加上、下、左、右方向键同样可以改变画布在预览窗口中的位置。

裁剪模式。在预览窗口的工具栏上单击"裁剪模式"按钮，会切换至裁剪模式下。在编辑模式时，预览窗口画布上的媒体元素周围有白色边框线和圆句柄，此时可以调整媒体在画布上的大小、位置等，不能对媒体进行裁剪。当在裁剪模式时，画布上的媒体元素周围有蓝色边框线和方句柄，运用鼠标调整媒体元素上的方句柄，实现媒体元素的部分区域被裁剪掉，如图 4.6 所示。另外，在编辑模式或平移模式下，按住 Alt 键，此时媒体元素周围同样变为蓝色边框线和方句柄，用鼠标拖动句柄同样可以实现对媒体元素部分区域的裁剪。

图 4.6　裁剪模式

4.1.2　播放控制条

预览窗口的底部是播放控制条,其中包括上一帧、下一帧、播放/暂停、上一个媒体、下一个媒体、播放条和全屏按钮,如表 4.1 所示。

表 4.1　预览窗口播放控制条按钮

播放控制条按钮	按钮名称	描　　述
	上一帧	播放头退到上一帧
	下一帧	播放头进到下一帧
	播放/暂停	开始播放视频,再次单击暂停播放视频
	上一个媒体	将播放头移到时间轴轨道上的上一个媒体
	下一个媒体	将播放头移到时间轴轨道上的下一个媒体
	播放条	显示播放时间进度表
	全屏	切换到全屏幕

实例 4.1　预览窗口与画布的运用

步骤 1:单击选项卡中的"媒体",打开"媒体"选项卡;单击其中左下角的"+"按钮,在弹出的菜单中选择"导入媒体"命令,把(..\实例 4.1\1.jpg)文件添加到"媒体箱"中。

步骤 2:在"媒体箱"中选定刚刚导入的图片,用鼠标拖曳的方法把它添加到画布上。

步骤 3:单击预览窗口工具栏中的"项目设置"命令,打开"项目设置"对话框,在对话框中单击"画布尺寸"右侧的下拉列表框,选择宽屏(720p HD(1280×720))。

步骤 4:在"项目设置"对话框中单击"颜色"右侧的下拉箭头,弹出调色板,在调色板中单击"模式"按钮,切换到 RGB 颜色模式下,设置 R=125,G=100,B=180。

步骤 5:单击预览窗口工具栏中的"裁剪"按钮,切换到裁剪模式下,在画布上用鼠标拖动图片中间的方句柄,把图片从上向下的高度裁剪掉三分之一。

4.2 画　布

画布如同画纸,是编辑媒体元素的工作区。画布的操作包括对画布自身的操作和画布上媒体元素的操作,画布自身的操作包括项目设置、画布缩放、分离(固定)画布,媒体元素的操作主要是对媒体元素的编辑,包括位置、大小、旋转、排列、组合、属性、效果等的设置。

4.2.1 画布操作

关于画布的操作,前文已经对项目设置、分离(固定)画布做了详细介绍,这里补充画布的缩放,除使用预览窗口工具栏上的"画布选项"命令外,还可以在画布上右击,使用弹出的快捷菜单中的相关命令实现画布的缩放,快捷菜单如图4.7所示。例如,执行快捷菜单中的"放大"命令,画布会按照一定比例进行放大,每执行一次分别以10%、15%的比例重复放大。

图4.7　画布快捷菜单

4.2.2 编辑媒体元素

添加到画布上的媒体元素(同时添加到时间轴的轨道上),用户可对其进行编辑。媒体元素编辑包括媒体元素的位置、大小、旋转、排列、组合、属性、效果等,需要配合使用画布上媒体元素编辑快捷菜单与媒体属性面板中的各类面板,从而完成媒体元素的编辑工作。

1. 快捷菜单

在画布上选定某一媒体元素,右击,打开媒体元素编辑快捷菜单,菜单包括属性操作命令、效果操作命令、排列、组合、添加视觉效果、复制、剪切、粘贴、删除等,如图4.8所示。

2. 属性面板

"属性"面板中显示了媒体元素的位置、旋转、阴影、边框、颜色、效果等诸多属性参数，不同的属性参数存放于不同的面板中，运用这些面板可快速调整所选媒体元素的属性。

（1）打开与关闭"属性"面板。当从"媒体箱"或"库"中添加媒体元素到画布上时，CS 软件主体窗口的右侧自动打开"属性"面板，也可在预览窗口播放控制条的右侧单击"属性"按钮打开或关闭"属性"面板。"属性"面板实质上是一个面板的集合，由若干面板组成。如"属性"面板包括视觉属性面板、阴影面板、边框面板、着色面板、颜色调整面板、删除颜色面板、设备帧面板、剪辑速度面板、交互功能/热点面板等。视觉属性面板是对媒体元素缩放、不透明度、位置、旋转等常规参数进行设置，因此通常称为属性面板。其他面板是对媒体元素的效果进行设置，通常叫作效果面板。"属性"面板如图 4.9 所示。不同的面板所包含的媒体属性、效果参数也不同，这些内容后文会逐一加以介绍。

图 4.8　媒体元素编辑快捷菜单

（2）视觉属性面板，如图 4.10 所示。视觉属性面板包括标题、缩放、不透明度、位置、旋转参数设置，标题是添加到画布上的当前媒体元素的文件名称。在画布(或时间轴的轨

图 4.9　属性面板

图 4.10　视觉属性面板

道)上选定某一媒体元素,同时在视觉属性中用鼠标拖动缩放右侧的水平滑块可对该媒体进行放大或缩小;用鼠标拖动不透明度右侧的水平滑块,改变该媒体元素的透明程度,比例值越小,透明程度越高;媒体元素的位置、旋转均为三维,用户可在 Z、Y、X 三者后面相应的文本框中改变数值,从而改变媒体元素的三维位置、三维旋转角度。

(3) 视觉属性的复制与粘贴。添加到画布上的媒体元素,运用视觉属性面板设置其常规属性以后,可以把它的常规属性快速应用于其他的媒体元素上,例如,设置多张图片元素的统一属性。使用的方法是,在画布上选定已经设置过视觉属性的媒体元素,在其上右击,在弹出的快捷菜单中选择"复制属性"命令,在画布中选择另外一个媒体元素并在其上右击,在弹出的快捷菜单中选择"粘贴属性"命令(同样可再次选择另外的对象,进行同样的操作),这样就快速地把某一媒体元素的属性值赋予另外一个(或多个)媒体元素。此种操作相当于 Office 软件里用某一对象的格式去格式刷另外的对象。

实例 4.2 属性面板的运用

步骤 1:启动 CS 软件,把两张图片文件(..\实例 4.2\1.png、2.png)导入到"媒体箱"中;把两张图片依次添加到画布上(需要把两张图片依次添加到时间轴的轨道 1 上)。

步骤 2:在画布上选定 1.png 图片,打开"属性"面板的视觉属性面板,设置图片的不透明度为 50%,旋转度数 Z=180°、Y=180°、X=0°。

步骤 3:在画布上选定 1.png 图片并右击,在弹出的快捷菜单中选择"复制属性"命令。

步骤 4:在画布上选定 2.png 图片并右击,在弹出的快捷菜单中选择"粘贴属性"命令。

3. 编辑媒体元素

添加到画布上(时间轴的轨道上)的媒体元素,同样在画布中也可对其位置、大小、旋转、排列、组合等进行编辑。

(1) 移动媒体元素位置。媒体元素添加到画布上后,其所在位置可能不符合用户的要求,用户需要对媒体元素进行位移。移动媒体元素位置的方法有两种:一是选中媒体元素,用鼠标拖曳的方式直接移动媒体元素在画布上的位置;二是选中媒体元素,利用键盘上的方向键进行媒体元素位置的移动。

(2) 调整媒体元素大小。媒体元素添加到画布上后,往往需要对其大小进行调整。在画布上选定某一媒体元素,此时媒体元素四周出现 8 个圆句柄,如图 4.11 的①所示,把鼠标移至媒体元素边缘的某一圆句柄上,按住鼠标左键拖动圆句柄改变媒体元素的大小。

(3) 旋转媒体元素。媒体元素添加到画布上后,往往需要对其呈现角度进行调整。在画布上选定媒体元素,此时媒体元素中心位置出现圆句柄,将鼠标移到中心位置的圆句柄上,圆句柄的颜色会变为②绿色,如图 4.11 所示,在绿色圆句柄上按住鼠标左键可以自由旋转媒体元素。

(4) 排列媒体元素。添加到画布上的媒体元素,如果在时间轴上占据了不同的轨道并且播放的起始位置、终止位置相同,也就是说时间轴不同轨道的同一帧段上放置了多个媒体元素,就涉及到媒体元素的叠放顺序。

图 4.11 画布上媒体元素的操作界面

时间轴上越是上面的轨道(画布上越是上面的层)的媒体元素在视觉上距离人越近。因此媒体元素的叠放顺序,实质上是指轨道的上下排列顺序(或画布上媒体元素的上下的叠放顺序)。调整媒体叠放顺序的命令有置于顶层、上移一层、下移一层、置于底层 4 个命令。画布上调整媒体叠放顺序的方法为,选定媒体元素并右击,在弹出的快捷菜单中选择"排列"菜单的子菜单中的相应菜单命令,实现媒体元素叠放顺序的调整。

(5) 组合媒体元素。在画布上编辑完成的多个媒体元素,可以组合为一个对象,也可以将组合的对象取消组合,拆分为多个对象。组合媒体元素可在画布上进行,也可在时间轴上进行。

画布上组合与拆分媒体元素。首先把要组合的媒体元素选定,然后右击,在弹出的快捷菜单中选择"组合"命令,则会把所选媒体元素组合为一个对象。选择已组合的媒体元素对象并右击,在弹出的快捷菜单中选择"取消组合"命令,则会把该组合对象拆分为多个对象。

时间轴上组合与拆分媒体元素。首先在时间轴上按住 Ctrl 键,选中需要组合的媒体元素,然后执行上述同样的操作步骤,也会实现媒体元素的组合与拆分。

(6) 复制、剪贴、粘贴、删除媒体元素。在画布上选定某一媒体元素并右击,在弹出的快捷菜单中选择复制、剪切、粘贴、删除等命令,则实现对媒体元素相应的操作。

实例 4.3　画布上媒体元素的编辑

步骤 1:启动 CS 软件,把 4 张图片文件(..\实例 4.2\1.png、2.png、3.png、4.png)导入到"媒体箱"中;把 4 张图片按 1 至 4 的顺序依次拖放到轨道1、轨道2、轨道3、轨道4上(此时画布上 4 张图片叠放排列,4.png 图片在视觉上最近)。

步骤 2:画布上用鼠标调整 4 张图片的大小和位置,如图 4.12 所示状态,此时可看出画布上(时间轴中)4 张图片自上而下(视觉上是由近及远)的叠放顺序是 4、3、2、1。

步骤 3:在画布上选定 4.png 图片并右击,在弹出的快捷菜单中选择"置于底层"命令,则 4 张图片在画布、时间轴上的叠放顺序,如图 4.13 所示。

步骤 4:在画布上选定 4 张图片并右击,在弹出的快捷菜单中选择"组合"命令,组合 4 张图片为一个媒体元素对象。

图 4.12 媒体元素原始排列顺序

图 4.13 媒体元素调整后的排列顺序

4.2.3 媒体元素添加效果

添加到画布上（时间轴的轨道上）的媒体元素，可为其添加并设置各种各样的视觉效果（以下简称效果）。添加效果的方法有两种，一是运用画布上媒体元素的快捷菜单，二是使用 CS 软件主窗口左侧的选项卡的"视觉效果"选项卡。效果的添加、设置等需要把时间轴、画布、属性窗口中各效果面板、视觉效果选项卡配合使用，完成效果的编辑工作。

1. 效果面板

在画布的某一媒体元素上右击，在弹出的快捷菜单中选择"添加视觉效果"菜单，菜单中包括阴影、边框、着色、颜色调整、删除颜色、设备帧、剪辑速度、交互功能/热点子菜单项，单击某一子菜单项目，"属性"面板会打开相应的效果面板，快捷菜单如图 4.14 所示。

讲述各效果面板前，需要提前说明一点，因为时间轴的有关操作还没有讲述，为便于用户更好地理解时间轴、画布、属性面板三者之间的关系。所以假设在画布上选定某一媒体元素并且在"属性"面板中打开了一些相应的效果面板，此时在时间轴上该媒体元素所占轨道的下面有一个如图 4.15 中②所示的"显示/隐藏切换"按钮，单击此按钮会显示或隐藏该媒体元素上所添加的效果条，如图 4.15 中①所示。

（1）阴影效果面板。阴影效果面板用于设置媒体元素的阴影效果，面板包括角度、颜色、偏移、不透明度、模糊、淡入、淡出参数的设置，如图 4.16 所示。

"角度"右侧有个九井格，单击九井格中的某一格，表示画布上所选媒体元素的阴影会出现在该位置；"九井格"右侧的旋转按钮，会改变阴影在平面上 360°的显示位置，也可在

预览窗口与画布 第 4 章

图 4.14 快捷菜单

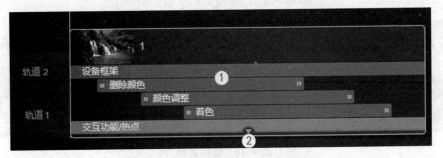

图 4.15 时间轴上的媒体效果条

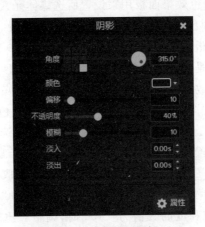

图 4.16 "阴影"面板

旋转按钮后面的文本框中直接输入旋转的角度值;单击"颜色"右侧的颜色下拉列表框,打开颜色面板,从中选取阴影的颜色;用鼠标拖动"偏移"右侧的水平滑块,调整阴影与媒体元素的偏移距离;用鼠标拖动"不透明度"右侧的水平滑块,调整阴影的透明程度;用鼠标拖动"模糊"右侧的水平滑块,调整阴影的模糊程度;在"淡入""淡出"右侧的滚动文本框中输入或调整时间数值(单位为秒),设置阴影的淡入、淡出效果,如图 4.17 所示。

图 4.17 阴影效果

(2) 边框效果面板。边框效果面板用于设置媒体元素的边框效果,面板包括颜色、厚度参数的设置,设置方法同前。边框效果面板如图 4.18 所示,①边框效果面板、②画布上添加了边框效果的图片、③时间轴轨道上添加了边框效果的图片。

图 4.18 边框效果

(3) 着色效果面板。着色效果面板用来设置所选媒体元素的某一单一颜色的着色情况,包括颜色选择、所选择颜色着色量、淡入、淡出等参数设置。例如,在画布上选择某一媒体元素,并在着色效果面板中选择绿色,设置淡入时间为 80 秒、淡出时间为 60 秒,这样该媒体元素在播放时,起初是媒体元素的原始颜色,但在 80 秒内慢慢变为以所设定的绿色为主的颜色,媒体元素播放结束的 60 秒内,又慢慢恢复到媒体元素的原始颜色。着色效果面板如图 4.19 所示,①图片原始颜色、②着色(此处着黄色)图片效果。

(4) 颜色调整效果面板。颜色调整效果面板用来设置所选媒体的亮度、对比度、饱和度,同时为所选媒体元素设置淡入、淡出效果。在画布上选择某一媒体元素,并在颜色调整效果面板中调整"饱和度"的数值来改变媒体元素的颜色(取值范围 -100~100,-100 表示只有黑白颜色,100 表示媒体元素原始颜色);用鼠标拖动"对比度"后面的水平滑块,调节颜色的对比度(例如,饱和度的数值为 -100 时,调整对比度是在调整黑白两种颜色的对比程度);用鼠标拖动"亮度"后面的水平滑块,调节媒体元素的亮度;淡入和淡出是用来设置此种效果淡入时间、淡出时间长度。颜色调整效果面板如图 4.20 所示:①图片原

图 4.19 着色效果

始颜色、②颜色调整(亮度＝72,对比度＝300,饱和度＝－100)后的图片效果。

图 4.20 颜色调整效果

(5) 删除颜色效果面板。删除颜色效果面板用来设置把所选媒体的某一个颜色删除及参数删除的设置,包括删除颜色的选择、可接受范围、柔软度、色相、边缘修正等参数。用鼠标拖动"可接受范围"后面的水平滑块,调整删除颜色的范围大小;用鼠标拖动"柔软度"后面的水平滑块,调整删除颜色的边缘的柔和效果;用鼠标拖动"边缘修正"后面的水平滑块,调整删除颜色的边缘的修正值等。如图 4.21 所示,①删除颜色效果面板、②原始图片颜色、③删除了蓝色(蓝色,可接受范围＝38%,柔软度＝0,色相＝0,边缘修正＝3)后的图片效果。

图 4.21 删除颜色效果

(6) 设备帧效果面板。设备帧效果面板用来设置媒体元素用什么样的设备外观来显示媒体元素。设备外观包括 Desktop(计算机桌面)、iPhone(苹果手机)、MacBook Pro(平板电脑)、Google Pixel(谷歌手机)4 种。如图 4.22 所示,①设备帧效果面板、②原始图片显示方式、③设置为 MacBook Pro(平板电脑)显示后的图片效果。

图 4.22 设备帧效果

(7) 剪辑速度效果面板。剪辑速度效果面板用来设置媒体元素的播放速度和持续时间。"速度"后边文本框中的数值越大,表示单位时间内播放的帧数越多;数值越小,表示单位时间内播放的帧数越少。"持续时间"用来设置媒体元素播放的时间长短,可设置的时间单位是分、秒、帧,剪辑速度效果面板如图 4.23 所示。

(8) 交互功能/热点面板。交互功能/热点面板用来设置媒体元素的热点、热点链接跳转的位置。如果对画布上添加的媒体元素进行交互功能/热点设置,则在视频播放过程当中,可运用该媒体元素的热点与热点链接实现视频的跳转。交互功能/热点面板包含的内容有结尾处暂停、URL、在新标签页中打开、标记、时间(分、秒、帧)、点击继续和测试,如图 4.24 所示。"结尾处暂停"是指添加了热点的媒体元素播放完毕后,视频会暂停;URL 是指链接的网站地址,若勾选"在新标签页中打开"选项,则在视频中单击热点链接后,打开新的窗口浏览网站;"标记"后面有一个下拉列表框,编辑视频中如果为视频添加了若干标记,则这些标记会成为此列表框的列表选项,选择其中一个标记,视频播放时,

图 4.23 "剪辑速度"面板

图 4.24 "交互功能/热点"面板

单击设置了热点的媒体元素,视频会自动跳到该标记处播放视频;"时间"后面有3个文本框,分别用于设置时间的分、秒、帧,视频播放时,单击设置了热点的媒体元素,视频会自动跳到该时间处播放视频;若选择了"点击继续"选项,则视频每次停止播放时,只有单击设置了热点的媒体元素,视频才会继续播放。

实例 4.4 效果面板的应用

步骤 1:启动 CS 软件,把 3 张图片文件(..\实例 4.4\1.png、2.png、3.png)导入到"媒体箱"中;把 3 张图片按 1 至 3 的顺序依次拖放到轨道 1 上,默认播放时间均为 5 秒,调整 3 张图片均略小于画布。

步骤 2:在画布上用鼠标选定 1.png 图片并右击,在弹出的快捷菜单中选择"添加视觉效果"菜单的子菜单中的"边框"命令,则在"属性"面板中打开"边框效果"面板,面板中设置颜色为红色、厚度=10;用同样的方法打开着色效果面板,设置颜色为绿色、着色量为100、淡入时间为 1 秒、淡出时间为 1 秒。效果如图 4.25 所示,①原始图片效果、②添加了边框效果、着色效果图片效果、③时间轴的轨道上边框、着色效果条。

图 4.25 添加边框、着色效果

步骤 3:在画布上用鼠标选定 2.png 图片并右击,在弹出的快捷菜单中选择"添加视觉效果"菜单的子菜单中的"颜色调整"命令,在"属性"面板中打开颜色调整效果面板,设置亮度=60、对比度=230、饱和度=-80、淡入=1 秒、淡出=1 秒;用同样的方法打开删除颜色效果面板,设置颜色为蓝色、可接受范围=40%、柔软度=25%、边缘修正=70%。效果如图 4.26 所示,①原始图片效果、②颜色调整和删除色效果的图片效果、③时间轴的轨道上颜色调整、删除颜色效果条。

图 4.26 添加颜色调整和删除色效果

步骤 4：在画布上用鼠标选定 3.png 图片并右击,在弹出的快捷菜单中选择"添加视觉效果"菜单的子菜单中的"设备帧"命令,在"属性"面板中打开设备帧效果面板,在类型中选择 Desktop(计算机桌面)。

实例 4.5　视频播放的跳转

步骤 1：启动 CS 软件,把 3 张图片文件(..\实例 4.5\1.png、2.png、3.png)导入到"媒体箱"中;把 1.png、2.png 两张图片依次拖放到轨道 1 上,每张图片的默认播放时间均为 5 秒;把 3.png 图片拖到轨道 2 上,设置其播放时间为 10 秒,调整该图片呈缩略图状态并置于画布右上角,如图 4.27 所示。

图 4.27　图片在画布、时间轴上的摆放

步骤 2：在画布上用鼠标选定 3.png 图片并右击,在弹出的快捷菜单中选择"添加视觉效果"菜单的子菜单中的"交互功能/热点"命令,在"属性"面板中打开"交互功能/热点"效果面板,面板中勾选"结尾处暂停"选项,选择"时间"单选项,设置时间分＝0、秒＝5、帧＝0,表示跳转到 5 秒处播放。

说明：视频播放过程中 3.png 图片始终处于显示状态,若单击该图片,则视频跳转到 5 秒 0 帧处开始播放。本实例生成的视频,用户在浏览器中可观看其实际效果。

2. 视觉效果选项卡

CS 软件的主窗口左侧有若干选项卡,选择"视觉效果",打开"视觉效果"选项卡,如图 4.28 所示。该选项卡中包括阴影、边框、着色、颜色调整、删除颜色、设备框架、剪辑速度、交互功能/热点 8 种视觉效果,这些与效果面板的内容、参数设置相同。只是视觉效果应用于媒体元素上的方法是从"视觉效果"选项卡中选定某一效果,用鼠标拖动的方法把该效果拖动到画布上的某一媒体元素或时间轴轨道上某一媒体元素上,参数设置通过效果面板完成。

3. 效果管理

添加到画布上(时间轴的轨道上)的媒体元素,如果也添加了某种效果,则在该媒体元素所在的轨道上自动添加"效果条"。因此,媒体元素上的效果管理可通过画布上的快捷菜单管理,也可以通过时间轴的轨道上的快捷菜单进行管理。

(1) 画布上管理效果。在画布上选定某一添加了效果的媒体元素,在其上右击,在弹

图 4.28 "视觉效果"窗口

出的快捷菜单中选择"复制效果"命令;然后在画布上选择另外一个(或多个)媒体元素并在其上右击,在弹出的快捷菜单中选择"粘贴效果"命令,此种操作会把原媒体元素上的所有效果一次性粘贴到新的媒体元素上。

(2) 时间轴上管理效果。在时间轴的轨道上选定添加了效果的媒体元素所在的轨道,单击该媒体元素所占轨道下面的"显示/隐藏切换"按钮,打开所有"效果条",选定某一个(或几个)"效果条"(选定的效果条为黄色,未选定的效果条为绿色)并在其上右击,在弹出的快捷菜单中选择"复制所选效果"命令,然后在时间轴的轨道上选择另一个媒体元素并在其上右击,在弹出的快捷菜单中选择"粘贴效果"命令,则所选的效果应用到新的媒体元素上,一般用此方法来选择一个效果应用到其他的媒体元素上。

媒体元素上添加的效果,可以在轨道上选定该媒体的"效果条",然后右击,在弹出的快捷菜单中选择"删除"命令,删除该媒体的一个效果。如果想删除该媒体的全部效果,则需要选中所有的"效果条",然后右击,在弹出的快捷菜单中选择"删除"命令。

(3) 效果播放的控制。媒体元素的每一个"效果条",其播放起始时间、终止时间、播放时间长度是可以调整的。调整的方法是把鼠标移动到"效果条"的开始处或结束处,按下鼠标左键向右或向左拖动,可以调整其播放的起始时间、终止时间;把鼠标移动到"效果条"上,按下鼠标的左键向左、右拖动,改变它在时间轴轨道上的播放位置。

(4) 效果的再编辑。添加到媒体元素上的效果,如果需要进一步对其参数进行编辑,只需要在时间轴轨道媒体元素上的"效果条"上双击,"属性"窗口中会打开相应的效果面板。

如图 4.29 所示,①边框效果的开始、②边框效果的结束、③未选定的效果条、④当前选定的效果条。

图 4.29 效果条

实例 4.6 效果的操作

步骤 1：启动 CS 软件，把两张图片文件(..\实例 4.6\1.png、2.png)导入到"媒体箱"中；把两张图片按顺序依次拖放到轨道 1 上，调整每张图片播放时间均为 4 秒。

步骤 2：在画布上用鼠标选定 1.png 图片并右击，在弹出的快捷菜单中选择"添加视觉效果"菜单的子菜单中的"着色"命令，在"属性"面板中打开"着色效果"面板，面板中设置颜色为粉色、量＝100％、淡入＝1 秒、淡出＝0 秒；用同样的方法打开颜色调整效果面板，设置亮度＝50、对比度＝200、饱和度＝－100、淡入时间为 0.2 秒、淡出时间为 0.5 秒。

步骤 3：在轨道上单击"显示/隐藏切换"按钮，显示"效果条"(一个是"着色效果条"，一个是"颜色调整效果条")。选定"着色效果条"，先把鼠标移到"着色效果条"开始位置并按下鼠标左键向右拖动，使其从 15 帧处开始播放，再把鼠标移到"着色效果条"结束位置并按下鼠标左键向左拖动，使其到 2 秒处结束播放。选定"颜色调整效果条"，先把鼠标移到"颜色调整效果条"开始位置并按下鼠标左键向右拖动，使其从 2 秒处开始播放，再把鼠标移到"颜色调整效果条"结束位置并按下鼠标左键向右拖动，使其到 4 秒处结束播放。

步骤 4：在画布上用鼠标选定 1.png 图片并右击，在弹出的快捷菜单中选择"复制效果"命令；在画布上用鼠标选定 2.png 图片并右击，在弹出的快捷菜单中选择"粘贴效果"命令。

添加了效果的图片在时间轴轨道上的效果如图 4.30 所示。本实例生成的视频，用户在浏览器中可观看其实际效果。

图 4.30 轨道上的效果条

实例 4.7 抠取视频

步骤 1：启动 CS 软件，把幻灯片文件(..\实例 4.7\街舞表演.pptx)导入到"媒体箱"中；把视频文件(..\实例 4.7\街舞表演.mp4)导入到"媒体箱"中。

步骤2：从"媒体箱"中把视频添加到轨道2上，把PPT生成的图片添加到轨道1上，调整轨道1上图片的播放时长同轨道2上的视频时长相同。在画布上调整视频、图片的大小与位置。

步骤3：选中轨道2上的视频，打开"视觉效果"选项卡，把"删除颜色"拖到轨道2的视频上，视频上会添加一个"删除颜色效果"条。

步骤4：双击该效果条，在"属性"面板中打开"删除颜色"面板，单击"颜色"右侧的下拉箭头，打开"颜色器"对话框中，选择"从图像中选择颜色"工具，然后到画布的视频上的绿色区域单击，完成绿色的选取，此时画布上视频中的绿色被隐藏。

步骤5：在"属性"面板的"删除颜色"面板中，设置可接受范围的值为33％、柔软度的值为11％、色相的值为0、边缘的值为0。

经过上述操作，就会把原视频的背景色抠除，前后效果对比如图4.31所示：①抠像前的视频、②抠像后的视频。常常用此方法制作演讲者出镜头的视频。

图4.31　抠取视频效果

第 5 章 时 间 轴

时间轴是 CS 软件编辑视频的重要窗口,把它同预览窗口、画布、属性面板、各类面板结合使用,能够简单、快速地进行视频的编辑。

时间轴窗口包括:①工具栏、②刻度尺、③播放头、④垂直缩放条、⑤视图切换按钮、⑥轨道、⑦媒体、⑧水平滚动条、⑨垂直滚动条、⑩媒体编辑快捷菜单、⑪轨道操作快捷菜单,如图 5.1 所示。

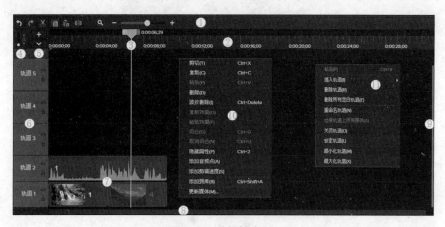

图 5.1 时间轴窗口

5.1 工 具 栏

工具栏有两部分功能,一是对媒体的简单编辑,二是对轨道的水平缩放。添加到轨道上的媒体元素,运用时间轴工具栏能够进行简单的编辑,编辑功能包括撤销、重做、剪切、复制、粘贴、分割等。运用时间轴工具栏的缩放条,能够调整时间轴水平方向上的缩放。

5.1.1 缩放条

缩放条包括:"将所有媒体置于时间轴上查看"按钮、"缩小时间轴"按钮、缩放滑块和"放大时间轴"按钮 4 部分,因此,使用缩放条可完成时间轴水平方向的缩放。另外,缩放条上的快捷菜单,同样可完成时间轴的缩放,快捷菜单包括放大、缩小、缩放到适合、缩放到选择、缩放到最大等菜单项。

1. 缩放条功能

工具栏上的缩放条的功能是水平方向上缩放时间轴,其可以使轨道上的图片、视频、音频等媒体元素在轨道放大或缩小状态下显示,便于用户更精准的选择、编辑媒体元素。

将所有媒体置于时间轴上查看。单击缩放条上的"将所有媒体置于时间轴上查看"按钮,此时时间轴的刻度尺上每15帧显示时间数值,如0:00:00;00、0:00:00;15,用户是以帧为单位来查看、编辑轨道上的媒体元素。

缩小时间轴。单击缩放条上的"缩小时间轴"按钮,缩放滑块向缩放条左侧移动,表示轨道上的媒体元素缩小一定比例。放大时间轴,单击缩放条上的"放大时间轴"按钮,缩放滑块向缩放条右侧移动,表示轨道上的媒体元素放大一定比例。缩放滑块,在"缩放滑块"上按下鼠标左键,向左或右拖动缩放滑块,同样可以缩小或放大轨道上媒体元素的比例。

2. 快捷菜单

右击缩放条,在弹出的快捷菜单中选择相应的命令,同样可以完成时间轴的缩放,放大、缩小的用法不再重述。"缩放到适合"是指根据时间轴上添加的媒体元素的时长,自动缩放到以帧为显示单位编辑媒体元素的状态,此时刻度尺上的每一个小格即为1帧,每一个大格为15帧;"缩放到选择"是指把播放头定位于某个位置,此时单击"缩放到选择"命令,则媒体元素缩放到该位置;"缩放到最大"是指把时间轴缩放到最大状态来编辑媒体元素。

5.1.2 媒体元素简单编辑

添加到轨道上的媒体元素,如同生活中搭积木用的元件,用户可在轨道上用鼠标拖动的方法,随意改变其在轨道上的位置。运用工具栏上简单的编辑命令,配合鼠标拖动的操作,就能简单而快速地进行媒体元素的编辑,完成视频的制作。

1. 轨道上拖动媒体元素

单击选定轨道上的某一媒体元素,然后在其上按下鼠标左键进行拖动,到新的位置(可在同一轨道的不同位置,也可在不同轨道的某一位置)处松开鼠标左键,此时媒体元素就改变了其在时间轴上的具体位置。

2. 剪切、复制、粘贴

添加在轨道上的媒体元素,用户根据需要能够对其进行剪切、复制、粘贴等操作。选定某一轨道上的某一媒体元素,单击工具栏上的"剪切"按钮,此时该媒体元素被放入剪贴板中,再选择某一轨道并把播放头移动到某一个位置,单击工具栏中的"粘贴"按钮,完成媒体元素的位置移动。在轨道上选择某一媒体元素,单击工具栏上的"复制"按钮,再选择某一轨道并把播放头移动到某一个位置,单击工具栏中的"粘贴"按钮,完成媒体元素一个副本的制作。剪切、复制、粘贴等操作同样可运用Windows操作系统通用的快捷键,剪切操作的快捷键为Ctrl+X,复制操作的快捷键为Ctrl+C,粘贴操作的快捷键为Ctrl+V。

3. 分割

编辑视频时,经常需要把添加于轨道上的某一媒体元素分成若干段,运用媒体元素的不同段来进行视频的编辑,而媒体元素的每一段其开始、结束、播放时长均可调整为用户需要的状况。把媒体元素分为若干段的操作称为分割,CS软件对媒体元素的分割是理论上的分割,而非实际的分割。也就是说当对某一媒体元素进行分割后,前一段媒体元素只是从分割点处隐藏了后一段媒体元素的内容,而后一段媒体元素只是从分割点处隐藏了前一段媒体元素的内容,对每一段媒体元素,用户需要时可以拖动其播放开始或播放结束的位置,从而显示出隐藏的内容。

分割选中的媒体元素。在某一轨道上选定要分割的媒体元素,用鼠标拖动的方法将播放头定位在需要分割的位置,单击工具栏中的"分割"按钮,或单击"编辑"菜单中的"分割"命令,此时媒体元素被分割为两部分。

分割所有轨道上的媒体元素。用户编辑视频时,如果需要把多个轨道上的媒体元素在同一时间点(或帧)上一次实现分割,则需要把这些轨道设置为解锁状态(轨道的锁定、解锁内容随后讲述),用鼠标拖动的方法将播放头定位在需要分割的位置,单击"编辑"菜单中的"分割所有"命令,此时所有未锁定的轨道上的媒体元素均被分割为两部分。

分段媒体元素的调整。被分割后的两段媒体元素,轨道上会显示有分割线。把鼠标移动到前一段媒体元素结束的分割线上,此时鼠标变为双向箭头,按住鼠标左键向左拖动调整该媒体元素的结束位置,把鼠标移动到该段媒体元素的开始位置,鼠标变为双向箭头,按住鼠标左键向右拖动调整该媒体元素的开始位置。用同样的方法可以调整后一段媒体元素的开始位置、结束位置。在后一段媒体元素上按住鼠标左键,然后向右侧拖动,使该媒体元素在轨道上的位置与前一段媒体元素间有一定间距,此时用鼠标拖动的方式把其他媒体元素插入二者中间。

4. 撤销与重做

编辑视频时,经常会出现误操作,为恢复到操作前的状态,单击工具栏上的"撤销"按钮,每单击此按钮一次则撤销一次操作,撤销操作没有次数限制,可以撤销多次操作,撤销操作的快捷键为Ctrl+Z。重做是撤销的相反操作,其快捷键为Ctrl+Y。

实例5.1 时间轴工具栏的运用

步骤1:启动CS软件,把音频文件(..\实例5.1\1.wav)添加到"媒体箱"中。
步骤2:从"媒体箱"中用鼠标把1.wav音频添加到轨道1上。
步骤3:在工具栏的"缩放条"上右击,在弹出的快捷菜单中选择"缩放到最大"命令。
步骤4:用鼠标拖动播放头到20帧处,单击工具栏上的"分割"按钮,音频被分割为两段,选定前一段音频并按键盘上的Delete键,删除该段音频。
步骤5:选定后一段音频,用鼠标拖动的方式把该段音频拖动到轨道1的开始处。
说明:通过上述操作剪掉了音频开始的20帧无声音的音频。

5.2 刻度尺与播放头

5.2.1 刻度尺

刻度尺是时间轴上选取视频的重要参考依据。刻度尺上的时间表示时、分、秒、帧,其格式为 0:00:00;00。因为视频在时间轴上的顺序是从左向右播放,所以刻度尺上某一点的时间代表视频的时间。

刻度尺上显示的时间随着视频比例的缩放而变化。当视频缩放到合适(或最大)的状态时,刻度尺上的时间刻度线每 15 帧处有数值显示,例如 0:00:00;15、0:00:01;00、0:00:01;15,每一小格代表 1 帧;当视频缩放到最小状态时,刻度尺上的时间刻度线每 2 分处有数值显示。(秒与毫秒之间的换算为:1 秒=1000 毫秒,但该软件以 1 秒为 30 帧来编辑视频。)

因此刻度尺上面刻度线的规模变化,与时间轴的缩放级别密切相关。当通过缩放条改变时间轴的缩放时,刻度尺也随着进行缩放。

把缩放条、刻度尺、播放头三者配合使用,可以很方便地选取片段视频。

5.2.2 播放头

播放头由选择起点、播放头、选择终点 3 个滑块组成。选择起点滑块为绿色,在播放头的左侧;选择终点滑块为红色,在播放头的右侧;播放头滑块在中间,为灰色。

在时间轴刻度尺的某一个位置上单击,播放头就会定位在该位置处,同时 3 个滑块聚在一起。把鼠标移至播放头选择终点滑块上,按住鼠标左键向右拖动,则选择终点滑块与播放头分离;把鼠标移至播放头选择起点滑块上,按住鼠标左键向右拖动,则选择起点滑块与播放头分离,此时所有轨道的两个滑块之间表现为反蓝显示,表示选择了所有轨道此区域的媒体剪辑。如果此时单击预览窗口的"播放"按钮,则只播放该区域的媒体元素。在 3 个滑块任意一个上双击,则 3 个滑块自动聚在一起。

播放头所在位置就是选定的该帧视频,在预览窗口中就会显示当前选定帧的视频内容。

5.3 轨 道

时间轴是编辑视频的重要窗口,轨道是时间轴上的重要组成部分。轨道可以有若干条,用户根据需要随时增减轨道的数量。每条轨道上均可以加载视频、音频、图片、动画等媒体。

5.3.1 轨道简述

轨道垂直方向的排列顺序,决定着最终生成视频画面媒体元素的前后叠放顺序,排列于时间轴上部轨道的媒体元素画面在视觉上距离人最近,排列于时间轴下部轨道的媒体元素画面在视觉上距离人远。垂直方向所有轨道同一帧的画面会同时播放。

同一轨道水平方向上媒体元素的排列顺序,决定着最终生成视频画面媒体元素的播放先后顺序。排列在轨道左侧的媒体元素先播放,排列在轨道右侧的媒体元素后播放。因此,轨道水平方向实质就是视频播放的时间线。

当轨道数量比较多时,轨道窗口右侧会出现垂直滚动条,用户可用鼠标上下拖动垂直滚动条,查看不同的轨道内容;当某一轨道媒体元素时间较长时,轨道窗口下部会出现水平滚动条,用户可用鼠标左右拖动水平滚动条,在水平方向上查看轨道上的内容。

5.3.2 轨道操作

轨道的操作主要包括插入轨道、删除轨道、重命名轨道、选择轨道上所有媒体、打开/关闭轨道、锁定/解锁轨道、缩放轨道等,轨道不可用拖动的方法改变上下排列顺序,轨道的操作一般使用快捷菜单完成,轨道窗口如图5.2所示,①轨道名、②轨道操作快捷菜单、③轨道上的媒体元素。

图 5.2 轨道窗口

1. 增加、删除轨道

轨道的数量依据用户需要可以随时增加、删除,轨道的增加包括插入轨道(上面)、插入轨道(下面),轨道的删除包括删除轨道、删除所有白空轨道。

插入轨道指添加一条新轨道,方法通常有三种。一是在刻度尺左侧有个"+"号按钮,此按钮为添加轨道按钮,单击该按钮即可在所有轨道的上方添加一条新轨道;二是在轨道窗口中选定某一轨道,然后在该轨道上的空白位置右击,在弹出的快捷菜单中选择"插入轨道(上面或下面)"命令,即可在所选轨道的最上方或最下方插入一条新轨道;三是从"媒体箱"或"库"中把媒体元素拖曳到时间轴上,会自动创建一条新轨道。

轨道窗口中往往有许多无用轨道,这些轨道的存在不利于用户编辑视频,因此可以把它们删除。删除轨道分为删除轨道和删除所有空白轨道。在轨道窗口中选定某一轨道并在其上右击,在弹出的快捷菜单中选择"删除轨道"命令,如果该轨道上没有添加任何媒体元素(空轨道),则该轨道被删除,如果该轨道上添加有媒体元素,则弹出询问对话框,如图5.3所示,单击"是"按钮则该轨道被删除。在轨道窗口空白位置处右击,在弹出的快捷菜单中选择"删除所有空白轨道"命令,则所有空白轨道一次性全部被删除。

图 5.3 删除轨道询问对话框

2. 轨道命名

在轨道窗口中添加新的轨道后,轨道的默认名称分别是轨道1、轨道2、轨道3等。实际操作中轨道的名称应能够体现出轨道上所添加的媒体内容。轨道重命名的方法为,选定某一轨道并在其上右击,在弹出的快捷菜单中选择"重命名轨道"命令,或在轨道名称上双击,此时轨道名称文本框处于可编辑状态,在其中输入新轨道名称即可。

3. 打开或关闭轨道

轨道窗口中的所有轨道在默认情况下均为打开状态(显示状态)。在实际编辑过程中,用户根据需要可控制某个(多个)轨道的打开或关闭。

打开(显示)轨道是为了编辑该轨道,而关闭(隐藏)轨道出于几种考虑。其一是用户编辑视频时,暂时不希望该轨道上的媒体元素出现在画布上,从而不影响编辑其他轨道上媒体元素在视觉上的感受;其二是最终生成的视频中不包含此轨道的媒体元素;其三是暂时不允许编辑此轨道上的媒体元素等。

例如,有时需要使用一个轨道录制讲解声音,此时就需要打开该轨道,而把其他添加有音频的轨道关闭,这样录音时其他轨道的声音就不会一同被录入。

打开与关闭轨道的方法,其一是在选定轨道上右击,在弹出的快捷菜单中选择"关闭轨道/开启轨道"命令;其二是选定轨道并在轨道名称后的"禁用轨道/启用轨道"按钮上单击,以切换轨道显示与隐藏的状态。当轨道处于打开状态时,此按钮为黑色圆圈,轨道上的媒体呈现为深蓝色;当轨道处于关闭状态时,此按钮变成蓝色,轨道上的媒体变为暗灰色。如图 5.4 所示,轨道 1、轨道 3 为打开轨道,轨道 2 为关闭轨道。

图 5.4 轨道状态

4. 锁定或解锁轨道

轨道窗口中的所有轨道均有锁定和解锁两种状态。在轨道上编辑媒体元素时,为避免影响非当前编辑轨道的内容,往往把非编辑轨道锁定,只使当前编辑轨道处于解锁状态。锁定的轨道上的媒体元素不能执行剪切、复制、删除、粘贴、分割等任何操作,但锁定轨道上的媒体元素同样显示在画布上并能够进行预览,也会出现在最后生成的视频中。

锁定或解锁轨道的方法是,单击轨道名称右侧的"解锁轨道/锁定轨道"按钮,在锁定轨道与解锁轨道之间切换。当轨道处于解锁状态时,该按钮为灰色打开的锁头,轨道上的媒体呈现为深蓝色;当轨道处于锁定状态时,该按钮变成蓝色锁定的锁头,轨道上的媒体变为暗灰色。如图 5.4 所示,轨道 2、轨道 3 为解锁状态,轨道 1 为锁定状态。

5. 轨道缩放

用户在编辑轨道上的媒体元素时,往往以较小的时间单位进行片段媒体的选择和编辑,这就需要轨道的水平缩放,而对轨道垂直方向上的操作,有时就需要轨道的垂直缩放。因此轨道缩放包括水平缩放和垂直缩放两种。水平缩放通过工具栏上的缩放条完成,前文已有介绍。在轨道垂直方向上进行缩放,缩小时会看到更多的轨道;放大时可对某一放大后的轨道进行操作,比如设置音频点,调节音频的音量等操作。

轨道垂直缩放的方法有三种:一是使用垂直缩放条,在刻度尺的左侧有一个垂直缩放条,在垂直缩放条上用鼠标拖动滑块向上,则垂直方向上放大轨道,相反则为垂直方向上缩小轨道;二是鼠标悬停在两轨道名称间的分隔线上,上下拖动鼠标改变下方轨道的垂直高度;三是选定某一轨道并在其空白位置处右击,在弹出的快捷菜单中选择"最大化轨道"命令,则该轨道在垂直方向上为最大化。

5.3.3 特殊轨道

轨道窗口中有两条特殊的轨道,分别是标记轨道和测验轨道。默认状态下,两条轨道都是隐藏状态,而且同一时刻只能打开其一,用户不可对其进行增加、删除等操作。关于标记和测验在后面章节将详细介绍。

标记和测验轨道有显示和隐藏两种状态,在刻度尺的左侧有一个显示/隐藏测验或标记轨道按钮,单击该按钮展开勾选标记或测验的菜单项,用户勾选标记或测验菜单项后,则打开相应的轨道。如图 5.5 所示,①显示/隐藏测验或标记轨道按钮、②标记轨道、③菜单选项。

图 5.5 特殊轨道

> 实例 5.2 轨道的操作

步骤 1:启动 CS 软件,把两个文件(..\实例 5.2\1.mp3、1.png)添加到"媒体箱"中。

步骤 2:从"媒体箱"中用鼠标把 1.png 图片拖动到轨道 1 上,双击轨道 1 名称,把轨道名称改为"图片",在时间轴工具栏的"缩放条"上右击,在弹出的快捷菜单中选择"缩放到合适"命令。

步骤 3:在图片轨道名称上右击,在弹出的快捷菜单中选择"插入轨道(上面)"命令,插入一条新轨道(默认轨道名称为轨道 2),把该轨道名称改为"音频"。

步骤 4:用鼠标拖动的方式从"媒体箱"中,把 1.mp3 音频拖到音频轨道上。

步骤 5:选定音频轨道,用鼠标把播放头拖动到图片轨道上图片结束位置,单击时间轴工具栏中的"分割"按钮,分割音频轨道的音频。

步骤 6:在音频轨道上,把鼠标移动到前一段音频上并按住左键,把该音频拖到轨道窗口中的空白区域,自动生成添加了该段音频的新轨道,默认轨道名称为轨道 3。

步骤 7:在音频轨道的名称上右击,在弹出的快捷菜单中选择"删除轨道"命令,在打开的询问窗口中单击"是"按钮,删除音频轨道。

说明:①过程图、②结果图如图 5.6 所示,此实例给图片配上背景音乐并生成视频,视频效果见(..\实例 5.2\5.2.mp4)文件。

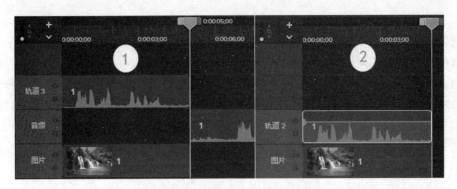

图 5.6 轨道操作过程图与效果图

5.4 轨道上编辑媒体

添加到轨道上的媒体元素,需要对它们进行进一步的编辑,对媒体元素的编辑同样遵循先选定后操作的规则,也就是说要先选定轨道上的某个媒体元素,然后才能对其进行相关的编辑操作。轨道上的媒体编辑一般通过快捷菜单完成,不同类别的媒体元素其快捷菜单有所不同,如图 5.7 所示,①图片类媒体元素操作快捷菜单、②视频类媒体元素操作快捷菜单、③音频类媒体元素操作快捷菜单。

图 5.7 各类媒体元素操作的快捷菜单

5.4.1 选择媒体

轨道上媒体元素的选择可分为帧媒体和片段媒体的选择。

1. 帧媒体的选择

选择轨道上某一帧媒体的目的在于通过时间轴、预览窗口、属性面板三者相结合的方法对该帧媒体进行编辑。选择一个特定帧的方法通常有四种,一是在预览窗口中单击"播放控制条"的"上一帧"或"下一帧"按钮,一帧一帧地调整播放头的位置;二是直接拖动预览窗口中"播放进度条"上的滑块,使播放头到某一帧的位置上;三是用鼠标拖动"播放头",根据拖动过程中鼠标的悬停提示时间,把播放头定位到某一帧上;四是在时间轴刻度尺的某一帧上单击,此时播放头定位在该帧上。

2. 片段媒体的选择

选择轨道上片段媒体的目的在于通过时间轴、预览窗口、属性窗口三者相结合的方法对该片段媒体进行编辑。片段媒体的选择可以是一个片段媒体,也可以是多个片段媒体。

(1)一个片段媒体的选择。选择一个片段媒体的工具主要是播放头。前文提到播放头由选择起点、播放头、选择终点 3 个滑块组成,当用鼠标左键拖动选择起点滑块和选择终点滑块时,即设定了所选片段媒体的开始位置和结束位置,也就是该段媒体被选定。选定的媒体在时间轴上表现为反蓝显示。如果轨道上已经有若干片段媒体,想选择其中一个片段媒体,则在该片段媒体上直接单击选中。另外,把播放头与标记结合使用,也是选取片段媒体的好方法,标记的运用将在后面章节介绍。

(2)多个片段媒体的选择。选择多个片段媒体的方法是,按住键盘上的 Ctrl 键,然后在所需选择片段媒体上依次单击。选择的片段媒体可是同一轨道上的不同片段媒体,也可是不同轨道上的不同片段媒体。

5.4.2 编辑媒体

添加于轨道上(画布上)的媒体元素,把时间轴、预览窗口、属性面板三者结合使用,完成媒体元素的复杂编辑。这里只重点讲述时间轴上媒体元素的编辑方法。时间轴上媒体元素的编辑主要通过快捷菜单完成,不同媒体元素的快捷菜单有所不同,如图 5.7 所示。

1. 共性菜单与差异性菜单

在时间轴上打开媒体元素快捷菜单的方法是,在所选媒体元素上右击即会弹出对该类媒体编辑的快捷菜单。

共性菜单包括剪切、复制、粘贴、删除、波纹删除、复制效果、粘贴效果、复制属性、粘贴属性、组合、取消组合、隐藏属性、添加剪辑速度、添加到库、更新媒体等。差异性菜单在图片类媒体元素操作快捷菜单中有持续时间菜单,在视频类媒体元素操作快捷菜单有编辑音频、分离音频和视频、扩展帧等菜单,在音频类媒体元素操作快捷菜单中有添加音频点菜单,如图 5.7 所示。

2. 共性菜单编辑媒体元素

(1)片段媒体的移动。添加到轨道上(画布上)的媒体元素,用鼠标拖曳的方法可随意改变其在不同轨道上的位置,如同生活中搭积木游戏一样,简单而快速地完成片段媒体元素在轨道上的排列。

(2)片段媒体的基本操作。在轨道上选定某一片段媒体,对它的基本操作主要包括剪切、复制、粘贴、删除、波纹删除、复制效果、粘贴效果、复制属性、粘贴属性、隐藏属性/显示属性等操作。其中有些操作可以通过时间轴工具栏上的相应按钮完成,有些操作可以通过画布上媒体元素的快捷菜单完成。上述操作常常用轨道上媒体元素的快捷菜单完成,在轨道的片段媒体上右击,弹出媒体元素编辑的快捷菜单,运用其中相应的菜单项来完成相应的编辑工作。

（3）调整剪辑速度。调整剪辑速度是为了改变片段视频的播放速度。剪辑速度越高,视频播放速度越快;剪辑速度越低,视频播放速度越慢。视频编辑中经常需要对某片段视频的播放速度进行调整,这时就需要通过调整剪辑速度来完成。

调整剪辑速度的方法是在轨道上选定某一个片段媒体并在其上右击,在弹出的快捷菜单中选择"添加剪辑速度"命令,此时在该媒体占据的轨道上自动添加一个"效果条","效果条"的名称为剪辑速度,"属性"面板中的"剪辑速度"面板也会打开。如图 5.8 所示,①图片类媒体元素的剪辑速度效果条、②视频类媒体元素的剪辑速度效果条、③音频类媒体元素的剪辑速度效果条、④效果条上剪辑速度提示按钮,单击此按钮会弹出提示信息,包括剪辑速度、开始时间、持续时间。

图 5.8 添加了剪辑速度的轨道

"剪辑速度"面板用来设置速度和持续时间,速度数值与持续时间数值联动变化,当改变二者其一时,另一个数值也随之变化。速度的设置是原始速度的倍数值,原始速度数值默认为 1.00x;持续时间的数值包括分、秒、帧,在各自右侧的文本框中输入所需数值即可。"剪辑速度"面板如图 5.9 所示。

（4）组。在轨道上编辑媒体时,特别是在一段媒体占据一条轨道的情况下,会导致轨道过多而不利于编辑工作,另外往往存在需要对多个片段媒体做同样的操作等情况,因此,为了方便轨道上媒体的管理,CS 软件提供了组的概念。组是指把轨道上的多个不同片段媒体组合成为一个对象,创建组的方法是在轨道上选定多个片段媒体

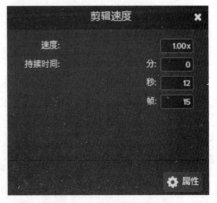

图 5.9 "剪辑速度"面板

并右击,在弹出的快捷菜单中选择"组合"命令,取消组是在轨道的某一个组上右击,在弹出的快捷菜单中选择"取消组合"命令。在轨道上生成的组会自动在其上面添加标题行,名称默认为组合1,同时显示由几个媒体组成。在组的名称上双击,给组重新命名,在组上右击,在弹出的快捷菜单中有取消组合、打开组合/关闭组合、重命名组合等操作命令。如图5.10所示,①创建组前的轨道画面、②创建组后的轨道画面。

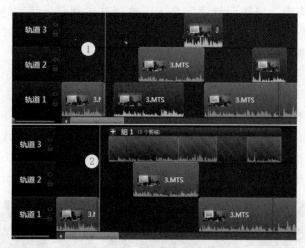

图 5.10　创建组前后对比效果

(5) 添加到库。用户自己编辑完成的视频或音频,特别是具有共同性质的片段媒体(如片头、片尾)等,为使其能够在其他视频中使用,可以把该片段媒体(往往是由多个媒体元素组成的组)保存于"库"中。选取轨道上的片段媒体(或组)并右击,在弹出的快捷菜单中选择"添加到库"命令,CS软件会把此片段媒体(组)存储在"库"中,只要不从"库"中删除该资源,以后打开CS软件就能够在"库"中找到该片段媒体并加以运用。

(6) 更新媒体。编辑视频需要将"库"或"媒体箱"中的媒体加载到轨道上,当用户发现导入的媒体不是需要的媒体而想要更换时,可在轨道媒体上右击,在弹出的菜单中选择"更新媒体"命令,在打开对话框中选择"磁盘上的媒体文件"或"CS库中的媒体文件"进行替换。

3. 差异性菜单编辑媒体元素

(1) 持续时间。一般而言,媒体的持续时间主要是针对轨道上的图片而言。默认情况下,一张图片的持续时间是5秒,当需要对其持续时间进行修改时,通常有两种方法:一是把鼠标移动到图片播放结束的位置,按住鼠标左键向右拖动,拖动过程中观看鼠标的悬停提示,以决定持续时间的长短;二是在轨道中的图片上右击,在弹出的快捷菜单中选择"持续时间"命令,打开"持续时间"窗口,在窗口中单击滚动文本框右侧的"增大"或"减小"按钮,调整持续时间的数值,如图5.11所示。

(2) 编辑音频。轨道上的视频媒体元素,包含有画面和音频,若只想对其中的音频进行编辑,则在所选定片段视频上右击,在弹出的快捷菜单中选择"编辑音频",此时视频轨道上出现音频音量线、音频点等,同时音频波形呈现绿色。默认情况下,音量线最左端有一个音频点(绿色圆句柄)。此时视频中音频的编辑同单一音频编辑,下文详细介绍。如图 5.12 所示,①非音频编辑状态的轨道画面、②音频编辑状态的轨道画面、③音频音量线、④音频点。

图 5.11 "持续时间"窗口

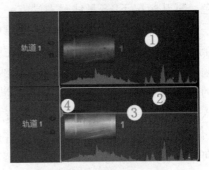

图 5.12 视频中音频编辑

(3) 分离音频和视频。加载于轨道上的视频,包含画面和音频两部分,为了能够分别对画面和音频进行编辑,CS 软件提供了分离音频和视频的功能,分离后音频、画面分别存储于不同轨道。用户根据需要对音频(或画面)进行进一步编辑。把音频和视频分离的方法是,在轨道上选定视频媒体并右击,在弹出的快捷菜单中选择"分离音频和视频"命令,则画面、音频会各占一条轨道。

(4) 扩展帧。当视频中的某一帧需要增加播放时长时,可以通过扩展帧功能来调整该帧的播放时间。扩展帧的使用通常用来解决帧画面与音频长度不匹配的问题,也就是常说的音画不同步。

扩展帧的使用方法是,在轨道上把播放头定位于视频的某一帧上并右击,在弹出的快捷菜单栏中选择"扩展帧"命令,或按 Shift+E 组合键,弹出"扩展帧"窗口,在窗口中单击"持续时间"后面的滚动文本框的"增大"或"减小"按钮,调整持续时间或输入扩展帧的持续时间。扩展帧的默认时间为 1 秒,也就是说选取某一帧并执行扩展帧,该帧就会扩展为播放 1 秒。扩展帧的时间单位为秒,最小值为 0.1 秒,最大值可根据需要设定。"扩展帧"窗口如图 5.13 所示。扩展后的帧,其播放时间可进一步调整,将播放头定位于扩展帧处,并在轨道的媒体上右击,从弹出的快捷菜单中选择"持续时间"命令,同样打开"扩展帧"窗口,调整帧的持续时间。

图 5.13 "扩展帧"窗口

(5)添加音频点。对于轨道上音频媒体元素的编辑,这里重点介绍添加音频点、删除音频点、调整片段音频音量、淡入、淡出等操作。

选定轨道上的音频媒体元素,此时轨道上出现音频音量线、音频点等,同时音频波形呈现绿色。默认情况下,音量线最左端有一个音频点(绿色圆句柄)。把鼠标移动到音量线的某一位置处并右击,在弹出的快捷菜单中选择"添加音频点"命令,会在该处音量线上增加一个音频点。在某一音频点上右击,在弹出的快捷菜单中选择"删除音频点"或"删除所有音频点"命令,则把当前音频点或音量线上所有的音频点删除。把鼠标移至两个音频点之间的音量线上,按住鼠标左键上下拖动,改变此段音频的音量。

淡入效果是指音频在开始播放时,其音量由小逐渐变大的效果。制作淡入效果需要在音频(音量线上)开始处添加一个音频点,在后几秒处再添加一个音频点,同时在轨道的垂直方向上,用鼠标拖动第一个音频点的上下位置,改变开始的音量,音频点越向下音量越小。淡出效果的制作方法与其基本相同。如图5.14所示,①添加了音频点的音频轨道、②制作了淡入、淡出效果的音频轨道。

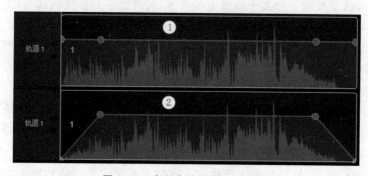

图 5.14 音频点编辑与音频效果

4. 已选择媒体的快捷菜单

轨道上的媒体元素,用户经常需要选择其中的一部分进行编辑。选择的方法是,选定某一轨道,然后拖动播放头的"选择起点"和"选择终点"两个滑块,二者之间形成的区域为反蓝显示,则该区域的一部分媒体被选定,在所选部分媒体上右击,弹出的快捷菜单即为该部分媒体编辑的快捷菜单,通常包括剪切、复制、粘贴、删除、波纹删除、插入时间、取消选择、添加时间轴选择到库中、生成时间轴选择为、静音音频,如图5.15所示。

图 5.15 部分媒体编辑的快捷菜单

"波纹删除"是指把所选部分删除,如果此时选定的是多条轨道上的一部分,则被选定的多条轨道上的该部分全部被一次性删除。"添加时间轴选择到库中"是指把所选的部分媒体添加到库中,如果选定的是一条轨道的一部分,则把该部分媒体添加到库中;如果选定的是多条轨道上的部分,则把这些轨道的所选部分媒体以组的方式添加到库中。如图 5.16 所示,三条轨道的反蓝区域全部被选定。

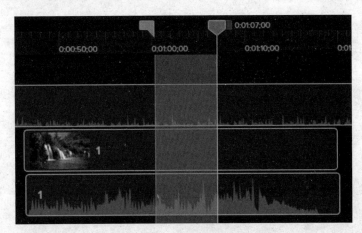

图 5.16 选定多条轨道的部分媒体

"生成时间轴选择为"是指把所选部分媒体生成视频。如图 5.16 所示,在选定的多条轨道中的部分媒体上右击,在弹出的快捷菜单中选择"生成时间轴选择为"命令,打开"生成向导"窗口,依据提示进行操作生成视频,生成的视频只包含选定的多条轨道上所选定的部分媒体。

"静音音频"是指对于音频、视频媒体元素而言,可以把选定部分的声音调为静音。

实例 5.3 轨道上编辑媒体

步骤 1:启动 CS 软件,把两个文件(..\实例 5.3\1.mp3、1.avi)添加到"媒体箱"中。

步骤 2:从"媒体箱"中用鼠标把 1.avi 视频拖动到轨道 1 上,把 1.mp3 拖至轨道 2 上,把"播放头"定位于 1.avi 视频结束位置,选定轨道 2 并单击时间轴工具栏的"分割"按钮,把轨道 2 上的 1.mp3 音频从该位置分割开,选定后一段音频将其从轨道上删除。

步骤 3:选定轨道 2 并在音频音量线上添加 3 个音频点,位置分别是开始后 1 秒处、结束处、结束前 1 秒处,用鼠标在垂直方向上分别拖动第 1 个音频点和最后 1 个音频点,使其音量比例均为 0%,完成淡入、淡出效果制作。

步骤 4:选定轨道 1 并在其上右击,在弹出的快捷菜单中选择"分离音频和视频"命令,此时原轨道 2 变为轨道 3,分离出的音频为轨道 2,选定轨道 2 并在其"音量线"上按住鼠标左键垂直向上拖动,调整其音量为 300%。

步骤 5:按住 Ctrl 键单击选定轨道 1、轨道 2、轨道 3 并右击,在弹出的快捷菜单中选择"组合"命令。

主要操作过程效果①添加音频点、②淡入与淡出效果、③分离音频和视频、④组合,如图 5.17 所示。

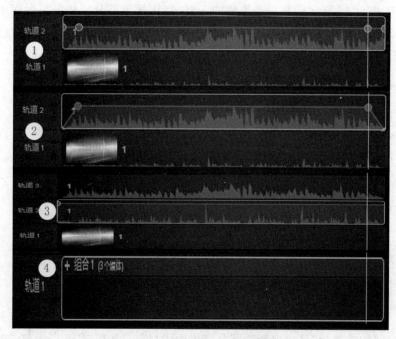

图 5.17 音频点编辑与音频效果

第 6 章 音 频

视频编辑工作中,音频的处理是重要的内容之一。CS 软件对音频的处理主要包括录制音频、音频音量的调节、音频效果以及噪音去除等,恰当的音频处理是保障视频质量的重要方面。

6.1 语音旁白

录制语音旁白功能,能够给视频添加语音。进行视频编辑时,经常需要对视频的部分内容进行讲解,有时前期录制的视频中存在一些讲解性的错误,需要对此部分语音进行重新录制,以达到修正的目的,这就是录制旁白。

在 CS 软件主窗口的左侧选项卡中,选择"语音旁白",打开"语音旁白"选项卡。该选项卡中包括①输入设备选择与音量调节区、②脚本文本编辑区。输入设备选择与音量调节区包括输入设备选择下拉列表框、自动调节开关、音量显示条、音量调节条、录制过程中静音时间轴,窗口下部有"开始从麦克风录制"按钮,如图 6.1 所示。

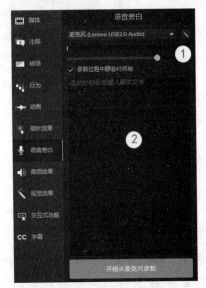

图 6.1 "语音旁白"窗口

6.1.1 前期准备

开始录制语音旁白前,应做好以下几方面工作。一是撰写好录制语音旁白的文本脚本;二是将剪辑的视频拖到时间轴上;三是选择需要录制语音旁白的片段视频,同时将播放头定位于片段视频的起始位置;四是选择加载语音旁白的轨道,同时将其他轨道锁定。

运用语音旁白功能录制的音频添加到轨道、媒体箱的同时,可以保存为文件存储于磁盘中,存储的音频文件为 *.m4a 文件格式。

6.1.2 输入设备选择与音量调节

1. 选择音频输入设备

开始录制语音旁白前,必须选择音频录制的输入设备。在"语音旁白"选项卡中单击音频输入设备选择下拉列表框,从下拉列表框中选择音频输入设备,一般选择麦克风。

这里需要补充一些关于 Windows 操作系统音频输入设备设置的内容。在系统托盘的扬声器图标上右击,在打开的菜单中选择"录音设备"命令,如图 6.2 所示。在打开的"声音"对话框中的"录制"标签中右击"立体声混音"选项,在弹出的快捷菜单中勾选"启用"选项,如图 6.3 所示,则立体声混音处于启用状态。此时麦克风和立体声混音两种音频输入方式均为可用状态,默认使用麦克风进行音频的输入。

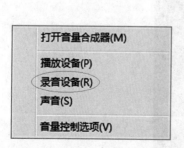

图 6.2 扬声器设置快捷菜单

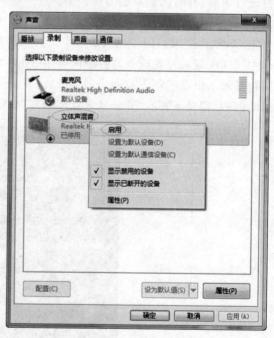

图 6.3 启用立体声混音

经过上述对 Windows 操作系统中扬声器的相关设置,再次启动 CS 软件,在"语音旁白"选项卡中的音频输入设备选择下拉列表框的列表项中有麦克风(Realtek High Ddfintion Au)、立体声混音(Realtek High Ddfintion)两个选项。如果选择"麦克风"选项,则通过麦克风进行语音旁白的录制;如果选择"立体声混音"选项,则把计算机正在播放的视频或音频中的声音通过计算机内部系统录制成为语音旁白,此种录制方法录制的语音旁白为音频或视频中的原始声音,且不会有噪音。

实例6.1　立体声混音录制语音旁白

步骤1:启动 CS 软件,选择"语音旁白",打开"语音旁白"选项卡。

步骤2:启动 Windows Media Player 软件,播放音频文件(..\实例6.1\1.wav)。

步骤3:在 CS 软件"语音旁白"选项卡的音频输入设备下拉列表框中,选择"立体声混音(Realtek High Ddfintion)"选项。

步骤4:单击"开始从麦克风录制"按钮,开始音频的内录,完成后单击"停止"按钮,保存音频文件的同时将音频添加到轨道上和媒体箱中。

2．录制音量的调节

开始录制语音旁白前,必须调节好输入设备录制音频的音量。设置录制时的音量有两种方法,一是 CS 软件的自动调节功能,单击"语音旁白"选项卡输入设备选择与音量调节区的"自动调节"按钮,此按钮是一个状态开关,当它被按下时(为绿色),表示 CS 软件启动了自动调节录制音量的功能,此时录制音频会根据录制者声音和环境音量来录制声音;当它没有被按下时,表示未启动录制音量自动调节功能。二是在选项卡中用鼠标左右拖动"音量条"上的滑块,自主设置录制音量的大小。无论通过哪种方式调节音量,当录音者讲话时,选项卡中的"音量显示条"均会有绿色的音量线波动,音量线越长表示音量越大。

3．录制过程中静音时间轴

编辑视频时,时间轴上同一时间段往往有多个音频、视频媒体元素,如果录制语音旁白时,对这些音频、视频媒体元素不采取管理措施,则这些媒体中的声音会被同时录制。为了不录制这些媒体中的声音,可以把这些音频、视频媒体所在的轨道锁定,也可以在"语音旁白"选项卡中勾选"录制过程中静音时间轴"选项,这样录制语音旁白时,其他轨道上的声音元素就不会被录制。

但有时往往需要制作配乐解说、配乐朗诵等音频,则需要解锁添加有背景音乐的轨道,同时取消对"录制过程中静音时间轴"选项的勾选。

4．录制脚本的编辑

为方便用户进行语音旁白的录制,"语音旁白"选项卡中有一个文本框供用户编辑录制脚本和录制时参照脚本文本。录制语音旁白前,可把事先编辑好的脚本文本内容粘贴到该文本框中,在该文本框中还能够对脚本文本内容进一步编辑,包括文本的录入、复制、剪切、粘贴等。当文本内容过多时,文本框右侧会自动出现垂直滚动条。开始语音旁白录制后,录制者可依据文本框的内容进行讲解,讲解中拖动文本框右侧的垂直滚动条以浏览更多文本,这样会较准确地完成语音旁白的录制。如图6.4所示,①录制前的语音旁白选项卡、②开始录制的语音旁白选项卡。录制过程中若想取消录制,单击"取消"按钮,弹出"取消录制"对话框,用户根据需要选择相应的命令。

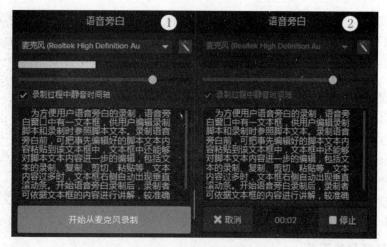

图 6.4　录制前、录制中的语音旁白选项卡

实例 6.2　麦克风录制语音旁白

步骤 1：启动 CS 软件，选择"语音旁白"，打开"语音旁白"选项卡，在音频输入设备下拉列表框中选择"麦克风"，按下"自动调节"按钮。

步骤 2：打开文件(..\实例 6.2\1.docx)，全选并复制文档中的文本。

步骤 3：在 CS 软件"语音旁白"选项卡的文本框中粘贴文本。

步骤 4：单击"开始从麦克风录制"按钮，开始语音旁白的录制，录制完成后单击"停止"按钮，保存音频文件(..\实例 6.2\1.m4a)，音频同时添加到了轨道上和媒体箱中。

6.2　音频编辑

轨道上的音频，同样可以运用 CS 软件对其进一步编辑，编辑包括音量、效果、降噪等。

6.2.1　音频属性

录制视频时，有时出现讲解语音音量比较大，有时出现讲解语音音量又比较小的情况，这就需要对不同音频片段的音量进行调节。另外，有时需要把几段不在同一时间录制的视频拼接起来，生成新的视频，视频中同样存在音频片段之间音量调节的问题。CS 软件提供了极其方便的音频片段音量的调节方法。音量的调节范围为 0～500%。

选定轨道上的音频，此时在"属性"面板中会自动打开"音频属性"面板，如图 6.5 所示。面板中"增益"后面有一个水平滑块，用来调节音频音量大小，在其右侧的比例文本框中可输入具体的比例数值，用来改变音量的大小。若用户需要把声音混合为单声道音频，则可勾选"混合到单声

图 6.5　"音频属性"面板

道"选项。

6.2.2 音频效果

轨道上的音频能够添加几种效果,添加效果的途径是在"音频效果"选项卡中进行设置。选项卡中包括降噪、音量调整、淡入、淡出、剪辑速度5种效果,如图6.6所示。

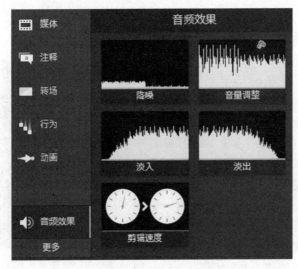

图 6.6 "音频效果"选项卡

添加效果的方法是在"音频效果"选项卡中选定某一效果并按住鼠标左键,把该效果拖曳至轨道上某一音频媒体元素上,此时音频所在的轨道上会增加一个蓝色的"效果条",同时在"属性"面板中该效果面板也会打开。

1. 降噪

在视频或音频中录制讲解声音的同时,也会将环境的声音(如计算机电流声音、风扇声音等)一同录入,这里把环境的声音叫作噪音。含有比较大噪音的视频,观众观看时噪音会对讲解的声音干扰较大。因此,需要将视频中的噪音去除。CS软件提供了音频降噪的功能,音频降噪主要通过"灵敏度"和"量"两个参数值的调整,然后依据参数值对所选音频进行分析后自动降噪。

首先选定轨道上的音频,然后从"音频效果"选项卡中把"降噪"效果拖动到该轨道上,此时轨道上增加了降噪效果条,最后在"属性"面板中打开"降噪"面板,如图6.7所示。"降噪"面板包括"灵敏度"和"量"两个参数设置和一个分析按钮。"灵敏度"的取值范围为0～100,当该值越小时,去除的噪音越少;当该值越大时,去除的噪音越多。该值应设置适当,设置过大同样会将讲解的声音去除,从而破坏了整个音频的音质。"量"的取值

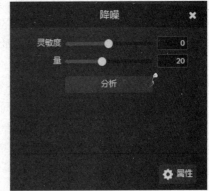

图 6.7 "降噪"面板

范围为0~48,当该值越小时,去除的噪音量越少;当该值越大时,去除的噪音量越多。该值同样应设置适当,否则会把许多有用、有效的声音去除。

事实上,CS软件对于噪音的去除功能并不是很理想。因此,录制音频、视频的过程中,应尽量保持环境安静,避免产生背景噪音。若想对噪音进行更有效的消除,提升视频中音频的质量,运用Cool edit软件是较为理想的选择。

2. 音量调整

在录制视频过程中,讲解的声音音量有时大有时小,这是人在讲话时存在的普遍现象。CS软件为了避免所录制的语音音量出现过大的波动,提供了调控音频的方法,就是通过"音量调整"面板进行音量的调整。音量调整效果的功能是使音频音量始终保持在一个比较稳定的范围。把该效果添加到某一段音频的轨道上,在"属性"窗口中打开"音量调整"面板,面板中包括音频变化、帧率、阈值、增益4项参数的设置,如图6.8所示。

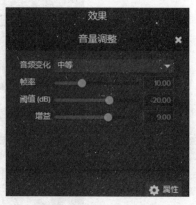

图6.8 "音量调整"面板

(1) 音频变化。"音频变化"右侧有一下拉列表框,列表选项包括自定义、高、中等、低4个选项。其中高、中等、低3个选项是软件设置好的3种音量调整方式,"高"选项的帧率=20、阈值=-30、增益=19;"中等"选项的帧率=10、阈值=-20、增益=9;"低"选项其帧率=5、阈值=-15、增益=3。选择其中之一,则轨道上选定的音频或视频的音频音量将按上述值进行调整。若3种选择仍不能满足需要,则选择"自定义"选项,用户自主设置帧率、阈值、增益3参数的值。

(2) 帧率。"帧率"就是按当前音量增大或缩小的程度。用鼠标左、右拖动水平滑块设置帧率值,帧率值的取值范围为1~30。例如,用户设定的帧率值是10,此时如果音频的音量过小,则会自动在原音量的基础上加10,以实现音量的增大;如果音频的音量过大,则会自动在原音量的基础上减10,以实现音量的减小。

(3) 阈值。"阈值"是音量的变化范围。CS软件会对整个音频的音量进行检测,检测后会进行平均计算。用鼠标左、右拖动水平滑块设置阈值,取值范围为-60~0。例如,用户设定的阈值是-30,整段音频音量的平均值是50,50-30=20,那么当某一段音频的音量低于20时,CS软件就会进行帧率的增加;当音频的音量高于80时,即50+30=80,CS软件就会进行帧率的减小。因此,编辑音频时其音量变化范围越大,就应将阈值调得越大;音量变化范围越小,就应将阈值调得越小。

(4) 增益。"增益"同帧率一样,同样是音频当前音量(音量平均值)增大或缩小的程度。用鼠标左、右拖动水平滑块设置增益值,取值范围为-30~30。例如,用户设定的增益值为15,整段音频音量的平均值是50,若某段音频的音量为80,超出了平均值,则CS软件调整后的此段音频的音量是80-15=65;若某段音频的音量为30,低于了平均值,则CS软件调整后的此段音频的音量是30+15=45。

3. 淡入、淡出

音频的淡入效果是指音频开始播放时,声音由小逐渐变大的效果,淡出效果是指音频结束播放时,声音由大逐渐变小的效果。从"音频效果"选项卡中把淡入(或淡出)效果拖到轨道上的某一段音频上,则该段音频具有淡入(或淡出)效果。默认情况下,淡入(或淡出)的持续时间是 3 秒,音量从 0%(或 100%)变为 100%(或 0%)。

4. 剪辑速度

轨道上的音频通过"音频效果"选项卡可为其添加剪辑速度效果。使用方法参照 5.4.2 节的内容。

> **实例 6.3　音频效果选项卡的运用**

步骤 1:启动 CS 软件,把两个文件(..\实例 6.3\1.wav、2.wav)导入"媒体箱"中。

步骤 2:从"媒体箱"中把 1.wav 音频拖到轨道 1 上,打开"音频效果"选项卡,从窗口中把"降噪"效果拖到轨道 1 的音频波形上,此时显示"降噪"效果条并且"属性"面板中的"降噪"面板会打开。在"降噪"面板中设置灵敏度=5、量=20,单击"分析"按钮,CS 软件会自动按照设定的参数对音频进行降噪处理,过程窗口如图 6.9 所示。

图 6.9　降噪过程

步骤 3:从"媒体箱"中把 2.wav 音频拖到轨道 2 上,并把播放头拖动到轨道 1 的音频结束位置,单击时间轴工具栏上的"分割"按钮,把轨道 2 上的音频从播放头所在位置分割开,选定被分割的后一段音频并把它删除。从"音频效果"窗口中把淡入、淡出效果分别拖到轨道 2 的音频波形上,选定轨道 2 上的音频,此时"属性"窗口中的"音频属性"面板会打开,设置增益=15%。

通过以上步骤制作了一个配音朗诵,效果如图 6.10 所示。

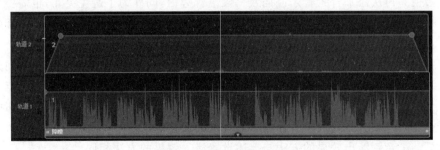

图 6.10　配音朗诵效果图

6.2.3　轨道上设置音频效果

音频效果的设置,同样可使用轨道上音频的音频点并辅助于鼠标拖动来完成。

1. 音量调节

在轨道上选定音频,此时音频上显示"音量线"(绿色),音频开始端的音量线上有一个绿色圆句柄,称为音频点。把鼠标悬停于音量线上,提示音频名称、开始时间、持续时间、媒体类型等信息,此时鼠标指针变为双向箭头,按住鼠标左键向上拖动增大音频音量,向下拖动减小音频音量。音量取值范围0～500%。

2. 运用音频点

运用音频点是在轨道上编辑音频的重要方法。通过添加两个音频点,并使用鼠标上、下拖动两个音频点之间的音量连线,改变此音频片段的音量。拖动音频点在轨道垂直方向上的位置,使两个音频点间音量差有渐变,产生淡入、淡出效果。选定两音频点之间的音频,实现静音替换等。

(1) 添加音频点。轨道上的音频、视频,当其处于音频编辑状态时,会自动显示音量线而且在默认情况下开始处音量线上有一个音频点。添加音频点的方法有两种,一是在音量线上双击需要添加音频点的位置,添加一个音频点;二是在音量线上右击需要添加音频点的位置,在弹出的快捷菜单中选择"添加音频点"命令。

(2) 移除音频点。轨道上无用的音频点可以移除。移除一个音频点的方法有两种,一是选定某一音频点,然后按键盘上的 Delete 键删除该音频点;二是在某音频点上右击,在弹出的快捷菜单中选择"删除"命令。移除全部音频点的方法也有两种,一是选定某一音频点并在其上右击,在弹出的快捷菜单中选择"删除所有音频点"命令;二是在轨道上右击,在弹出的快捷菜单中选择"删除"子菜单中的"所有音频点"命令。

(3) 移动音频点。音频点在音量线水平方向上的位置代表了音频点在音频中的时间位置,选定音频点按住鼠标左键向左、右拖动,改变音频点的时间位置。音频点在轨道垂直方向上的位置代表了音频点所在位置的音量大小,选定音频点按住鼠标左键向上、下拖动,改变音频点处的音量大小。

3. 淡入、淡出、过渡效果

录制完成的视频,一方面在开始、结束时,可能需要使声音淡入或淡出;另一方面,可能需要为视频再次添加背景音乐或插入一段语音旁白,同样为了避免突兀,也需要对新插入的音频的进入与退出设置上述效果。对音频效果的设置主要包括音频淡入、音频淡出和片段音频间的过渡效果。

设置整个音频的淡入效果,选择音频所在的轨道,在音频开始播放后一段时间处的音量线上添加一个音频点,用鼠标把开始处的音频点垂直向下拖动,这样两个音频点之间的声音就会出现逐渐变大的效果。两个音频点之间的水平距离决定着音频淡入的时间,两个音频点之间的垂直距离决定着音频淡入音量的变化范围。

设置整个音频淡出效果的方法与上述设置淡入效果的方法相同。

片段音频间过渡效果,实质是设置上一段音频的淡出效果和设置下一段音频的淡入效果,如图 6.11 所示。

4. 替换为静音

录制完成的视频,需要进一步编辑。编辑过程中,经常会出现在某一时间段没有语音

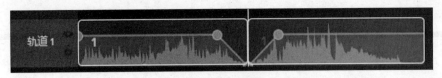

图 6.11　音频过渡效果

讲解,但是有很大的背景噪音。在这种情况下,运用 CS 音频处理的静音功能,能够把该段音频替换为静音。替换静音前需要将其他轨道锁定。

选择需要去除噪音的轨道,用鼠标拖动播放头左侧的选择起点滑块(绿色滑块),设置片段音频的开始位置;用鼠标拖动播放头右侧的选择终点滑块(红色滑块),设置片段音频的结束位置。在所选片段音频上右击,在弹出的快捷菜单中选择"静音音频"命令。如图 6.12 所示,①选择的片段音频、②替换为静音。

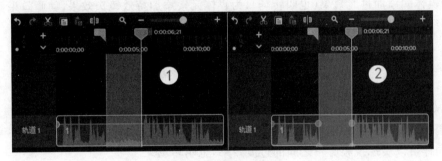

图 6.12　替换为静音

第 7 章 转场与动画

CS 软件能够为各类媒体元素添加效果，如前面提到的视觉效果、音频效果等，还能够在片段媒体间添加过渡效果（也叫转场），为媒体元素添加特效镜头效果、动画效果等。本章将介绍片段媒体间的转场效果和媒体元素的特效镜头效果、动画效果等内容。

7.1 转　　场

观众在电视或电影中经常看到在一个镜头结束与下一镜头开始之间有一个过渡效果，如慢慢地变黑后又慢慢地变亮，这就是镜头与镜头之间的过渡效果。CS 软件编辑视频时，同样可以实现视频剪辑之间的过渡效果，也叫转场。

7.1.1 转场介绍

转场效果实质上是设置了前一片段媒体的退出效果和后一片段媒体的进入效果。这里介绍的转场功能适用于视频、图片、动画等，而音频转场效果在第 6 章已经做了详细介绍。

1. 转场种类

CS 软件提供了褪色、运动、对象、格式化、擦拭 5 类共 30 种转场效果。褪色包括黑色淡出、褪色两种，运动包括圈伸展、翻转、折叠、页面滚动、翻页、波纹、向左滑动、向右滑动、螺旋、伸展 10 种，对象只有立方体旋转 1 种，格式化包括溶解、发光、像素化、径向模糊、随机溶解 5 种，擦拭包括开门状态、百叶窗、棋盘格、圈显示、梯度擦拭、插页、光圈、径向擦拭、随机条、条状、滚轮、之字形 12 种。5 类 30 种转场效果全部在转场选项卡中。

2. 转场选项卡

在 CS 软件主窗口的选项卡中单击"转场"，打开"转场"选项卡，选项卡中包括类型、转场列表区两部分，如图 7.1 所示。"类型"右侧有一个下拉列表框，下拉列表框中包含立方体旋转、褪色、运动、对象、格式化、擦拭选项；转场列表区中列出了当前类型的所有转场效果。默认情况下，"类型"列表框中为"所有"类型，则转场列表区中列出 30 种转场效果。

3. 转场查看

在使用某种转场效果前，用户并不知道该转场的视觉效果，因此往往需要先进行预览。如果用户想看某种转场的实际效果,可以把鼠标悬停于某一种转场效果上,则此转场效果上呈现黄色边框线并且自动预览效果。

4. 转场面板

当把某一种转场效果添加到轨道上两个片段媒体之间后,"属性"面板中会打开"转场"面板,如图 7.2 所示。"转场"面板用于轨道上选定转场的种类改变。单击"转场"面板中"类型"右侧的下拉列表框,弹出转场类型菜单,菜单中每一个类型选项的子菜单为该类型下的所有转场效果,选择某一种,则替换轨道上选定的转场效果。

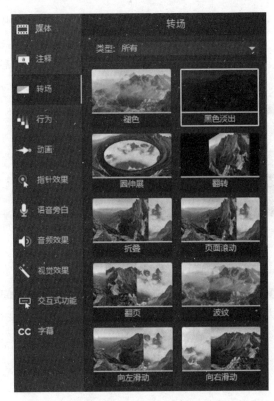

图 7.1 "转场"选项卡

图 7.2 "转场"面板

7.1.2 转场编辑

1. 添加转场

无论是视频、动画,还是图片,只要需要在两个片段媒体之间添加转场,都可以运用上述 30 种转场效果来完成。两个片段媒体之间的转场可以设置为同一转场效果、同长度的转场时间,也可以分别设置前一段媒体结束和后一段媒体开始的转场效果、转场时间。

添加转场的方法是在"转场"选项卡中选择所需的转场效果,并用鼠标拖曳的方式把该转场效果拖到轨道上的两个片段媒体之间。此时,前一个片段媒体结束位置和后一个片段媒体开始位置同时添加了同一时间长度的转场效果。将鼠标悬停于该转场效果上会提示转场名称、开始时间、持续时间、媒体类型信息,如图 7.3 所示。

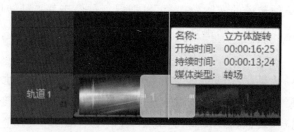

图 7.3　片段媒体间相同转场效果

如果为前一个片段媒体结束处和后一个片段媒体开始处添加不同的转场效果，则用鼠标拖曳的方式将某一转场效果拖到前一个片段媒体结束处，用同样的方法把另一转场效果拖到后一个片段媒体开始处。如图 7.4 所示，①前一个片段媒体结束处的转场、②后一个片段媒体开始处的转场。

图 7.4　片段媒体间不同转场

2．调整转场时间

片段媒体之间添加转场后，用户可根据需要自行调整转场的时间。当片段媒体之间为相同转场时，可将鼠标移到转场效果的边线左、右拖动，即可调整转场播放的时间长度；当片段媒体之间为不同转场时，可将鼠标移到某一转场效果的边线左、右拖动，即可调整该转场播放的时间长度。用鼠标拖动时，鼠标指针下方有时间长度提示。

3．更换转场

加载到轨道媒体上的转场，如果用户不满意，可进行转场的更换。更换转场的方法有两种途径，一是在轨道上选择某一转场，此时选定的转场变为黄色；再从"转场"选项卡中选择所需转场，以鼠标拖曳的方式将该转场拖到轨道媒体元素需要替换的转场上，此时该转场变为红色，松开鼠标左键，完成转场的替换。二是在轨道媒体上选择某一转场，此时"属性"面板中"转场"面板打开，再从"转场"面板中选择某一转场，则该转场自动替换轨道上所选转场。

4．删除转场

编辑过程中，如果视频剪辑之间的转场不需要了，可以将其删除。删除转场的操作是在轨道上选择某一转场，此时选定的转场变为黄色，右击，在弹出的快捷菜单中选择"删除"命令或按键盘上的 Delete 键，即可删除所选转场。

5. 在转场中使用修剪的内容

给两个片段媒体添加转场,转场会使用前一段视频结束时的帧和后一段视频开始时的帧,从而消耗了需要观看视频的一部分帧,这样在观看视频时会有损失帧的现象。为了解决此问题,需要在"转场"面板中勾选"使用修剪内容"选项,或者在轨道上的转场上右击,在弹出的快捷菜单中勾选"在转场中使用裁剪内容"选项。例如,在视频 A 和视频 B 之间添加了一个转场,转场消耗了视频 A 的末端和视频 B 的开始端的部分帧,导致视频的部分内容被剪切掉,解决方案是在"转场"面板中勾选"使用修剪内容"选项,这允许转场保留先前从视频中分割出来的帧,使编辑的部分完整无缺。

> **实例 7.1 转场的使用**

步骤 1:启动 CS 软件,把 3 张图片文件(..\实例 7.1\1.png、2.png、3.png)导入"媒体箱"中;从"媒体箱"中把 1.png、2.png、3.png 按顺序依次添加到轨道 1 上。

步骤 2:打开"转场"选项卡,在"类型"右侧下拉列表框中选择"运动"选项,从转场列表区中选择"圈伸展"转场。

步骤 3:用鼠标把"圈伸展"转场拖曳到轨道 1 上的图片 1 与图片 2 之间,图片 1 结束位置与图片 2 开始位置出现绿色矩形后松开鼠标左键,完成转场的添加。默认的转场时间为 1 秒,也就是图片 1 的播放转场时长是二分之一秒(15 帧),图片 2 的播放转场时长是二分之一秒(15 帧)。

步骤 4:把鼠标移至转场的开始或结束位置,鼠标指针变为双向箭头时,按住鼠标左键向左或向右拖动,调整转场的时长为 2 秒。

步骤 5:在"转场"选项卡的"类型"中选择"格式化"选项,从转场列表区中选择"溶解"转场效果并把它拖到轨道 1 上的图片 2 与图片 3 之间,完成两张图片之间"溶解"转场效果的添加。

步骤 6:用鼠标把图片 3 向右稍移,使之与图片 2 有一定间隔。选定图片 3 开始处的"溶解"转场效果,在"属性"面板中"转场"面板的"类型"下拉列表框中选择"对象",在其子菜单中选择"立方体旋转"转场,将图片 3 开始处"溶解"转场替换为"立方体旋转"转场。

步骤 7:把图片 3 开始处的"立方体旋转"转场时长调整为 1 秒,用鼠标拖曳的方式把图片 3 向左推移,使之与图片 2 无缝对接。

完成在轨道上添加转场的效果,如图 7.5 所示。

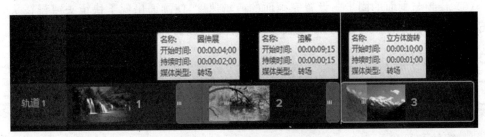

图 7.5 片段媒体间不同转场

7.2 镜 头

在视频编辑制作过程中,经常会对片段画面进行特效设置,如快速播放、慢速播放、画面缩小、画面放大等,从而增强视频的视觉效果。CS 软件同样提供了这些画面特效的设置方法。

7.2.1 快、慢镜头

加载到轨道上的媒体元素,一般是以正常速度进行播放。如果用户需要对媒体元素的播放速度设置特殊效果,则有快镜头和慢镜头两种方法。设置快、慢镜头的方法是调整媒体的剪辑速度,剪辑速度的值小于原始速度值表示慢镜头,大于原始速度值表示快镜头。能够应用快、慢镜头的片段媒体可以是图片、片段视频、动画等。

1. 图片的快、慢镜头

添加于轨道上的图片可设置其播放的持续时间和剪辑速度。如果图片的播放时间为 5 秒,剪辑速度为 1 倍,就是正常的镜头播放;如果图片的播放时间为 5 秒,剪辑速度大于 1 倍,就是快镜头;如果图片的播放时间为 5 秒,剪辑速度小于 1 倍,就是慢镜头。

2. 视频的快、慢镜头

添加于轨道上的视频元素,如果需要对其中片段视频进行快、慢镜头的设置,需要做以下几个方面的编辑。

(1) 分离音频和画面。添加到轨道上的视频是按正常速度播放,而快镜头与慢镜头都是对原有视频播放速度进行更改,这时如果视频本身带有音频,就会影响到音频的播放效果。因此,改变某段视频的播放速度前,必须把音频和画面分离,否则进行快放或慢放的时候,音频会发生变化。慢放的时候语音变成盲音,快放的时候语音音调过高,难以听清。

(2) 添加剪辑速度。音频和画面分离后,选定画面所在的轨道并把播放头定位于需要添加剪辑速度的位置,右击,在弹出的快捷菜单中选择"添加剪辑速度"命令,在"属性"面板中打开"剪辑速度"面板,设置剪辑速度大于 1 倍表示快镜头,设置剪辑速度小于 1 倍表示慢镜头。

(3) 音频与画面的同步。设置完画面的剪辑速度,使画面出现了快镜头或慢镜头,就会导致音频与画面不同步。所以,还需要对音频进行编辑,达到音频与画面的同步。

7.2.2 缩放镜头

编辑视频时,往往为了使观看者清晰地看到视频的某个局部或者看到画面的全部,就需要对视频进行放大或缩小,也叫镜头的缩放。

1. 缩放和平移

镜头缩放的设置通过"缩放和平移"选项卡来完成。在 CS 软件主窗口的选项卡中选择"动画"选项卡,选项卡包括"缩放和平移""动画"两个子选项卡。"缩放和平移"选项卡包括缩放矩形选框、实际大小、缩放到合适等内容,如图 7.6 所示。

图 7.6 "缩放和平移"选项卡

(1) 缩放矩形选框。"缩放和平移"选项卡的上半部分为缩放矩形选框,其中显示了轨道当前帧的视频尺度大小、位置。视频画面周围有 8 个圆句柄,将鼠标移动至某一圆句柄上,按住鼠标左键拖动,调整视频画面在右侧预览窗口与画布上的尺寸大小。当拖动圆句柄使矩形选框变小时,会使预览窗口与画布中的视频局部放大;当拖动圆句柄使矩形选框变大时,就会使预览窗口与画布中的视频局部缩小。鼠标移动至矩形选框中呈十字箭头状,按住鼠标左键拖动,可移动视频在画布上的位置。如果对矩形选框进行缩放调整,则会在视频所在轨道上添加一个动画。

(2) 实际大小。"实际大小"是指媒体元素尺寸的实际大小,单击此按钮,会创建一个使播放头位置的所有媒体元素还原到 100% 的缩放动画。也就是说,如果媒体元素的尺寸大于或小于原始尺寸,则单击此按钮为播放头位置的所有媒体元素添加缩放动画。如图 7.7 所示,①为添加动画前的轨道、②为添加动画后的轨道。

图 7.7 实际大小缩放

(3) 缩放到适合。"缩放到适合"是指媒体元素尺寸的大小适应画布的大小。单击此按钮,会创建一个使播放头位置的所有媒体元素适合画布大小的一个缩放动画。也就是说,如果媒体元素的尺寸与画布大小不相符,则单击此按钮为播放头位置的所有媒体元素添加一个从现有尺寸到画布大小的缩放动画。

(4) 自定义缩放。"缩放和平移"选项卡中有调整画面尺寸的水平滑块,用鼠标拖动滑块改变播放头所在位置的媒体元素的尺寸大小,从而添加一个从原有尺寸至调整后尺寸变化的缩放动画。这与拖动"缩放和平移"窗口中的矩形选框上的圆句柄改变动画缩放的比例是一样的效果。

2. 添加一个缩放动画

加载到轨道上的视频、动画、图片等，均可通过镜头的缩放为其添加缩放动画。选取要设置缩放动画的轨道（将其他轨道锁定），把播放头定位于设置缩放动画的起始位置。在"缩放和平移"选项卡中用鼠标移动缩放矩形选框的位置，此时轨道播放头所在的位置自动添加一个动画，动画的开始处有一个白色小圆圈（开始控制句柄）和绿色动画图标，结束处有一个白色大圆圈（结束控制句柄），表明完成动画创建，如图7.8所示。

实例7.2　快镜头与放大动画

步骤1：启动CS软件，把视频文件(..\实例7.2\1.avi)导入"媒体箱"中，从"媒体箱"中把1.avi添加到轨道1上，在时间轴工具栏的缩放条上右击，在弹出的快捷菜单中选择"缩放到适合"命令。

步骤2：把播放头定位于22秒处，单击时间轴工具栏的"分割"按钮，把视频分割为两段。

步骤3：在轨道上选定视频的前一段并右击，在弹出的快捷菜单中选择"添加剪辑速度"命令，则轨道中的该段媒体上添加了剪辑速度条，单击剪辑速度条，在"属性"面板中打开"剪辑速度"面板，设置速度为1.5倍，这样该段媒体上就添加了快镜头。

步骤4：在轨道上选定视频的后一段，并用鼠标将其向轨道前面推移，使其与前一段视频无缝对接。把播放头定位于该段媒体的开始处，在CS软件主窗口中单击"动画"选项卡，打开"缩放和平移"窗口，调整缩放矩形选框的大小、位置（使缩放矩形选框变小，位置位于右下角）。如图7.9所示，①缩放矩形选框缩小到"缩放和平移"窗口的右下角、②轨道上自动添加了放大动画。这样在播放时该区域会放大播放。

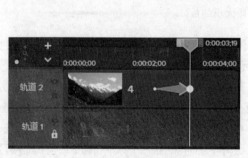

图7.8　动画创建

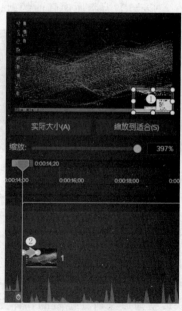

图7.9　放大动画

3. 泛动画

运用动画使一个媒体元素在画布上改变位置,把这样的动画多个首尾相接,可以制作出泛动画。泛动画就是指一个画面的平移运动效果,如从左移至右,从上移至下,对角线移动等,动画在平移过程中大小不变。

完成一个泛动画的添加包括以下三部分制作内容。

一是运用"缩放和平移"窗口给轨道上所选媒体的播放头位置处添加一个动画。"缩放和平移"窗口中通过调整缩放矩形选框,单击"实际大小"按钮,单击"缩放到适合"按钮,调整画面尺寸的水平滑块等,均会在轨道上添加一个动画,默认动画时长为 1 秒。在轨道上调整该动画的播放时长(如调整为 1 秒)、播放位置(如开始位置距离媒体元素开始处后 0.5 秒,那么动画的结束位置就在 1.5 秒处)。

在动画开始控制句柄上单击,此时播放头定位于动画开始处,在画布上调整媒体元素画面的大小、位置(如使媒体元素画面较小并且位于画布左上角处)。在动画结束控制句柄上单击,此时播放头定位于动画结束处,在画布上调整媒体元素画面的大小、位置(如使媒体元素画面放置于画布右下角处)。视频播放过程中,当播放到动画位置时,视频画面会从左上角移动到右下角。需要注意的是,媒体元素在动画开始处与结束处画面的尺寸如果相同,则是一个大小不变的画面在移动;如果尺寸不同,则是一个既有缩或放又有画面移动的动画。

二是选定动画并进行复制。把播放头定位于第 1 个动画结束位置并右击,在弹出的快捷菜单中选择"复制"命令,完成该动画的复制。

三是粘贴动画及调整动画结束时在画布上的位置。把播放头定位于第 1 个动画结束稍后位置并右击,在弹出的快捷菜单中选择"粘贴"命令,完成该动画的粘贴,轨道上生成第 2 个动画。把播放头定位于第 2 个动画结束位置,在画布上用鼠标拖动的方式改变画面在画布上的位置(如拖动到画布右上角)。

重复上述的复制、粘贴等动作,能够添加多个泛动画。

实例 7.3 制作泛动画

步骤 1: 启动 CS 软件,把图片文件(..\实例 7.3\1.png)导入"媒体箱"中,从"媒体箱"中把 1.png 添加到轨道 1 上,图片默认播放时间为 5 秒,把播放头定位于图片开始播放后的 1.5 秒处。

步骤 2: 在 CS 软件选项卡中选择"动画"选项卡,打开"缩放和平移"选项卡,在选项卡中单击"实际大小"按钮,则自动在轨道播放头所在位置添加了一个动画(动画结束控制句柄在播放头处)。如图 7.10 所示,①"缩放和平移"矩形框、②添加了动画的轨道、③画布上媒体元素的大小、位置。

步骤 3: 单击动画开始控制句柄,把播放头定位于动画开始处,在画布中调整媒体元素的大小、位置,如图 7.11 中的①所示。单击动画结束控制句柄,把播放头定位于动画结束处,在画布中调整媒体元素的大小、位置,如图 7.11 中的②所示。此例中开始与结束媒体元素尺寸相同。

图 7.10　添加实际大小的动画

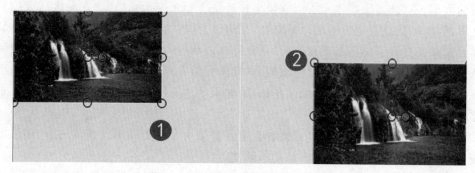

图 7.11　画布上媒体元素的位置、大小

步骤 4：选定第 1 个动画并进行复制，把播放头定位于第 1 个动画结束稍后的位置并粘贴动画，在轨道上生成第 2 个动画。把播放头定位于第 2 个动画结束位置，在画布上用鼠标拖动画面至画布右上角。

7.3　动　　画

CS 软件提供了一些已经设计好的动画，用户把这些动画直接应用于轨道的媒体元素上，可快速制作带有动画效果的视频。

7.3.1　动画应用

1. 动画介绍

CS 软件主窗口中的"动画"选项卡，包含"缩放和平移""动画"两个子选项卡。前面讲述了通过"缩放和平移"选项卡为媒体元素添加动画，下面讲述通过"动画"选项卡为媒体元素添加动画。单击选项卡中的"动画"选项卡，选项卡中包含有 CS 软件已经设计的自定义、还原、完全透明、完全不透明、向左倾斜、向右倾斜、按比例放大、按比例缩小、缩放到适合、智能聚焦 10 个动画效果，如图 7.12 所示。

2. 动画预览

"动画"选项卡中 10 种动画效果,用户在使用前往往需要对某种动画的实际效果进行预览,然后根据需要选择某种动画效果。动画效果预览的方法是在"动画"窗口中将鼠标移动到某种动画上,此时该动画周围的边框线变为黄色,同时该动画自动呈现效果预览。

3. 添加动画

选择需要添加到动画轨道上的媒体元素(将其他轨道锁定),将播放头定位于要创建动画的位置,从"动画"选项卡中选择某一动画效果并用鼠标拖动的方式把该动画拖动到轨道的媒体元素上,此时轨道的媒体元素上出现一个动画的图标,表示完成了动画的添加。

7.3.2 动画编辑

轨道上的媒体元素添加动画后,会显示出动画图标,图标由动画开始控制句柄、动画时长线、动画结束控制句柄 3 部分组成。未选定的动画其动画开始控制句柄、动画结束控制句柄为白色,动画时长线为绿色;选定的动画其动画开始控制句柄为白色,动画结束控制句柄为红色,动画时长线为黄色。动画的编辑有两种途径,一是使用动画面板,二是使用动画的快捷菜单。动画编辑的内容包括动画效果、动画播放控制等。

1. 动画面板

选择轨道上的某一动画图标并双击,此时"属性"面板中打开"动画"面板。面板包括编辑单个/编辑所有动画模式切换按钮、撤销按钮和缩放、不透明度、旋转和位置参数,如图 7.13 所示。

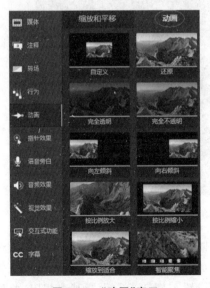

图 7.12 "动画"窗口

图 7.13 "动画"面板

(1) 编辑模式。"动画"面板的"编辑单个/编辑所有动画模式"切换按钮,当该按钮为灰色状态时,表示"动画"面板中设置的参数只对当前轨道上所选的动画起作用;当该按钮为灰色状态但动画开始控制句柄、结束控制句柄为红色时,则为"编辑所有动画模式"状态,表示"动画"面板中设置的参数对轨道上所有动画起作用。单击"撤销"按钮,使"动画"面板上所有的动画参数设置取消,恢复到动画的原始状态。

(2) 缩放。"缩放"右侧有一个水平滑块,用来调整媒体元素缩放的大小。向左调小,最小值为 1%;向右调大,最大值为 500%。

(3) 不透明度。"不透明度"右侧同样有一个水平滑块,用来设置动画的不透明度。向左调滑块使画面降低透明度,最小值为 0;向右调滑块使画面提高透明度,最大值为 100%。经常用设置动画的不透明度使添加了动画效果的画面出现忽明忽暗的效果。设置动画开始到结束之间的不透明度,可在轨道上选择一个已存在的动画,把播放头定位在动画开始位置上,设置动画开始时的不透明度数值;再把播放头定位在动画结束位置上,设置动画结束时的不透明度数值。这样动画在播放时从开始到结束就会有不透明度的变化。

(4) 旋转。CS 软件提供了设置媒体旋转动画的功能,即媒体在三维空间中旋转。"动画"面板的"旋转"右侧有 X、Y、Z 三个旋转参数,分别代表三维坐标的 X 轴、Y 轴、Z 轴。可在三个参数后的文本框中设置具体的旋转数值,也可用鼠标旋转参数前的旋转按钮来改变文本框中的数值。

在时间轴轨道上选择一个现有的动画,将播放头定位于动画开始控制句柄(白色)上,在"动画"面板中设置其旋转的起始坐标数值;再将播放头定位于动画结束控制句柄(红色)上,设置其旋转的结束坐标数值,这样就设置了该动画的旋转。如图 7.14 所示:①动画开始位置的三轴坐标值及效果、②动画结束位置的三轴坐标值和效果。

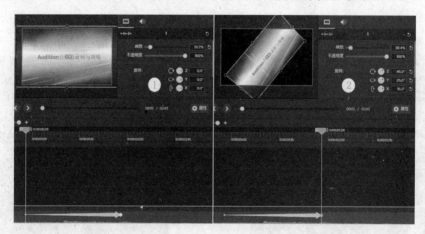

图 7.14 旋转动画

(5) 位置。在"动画"面板中可以精准设置媒体元素动画开始、动画结束时在画布上的位置,开始与结束位置的 X 轴、Y 轴、Z 轴的值不同,播放时就会产生画面从某一位置运动到另一位置的效果。"动画"面板中位置参数的设置与旋转参数设置基本相同,此处不重复叙述。

2. 快捷菜单

选择轨道上的某一动画图标并右击,在弹出的快捷菜单包括剪切、复制、删除、启用渐隐、隐藏属性菜单项,"启用渐隐"菜单包括自动、指数输入/输出、线性、弹跳、反弹子菜单项,如图 7.15 所示。

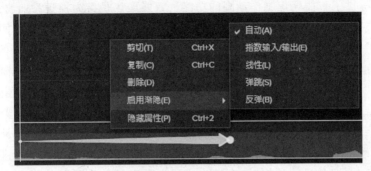

图 7.15 动画编辑快捷菜单

"启用渐隐"菜单项所包含的选项主要用于动画进行与退出时效果的调节。例如,勾选"指数输入/输出"选项,即启用动画缓和。在动画缓和启用状态下,动画的进入与退出看起来更流畅、更自然;而在动画缓和处于关闭状态下,动画的进入或停止就会显得太快。勾选"弹跳"选项,则动画在停止处会上下弹跳几下,使动画更加生动。勾选"反弹"选项,则动画在停止处会沿着进入的方向反弹几下,同样使动画变得更加活泼。

剪切、复制、删除动画均可通过选定轨道上的动画并使用快捷菜单完成操作。需要补充的是,轨道上的动画播放开始、结束、位置等的调整都需要在轨道上完成。用鼠标拖动动画开始(或结束)控制句柄向左(或向右)移动,会改变动画播放的时间长度;用鼠标左右拖动动画时长线,会改变动画播放的位置。

实例 7.4　动画应用与编辑

步骤 1:启动 CS 软件,把视频文件(..\实例 7.4\1.avi)导入"媒体箱"中,从"媒体箱"中把 1.avi 添加到轨道 1 上,在时间轴工具栏的缩放条上右击,在弹出的快捷菜单中选择"缩放到适合"命令。

步骤 2:把播放头定位于视频的开始处,在 CS 软件主窗口中选择"动画"选项卡,从选项卡中把"完全不透明"动画拖曳到播放头所在位置(视频开始位置),此时该动画添加到轨道上,双击动画开始控制句柄,在"属性"窗口中打开动画面板,把不透明度的数值设为 0(也就是动画开始处的不透明度为 0,动画结束处的不透明度为 100%)。

步骤 3:把播放头定位于视频的结束处,从动画窗口中把"完全透明"动画拖曳到播放头所在位置(动画开始处的不透明度为 100%,动画结束处的不透明度为 0)。

步骤 4:把播放头定位于视频 2 秒处,从动画窗口中把"自定义"动画拖曳到播放头所在位置,即轨道上添加了一个动画。用鼠标向右拖动动画结束控制句柄至 4 秒处(调整了动画时长),在动画结束控制句柄上双击,在"属性"窗口的动画面板中设置旋转参数 X=360、Y=360、Z=360。视频播放此段动画时为三轴旋转动画效果。

步骤 5：在轨道的旋转动画上右击，在弹出的快捷菜单中勾选"启用渐隐"子菜单中的"反弹"选项。

7.3.3 智能聚焦

CS 软件提供了智能聚焦制作动画的功能。智能聚焦是指为视频添加放大动画，使镜头跟随操作或鼠标移动而移动，并且该局部区域呈现放大显示。智能聚焦能够使生成视频的局部区域比原始尺寸小，从而放大该区域，保证视频的局部区域有较好的视觉效果。

智能聚焦的使用，首先必须在 CS 软件中打开相应的开关，开关包括"锁定智能聚焦到最大缩放""将智能聚焦应用到已添加的剪辑"两个，如图 7.16 所示。单击"编辑"菜单的"首选项"命令，打开"首选项"窗口，选择"程序"选项卡，勾选"锁定智能聚焦到最大缩放""将智能聚焦应用到已添加的剪辑"两个选项。其次是使用 CS 软件的录像机去录制视频，录制过程中 CS 软件会自动对操作或鼠标移动等智能聚焦技术数据进行收集。最后录制的视频在 CS 软件中编辑时，在操作或鼠标移动等位置处的轨道上自动添加了缩放动画，用户可对这些动画进一步编辑，此时还可以使用"动画"窗口的"智能聚焦动画"为视频添加更多的缩放动画。需要强调的是经过上述步骤得到的视频，动画窗口的"智能聚焦动画"才可使用。

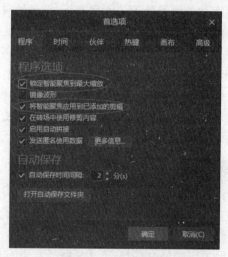

图 7.16 "首选项"窗口

智能聚焦动画功能的提供，使用户制作视频时完成镜头移动、局部放大等操作过程中，大大节省了手动插入缩放、平移动画及编辑的时间。

实例 7.5 动画窗口智能聚焦动画的应用

步骤 1：启动 CS 软件，单击"编辑"菜单的"首选项"命令，打开"首选项"面板并在"程序"选项卡中勾选"锁定智能聚焦到最大缩放""将智能聚焦应用到已添加的剪辑"两个选项。

步骤 2：运用 CS 软件的录像机以"锁定应用程序"的方式，录制格式工厂软件进行音频格式转换的操作视频。格式工厂软件的操作步骤如下：①启动格式工厂软件，选择"音频"选项卡中的"所有转换到wav"命令,在打开窗口中单击"添加文件"按钮,在打开文件窗口中选择(..\实例7.5\1.mp3)音频文件,单击"打开"按钮;②返回"所有转到wav"窗口中,单击"确定"按钮;③返回格式工厂软件主窗口,单击工具栏中的"开始"按钮,完成音频格式由mp3转换为wav格式。

步骤3:录制完的视频会自动添加到媒体箱和轨道上,选定轨道上的视频。

步骤4:在预览窗口工具栏上单击"画布选项"右侧的下拉箭头,在打开菜单中选择"项目设置"命令,并在打开的"项目设置"窗口中把画布尺寸调整到小于录制视频的尺寸(调小的幅度根据放大的需要而定)。

步骤5:选择"动画"选项卡打开"动画"窗口,从"动画"窗口中用鼠标拖曳的方式把"智能聚焦动画"拖到轨道上,此时视频中凡是有操作步骤的地方,在轨道上均会添加一个放大动画。

步骤6:预览整个视频的动画效果,对于个别不满意的动画(放大动画的大小、位置)可做微调。

效果如图7.17所示,①智能聚焦动画、②预览窗口视频放大区域、③轨道上自动添加的动画。需要强调的是,一定要注意步骤4、步骤5二者的顺序。

图7.17 智能聚焦动画的应用效果

第 8 章 行为与指针

视觉效果、行为效果、指针效果是 CS 软件提供的 3 种为媒体元素添加效果的很好方法,前面有关章节对视觉效果已经做了讲述,本章介绍行为效果和指针效果。

8.1 行为效果

行为是指给媒体元素添加的一种动画效果,包括媒体元素进入、持续、退出时的动画效果。行为用于图片、视频、动画类媒体元素,而不用于音频媒体元素,合理地将行为运用于媒体元素上,能够制作出更具特色、富有动感的视频。

行为的运用主要通过"行为"窗口、轨道和"行为"面板来完成。从"行为"窗口中把某一种行为添加到轨道的某一段媒体元素上,此时"属性"窗口中会打开该行为的面板,三者如图 8.1 所示,①"行为"窗口、②轨道上添加了行为的媒体元素、③"行为"面板。

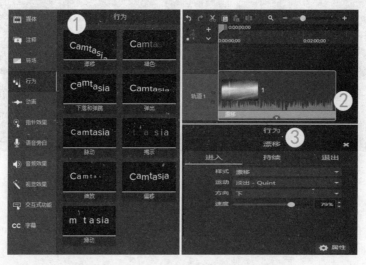

图 8.1 "行为"窗口、轨道、"行为"面板

8.1.1 行为窗口

在 CS 软件的主窗口选项卡中选择"行为"选项卡,如图 8.1①所示。"行为"选项卡中

的行为列表区列出了CS软件提供的各种行为，包括漂移、褪色、下落和弹跳、弹出、脉动、揭示、缩放、偏移、滑动共9种。在"行为"列表区中，将鼠标移动到某一种行为上，此时该行为周围出现黄色方框线并且该行为呈现预览效果。

8.1.2 行为类型

上述9种行为中每种行为均包括进入、持续、退出3种行为方式，也称为进入动画、持续动画、退出动画，CS软件为每种行为的每一种方式均设置了默认的参数值。"漂移"是指使媒体元素按照其设定的默认参数以漂移的方式进入与退出，播放时以默认参数值的持续方式播放。"褪色"是指使媒体元素进入、退出时，颜色效果产生渐变的一种动画。"下落和弹跳"是指使媒体元素进入、退出时，从某一个方向上掉落并产生弹跳效果的一种动画。"弹出"是指使媒体元素进入、退出时，从某一个方向上弹入、弹出的一种动画效果。"脉动"是指使媒体元素进入、退出时，像脉搏一样地周期运动或变化。"揭示"是指使媒体元素进入、退出时，产生慢慢进入、慢慢退出的一种动画效果。"缩放"是指使媒体元素进入、退出时，放大进入、缩小退出的一种动画效果。"偏移"是指使媒体元素进入、退出时，以偏移的方式进入、退出的一种动画效果。"滑动"是指使媒体元素进入、退出时，以滑动的方式进入、退出的一种动画效果。

8.1.3 行为面板

行为包括进入、持续、退出3种行为方式，下文分别称为进入动画、持续动画、退出动画。每一种行为方式有许多不同的参数需要设置，这些参数设置通过"行为"面板完成。添加于轨道媒体元素上的行为，会在轨道上自动显示一个行为"效果条"，双击该行为"效果条"，则在"属性"面板中打开"行为"面板，"行为"面板包括进入、持续、退出3个选项卡，分别用于设置所选行为3种行为方式的参数，如图8.2所示。

图 8.2 "行为"面板

1. 进入动画

进入动画是指媒体元素进入时以某种行为的方式进入。不同行为的进入动画参数不同，但基本包括样式、运动、方向、速度、反弹、张力等。"样式"决定着媒体元素进入动画的样式效果，其右侧有一下拉列表框，单击下拉列表框打开列表项，列表项中包括弹入、漂移、淡入、发光、合页、无、揭示、偏移、滑动；"运动"决定着媒体元素进入动画的运动效果，其右侧下拉列表框所包含的列表项有反弹、淡出淡入、淡入、淡出、线性、平滑、弹跳，其中淡出淡入、淡入、淡出又包含子菜单项；"方向"决定着媒体元素进入动画的方向，其右侧下拉列表框的列表项有左、右、上、下；"速度"右侧有一个水平滑块，用于调节进入动画播放的速度；有的行为还需要设置其反弹、张力等参数，该参数右侧也有一个水平滑块，拖动水平滑块的位置来调节该参数的大小。各参数的设置根据用户需要，从列表框中选择或拖动滑块来设置即可，如图8.3所示。

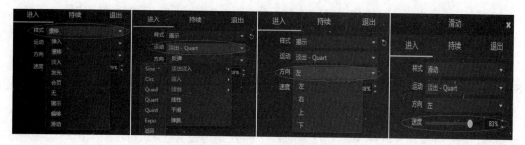

图 8.3　进入动画参数设置

2. 持续动画

持续动画是指媒体元素播放过程中以某种行为的方式播放。不同行为的持续动画参数不同，而且同一行为的"样式"参数不同，其动画参数也不同。

以"漂移"行为的持续动画为例，来说明持续动画参数的不同设置。选定"持续"选项卡，其"样式"参数默认为"漂移"，这时所包含的参数有运动、循环时间、延迟、循环次数、无限循环；如果其"样式"参数从下拉列表框中选为"褪色"参数，则参数中还包含有"不透明度"及设置其数值的水平滑块；如果其"样式"参数从下拉列表框中选为"跳转"参数，则参数包含有"跳转"及设置其数值的水平滑块；如果其"样式"参数从下拉列表框中选为"弹出"参数，则参数包含有"方向""旋转"参数的设置。参数较多，不一一列举，用户根据需要设置相应参数即可，如图 8.4 所示。

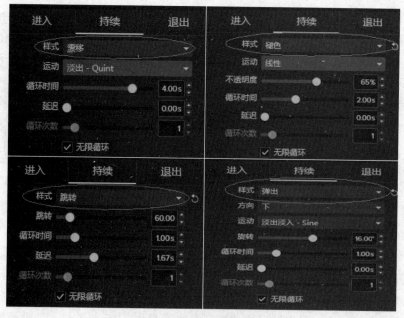

图 8.4　持续动画参数设置

3. 退出动画

退出动画是指媒体元素退出时以某种行为的方式退出。不同行为的退出动画参数不同,但基本包括样式、运动、方向、速度4个参数。
在"行为"面板中选定"退出"选项卡,设置相关参
数的方法与设置进入动画参数的方法相同,不再
重复叙述,如图8.5所示。

8.1.4 行为操作

行为的操作主要包括行为的添加、选择、删
除、复制、粘贴等。添加行为的操作就是从"行为"
窗口中把某种行为用鼠标拖曳的方法把它加载到
轨道媒体元素上,轨道的媒体元素上就会显示出

图 8.5 退出动画参数设置

行为效果条(红色)。选择行为需要在轨道上操作,包括选择一个行为效果、选择多个行为
效果,选择的方法是在轨道媒体元素上的若干行为效果条上单击,则选定一个行为效果
(效果条变为黄色),按住 Ctrl 键同时单击其他效果条,则选定多个行为效果。删除效果
分为删除一个效果和删除所有效果,在轨道的媒体元素上右击某一效果条,在弹出的快捷
菜单中选择"删除"命令,则删除所选的效果;在轨道上选定添加有行为效果的媒体元素,
并在画布上右击,在弹出的快捷菜单中选择"删除"命令,则删除该媒体元素上所有的行为
效果。复制效果同样分为复制所选效果和复制所有效果,在轨道上选定添加有行为效果
的媒体元素,在其某一行为效果条上右击,在弹出的快捷菜单中选择"复制所选效果"命
令,则将该行为效果放入剪贴板中;在轨道上选定添加有行为效果的媒体元素,并在画布
上右击,在弹出的快捷菜单中选择"复制效果"命令,则该媒体元素上所有行为效果被复
制。粘贴行为效果只需在画布上右击,在弹出的快捷菜单中选择"粘贴效果"命令即可。

添加到媒体元素上的每一个行为效果,轨道上都表现为一个红色的行为效果条。行
为效果条的开始位置、结束位置不可改变,其伴随整个片段媒体元素的播放而播放。在这
一点上,行为效果与视觉效果不同,视觉效果播放开始、结束、位置是可调整的。

实例 8.1 行为效果运用

步骤 1:启动 CS 软件,把两个文件(..\实例 8.1\1.avi、1.png)导入"媒体箱"中,从
"媒体箱"中把 1.avi、1.png 按顺序分别添加到轨道 1 上。

步骤 2:选择轨道 1 并选定 1.avi 视频,在选项卡中选择"行为"选项卡,打开"行为"
窗口,从行为列表区选择"漂移"行为,用鼠标拖动的方法把该行为添加到 1.avi 视频的轨
道上,用同样的方法添加"下落和弹跳"行为,如图 8.6 所示。

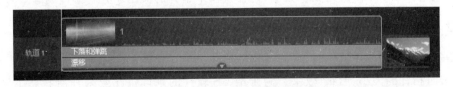

图 8.6 添加漂移、下落和弹跳行为

步骤 3:双击图 8.6 中所示的"漂移"效果条,在打开的"行为"面板中设置该行为的进

入、持续、退出动画参数,如图8.7所示。用同样的方法设置"下落和弹跳"行为的进入、持续、退出动画的参数。

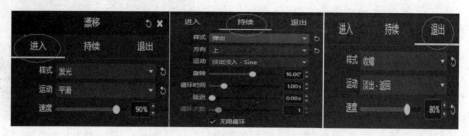

图8.7 进入、持续、退出参数设置

步骤4:选定轨道上1.avi视频,在画布上右击,在弹出的快捷菜单中选择"复制效果"命令;在轨道上选定1.png图片媒体元素,并在画布上右击,在弹出的快捷菜单中选择"粘贴效果"命令,这样就把1.avi视频的全部行为效果复制给了1.png图片媒体元素。简单地说就是1.png图片具有了1.avi视频相同的行为效果。

8.2 指针效果

给录制的视频添加指针效果,特别是录制操作计算机步骤的视频,用指针效果突出显示操作的菜单或命令按钮会达到良好效果。CS 8.0版是在录制视频时添加指针效果,录制的视频中指针效果将被永久地记录,并且不能更改或删除。CS 8.5版、CS 9.1版在录制视频时会记录指针的操作,是否添加指针动画效果则在编辑视频时完成。

8.2.1 指针效果开启

CS 9.1版中,指针效果的运用分为两步。第一步是在录像机中,先开启指针效果并录制视频。第二步是在编辑录制视频时,先进行指针效果的编辑,然后再把指针效果应用到视频上。经过上述两步实现指针效果在视频中的运用。

指针效果的开启是在CS软件的主窗口中单击"录制"按钮,打开CS录像机,在"录像机"窗口中单击"工具"菜单中的"录制工具栏"命令,弹出"录制工具栏"窗口,在窗口中勾选"效果"选项,即开启了指针效果。指针效果开启状态下,所录制的视频只是对指针的操作进行了记录,视频中并看不到具体的指针效果,只有在编辑视频时,首先编辑指针的效果,然后再把指针效果动画应用到视频上,这样视频中指针的操作才呈现指针动画效果。

8.2.2 指针效果的编辑

指针效果是指操作鼠标时,鼠标的指针形状、大小、效果,单击时指针的大小、形状、效果,右击时指针的大小、形状、效果。为了给CS软件的录像机在效果开启状态下录制的视频添加指针效果,需要对指针效果先进行编辑。

在选项卡中选择"指针效果"选项卡,打开"指针效果"窗口,该窗口包括指针效果、左键点击、右键点击3个选项卡,如图8.8所示,①指针效果、②左键点击、③右键点击。指

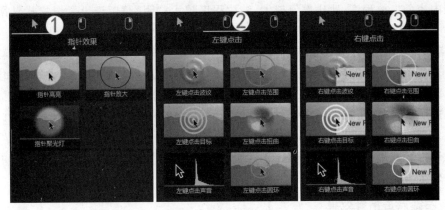

图 8.8 指针效果窗口

针效果包括指针高亮、指针放大、指针聚光灯 3 种效果；左键点击指针效果包括左键点击波纹、左键点击范围、左键点击目标、左键点击扭曲、左键点击声音、左键点击圆环；右键点击指针效果包括右键点击波纹、右键点击范围、右键点击目标、右键点击扭曲、右键点击声音、右键点击圆环。

指针效果的编辑，需要先从"指针效果"窗口中把某一指针效果添加到轨道的视频媒体元素上，此时该视频的轨道上显示出指针效果条（深蓝色），双击某一效果条，在"属性"窗口中打开该"指针效果"面板，面板中可对指针效果参数进行设置，不同的指针效果参数不同。

1. 指针效果

"指针高亮"的参数设置包括指针的颜色、不透明度、大小、柔软度、淡入、淡出，如图 8.9 中的①所示。"颜色"是指鼠标指针的颜色，图 8.9 中设置为黄色；"不透明度"指鼠标指针颜色的透明程度，运用其右侧的水平滑块调整不透明度的比例；"柔软度"是指鼠标指针形状边缘的柔软程度，同样运用其右侧的水平滑块调整数值的比例；"淡入"或"淡出"分别设置鼠标进入或退出时渐渐进入效果和渐渐退出效果，运用其右侧的滚动文本框调整淡入或淡出的时间长度（秒）。

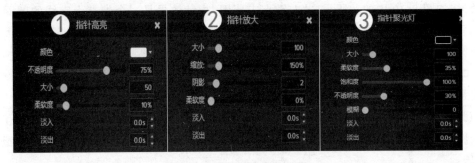

图 8.9 指针效果参数设置

"指针放大"的参数设置包括指针的大小、缩放、阴影、柔软度、淡入、淡出，如图 8.9 中的②所示。"大小"是指指针尺寸的大小；"缩放"则是在指针尺寸一定的情况下，指针所包含范围内容的缩放程度,此比例值越大,缩放程度越大;"阴影"用于设置鼠标指针阴影的大小;"柔软度""淡入""淡出"3个参数使用同"指针高亮"。

"指针聚光灯"的参数设置包括指针的颜色、大小、柔软度、饱和度、不透明度、模糊、淡入、淡出,如图8.9中的③所示。"颜色"是指鼠标指针范围以外画面的颜色;"饱和度"是指鼠标指针范围以外画面颜色的饱和程度,当饱和程度值为0时,视频画面的颜色为黑白色;"不透明度"同样是指鼠标指针范围以外画面颜色的不透明程度;"模糊"是指鼠标指针范围以外画面的模糊程度,数值越大,画面越模糊。

上述指针效果在视频非预览状态下,通过"指针效果"面板的设置,在画布中即可看到指针的效果。

2. 左键点击指针效果

"左键点击波纹"的参数设置包括指针的大小、强度、持续时间、点击之前显示效果,如图8.10中的①所示。"大小"是指的鼠标左键点击时形成波纹尺寸的大小;"强度"是指波纹呈现的强弱程度;"持续时间"是指波纹从开始到结束的时间长度;若勾选"点击之前显示效果"选项,则在鼠标左键点击之前出现波纹效果。

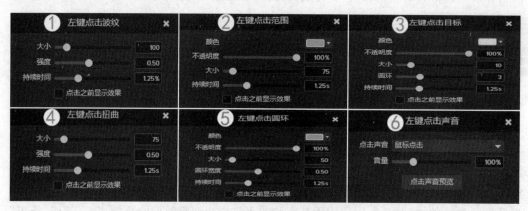

图8.10 左键点击指针效果参数设置

"左键点击范围"的参数设置包括指针的颜色、不透明度、大小、持续时间、点击之前显示效果,如图8.10中的②所示。"左键点击范围"指针效果是一个带有十字线的圆圈,因此"颜色"是设置该圆圈线条的颜色;"不透明度"是指圆圈线条颜色的不透明程度;"大小"是指圆圈的尺寸大小。

"左键点击目标"的参数设置包括指针的颜色、不透明度、大小、圆环、持续时间、点击之前显示效果,如图8.10中的③所示。"左键点击目标"指针效果是一个由多个同心圆组成的圆圈,因此"颜色"是设置该圆圈的线条颜色;"不透明度"是设置该圆圈线条颜色的透明程度;"大小"是设置该圆圈直径;"圆环"是设置该圆圈同心圆数量,其数值范围为0~10。

"左键点击扭曲"的参数设置包括指针的大小、强度、持续时间、点击之前显示效果,如图8.10中的④所示。"左键点击扭曲"指针效果类似于在柔软的物体上用手指按下,柔软物体上产生的扭曲效果。因此,"强度"参数是指扭曲程度的大小,其数值范围为0~1。

"左键点击圆环"的参数设置包括指针的颜色、不透明度、大小、圆环宽度、持续时间、点击之前显示效果,如图8.10中的⑤所示。"左键点击圆环"指针效果是一个由小渐渐放大的圆圈,因此"颜色""不透明度"都是设置该圆环线条颜色的参数;"大小"是设置圆环最终尺寸的大小;"圆环宽度"是指圆环线条的粗细。

"左键点击声音"的参数设置包括指针的点击声音、音量、点击声音预览,如图8.10中的⑥所示。"点击声音"包括鼠标点击、触控板点击两个选项;音量通过滑动其右侧的水平滑块来调节鼠标点击时声音的音量大小;单击"点击声音预览"按钮,能够听到鼠标点击声音的实际效果。

上述指针效果须在视频预览窗口中的预览状态下才可看到指针的效果。

3. 右键点击指针效果

右键点击指针效果的种类、参数设置等与左键点击指针效果相同,不再重复叙述。

8.2.3 指针效果的操作

添加到轨道视频上的指针效果并通过"指针效果"面板编辑完毕后,在预览窗口播放视频时,凡是有鼠标点击的位置就会看到指针效果。

指针效果的操作同样包括选择、删除、复制、粘贴等,这些操作与前文行为效果的操作基本相同。

另外,指针效果可设置开始、结束时间以及其在轨道上的位置,从而决定该指针效果对哪一时间段的视频起作用。

实例8.2 指针效果设置

步骤1:在启动CS软件,在工具栏中单击"录制"按钮,打开"录像机"窗口;在"录像机"窗口中单击"工具"菜单的"录制工具栏"命令,在弹出的"录制工具栏"窗口中勾选"效果"选项。

步骤2:启动Cool edit软件。

步骤3:在CS软件"录像机"窗口中选择录制范围为"自定义"→"锁定应用程序",单击"录制"按钮开始用CS软件录像机录制Cool edit软件窗口中的操作。Cool edit软件窗口中的操作为:①选定轨道1并在右侧空白位置右击,在弹出的快捷菜单中选择"插入"菜单中子菜单中的"音频文件"命令,把音频文件(..\实例8.2\1.mp3)添加到轨道1上;②单击工具栏中的"切换为波形编辑界面"按钮,进入音频单轨道编辑状态;③用鼠标拖选音频波形噪音部分,单击"效果"菜单的"噪音消除"→"降噪器"命令,在打开的"降噪器"窗口中单击"噪音采样"按钮,然后单击"关闭"按钮;④全选音频(按Ctrl+A组合键)后,再次单击"效果"菜单的"噪音消除"→"降噪器"命令,在打开的"降噪器"窗口中单击"确定"按钮;⑤完成音频噪音的降噪后,单击Cool edit软件"文件"菜单的"另存为"命令,保存音频文件(..\实例8.2\2.mp3)。

步骤4:上述操作完成后,单击CS软件录像机的"停止"按钮,此时把录制的视频添加到"媒体箱"中,并将"媒体箱"中的该视频添加到轨道1上。

步骤5:选定轨道1上的视频,在选项卡中选择"指针效果"选项卡,在打开的"指针效果"窗口中选择"指针效果",用鼠标拖动的方法把"指针高亮"效果拖到轨道1的视频上,在"指针效果"面板中设置该指针效果的参数如图8.11所示。

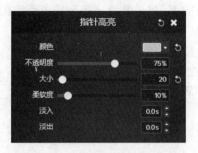

图8.11 指针高亮效果参数设置

步骤6：选定轨道1上的视频,在"指针效果"窗口中选择"左键点击"选项卡,用鼠标拖动的方法把"左键点击圆环"效果拖到轨道1的视频上,在"指针效果"面板中设置"左键点击圆环"效果的参数如图8.12所示。

图8.12 左键点击圆环效果参数设置

步骤7：选定轨道1上的视频,在"指针效果"窗口中选择"右键点击"选项卡,用鼠标拖动的方法把"右键点击目标"效果拖到轨道1的视频上,在"指针效果"面板中设置"右键点击目标"效果的参数如图8.13所示。

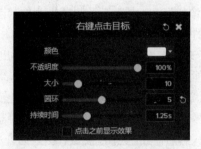

图8.13 右键点击目标效果参数设置

第 9 章 注　释

注释是指在媒体中添加注释、指向、特效或强调重点内容的文字或图形，其主要作用是吸引观众的注意力，或者对某些内容做进一步解释。另外，把注释、标记以及超级链接等综合运用，还可以实现视频的简单交互。

9.1　注释概述

本节主要对注释选项卡和注释类型进行介绍。

9.1.1　注释选项卡

CS 软件主界面中，选择选项卡中的"注释"，打开"注释"选项卡，如图 9.1 所示。"注释"选项卡中包括标注、箭头 & 线条、形状、特效、草图运动和按键注释 6 个子选项卡，也就是说 CS 软件把注释分为 6 类。每个子选项卡基本包括样式、注释列表区两部分。"样式"右侧有下拉列表框，列表框中的列表项是该类注释中所包含注释的样式种类；注释列表区列出了某种样式所有的注释。

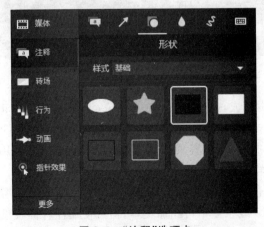

图 9.1　"注释"选项卡

注释的使用需要注释窗口、轨道、画布和注释面板四者结合完成，"注释"窗口主要用于注释的选择、添加，轨道与画布用于对注释的操作，"注释"面板用于对注释属性参数的设置。

9.1.2 注释类型

CS 软件提供了类型丰富的注释，用户运用这些注释能够丰富视频的内容，创造良好的视觉效果。注释主要分 6 大类，分别是标注、箭头 & 线条、形状、特效、草图运动和按键注释，每一类下面又基本包含有抽象、基础、粗体、城市、传统等样式种类，每个样式种类包含有若干个注释。注释的选择可通过"注释"窗口来完成。另外，把以上 6 类注释与热点结合运用，还可以制作热点注释。

1. 静态注释

静态注释主要起注释、提示、指示等作用，静态注释包括标注、箭头 & 线条两类，如图 9.2 所示，①标注、②箭头 & 线条。

图 9.2 标注、箭头 & 线条

标注由图形和文本组成，CS 软件提供了抽象、基础、粗体、城市、传统 5 种样式的标注。标注包括箭头、纯文本、讲话和思想气泡。标注的图形部分不可对其边框、填充等设置，但可在画布上改变其大小、位置、旋转角度；标注的文本部分使用注释面板可设置其字体、字号、对齐、颜色、样式等。

箭头 & 线条同样包括抽象、基础、粗体、城市、传统 5 种样式。箭头 & 线条包括双箭头、虚线、实线。箭头 & 线条上不可添加文本，但可使用注释面板设置其颜色、线条样式、厚度、不透明度等，画布上也可改变其大小、位置、旋转等。

2. 形状注释

形状注释主要起指示作用，只是一个图形，不包含文本。形状注释包括抽象、基础、粗体、城市4种样式,如图9.3所示。编辑视频过程中,可运用各种各样的形状进行组合、裁剪等操作,形成一种新形状的外观。形状注释可以设置其边框、填充、效果等,如果需要配合上文本,则需要使用静态注释里面的文本注释,然后把二者进行组合。

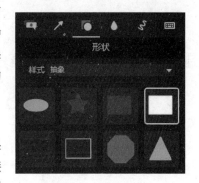

图9.3　形状注释

3. 特效注释

特效注释主要起到对视频部分区域进行特殊效果的处理,其中的交互功能/热点注释与标记、超级链接配合使用,能够制作简单的交互视频。特效注释主要包括模糊注释、聚光灯注释、高亮注释、交互功能/热点注释、像素化注释。编辑视频时往往有些信息是属于机密、敏感内容或个人隐私,如电子邮件地址、登录信息、电话号码、信用卡号码等,生成视频中这些信息就不需要清晰显示。运用模糊注释、像素化注释就可以实现部分信息的模糊化或像素化效果。编辑视频时如果需要对媒体的某个区域进行突出显示以提高观众的注意力,可以运用聚光灯注释,使该区域突出显示而其他区域变暗,也可以通过高亮注释突显该区域,使其他区域不变,如图9.4所示。

交互功能/热点注释同静态注释、形状注释、动态注释、特效注释等结合使用,同样能够为这些注释设置热点,实现视频的交互或网站链接。

当以上注释添加到时间轴的轨道上后,会在轨道上添加一个阴影效果条,也就是说可以设置该注释的阴影效果。但模糊注释、聚光灯注释、高亮注释、像素化注释4个注释不可添加阴影效果条,而交互功能/热点注释则可添加交互功能/热点效果条。

4. 动态注释

动态注释(草图运动注释)主要起到动态提示、指示作用,吸引观众的注意力,以达到对重点内容的强调效果。该类注释会在特定时间内实现绘制效果,可设置绘制的时间、颜色、厚度、水平翻转、垂直翻转等效果。动态注释包括素描运动椭圆、运动椭圆、素描运动矩形、运动矩形、素描运动箭头、素描运动叉、素描运动勾、素描运动角星、运动直线、示意图等,如图9.5所示。

图9.4　特效注释

图9.5　动态注释

5. 按键注释

按键注释是指视频编辑中,添加一个设置快捷键的注释,把此类注释与热点结合,通过按组合键来实现视频的交互跳转。

9.2 注释的基本操作

在注释的操作中,首先是注释的添加。在 CS 软件主界面中打开"注释"选项卡。在"注释"选项卡中选择某一类注释及该注释的样式,并在注释列表区中列出的所有注释中双击选择所需要的注释,则其添加到轨道上(画布上)。一般而言,将注释添加到播放头所在的位置。

注释的基本操作还包括注释的选择、删除、复制、粘贴、移动、调整大小、旋转等。例如,删除注释的方法有两种,一是选择轨道上的某一个注释并右击,在弹出的快捷菜单中选择"删除"命令;二是选择轨道上的某一个注释,直接按 Delete 键。

9.2.1 画布上注释的操作

添加注释以后,在画布上对于注释的一些操作可运用鼠标与键盘的配合完成,包括改变注释大小、移动、旋转、叠放顺序等。

1. 改变注释大小

在画布上选择某一个注释,该注释四周上有 8 个空心圆句柄,将鼠标移动到其中任意一个圆句柄上,该圆句柄变为白色,此时用鼠标拖动圆句柄改变注释的大小(或高度、宽度、对角线方向)。另外还有一个指向圆句柄(鼠标移至其上会变为黄色),拖动该圆句柄改变指向的位置、方向等,如图 9.6 所示。

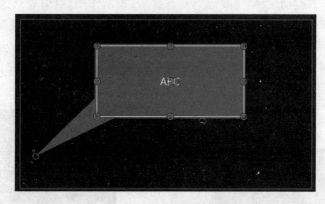

图 9.6 改变注释的大小

2. 移动与旋转

在画布上选择某一个注释后,该注释内部有两个空心圆句柄。一个是注释的中心圆句柄,将鼠标移动到其上会变为白色实心圆句柄,它是用来改变注释在画布上的位置;另一个是注释中心圆句柄右侧的旋转圆句柄,将鼠标移动到其上会变为绿色实心圆句柄且鼠标指针变为旋转箭头,该句柄用来旋转注释,如图 9.7 所示。

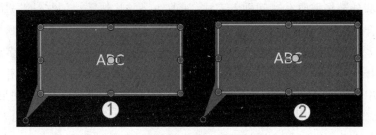

图 9.7　中心圆句柄与旋转圆句柄

3. 叠放顺序

注释在画布上的前后叠放顺序决定着视频中注释的相互遮挡关系。位于画布同一区域的注释,前面的会对后面的进行遮挡,在轨道上体现为上面轨道的注释在前,下面轨道的注释在后。因此,调整注释的叠放顺序可从两个方面进行。

一是在画布上调整注释的叠放顺序。在画布上单击选择某个注释,然后右击,并在弹出的快捷菜单中选择"移至顶部""上移一层""下移一层""移至底部"四个命令之一,就会改变注释的叠放顺序,如图 9.8 所示。

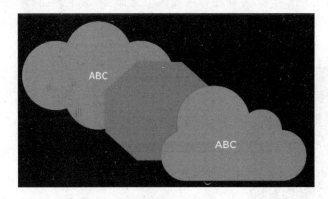

图 9.8　调整画布上注释叠放顺序

二是在轨道上调整注释的叠放顺序。用鼠标选择某一轨道上的某一个注释,按住鼠标左键将其拖动至另外轨道上,即用鼠标在轨道间拖动注释的方式来实现注释叠放顺序的调整。

4. 文本添加

标注类的注释其本身带有文本框,标注添加到轨道(画布)上后,默认文本为 ABC,用户如果需要更改文本内容,只需要在画布的标注上双击,此时即可输入新的文本内容。其他类型的注释需要运用文本标注配合来完成文本的添加。文本相关属性的设置需要通过"标注"面板完成,此内容将在后面讲述。

9.2.2 时间轴上注释的操作

注释的部分操作需要在时间轴上完成,如剪切、复制、粘贴、复制(粘贴)属性、复制(粘贴)效果、组合、取消组合、添加到库、添加剪辑速度、持续时间等,如图9.9所示。

由于CS软件在编辑注释时,可在画布同一个区域的不同轨道上放置多个注释,因此为便于对注释进行操作,其提供了注释组合功能。选择轨道上的多个注释并右击,在弹出的快捷菜单中选择"组合"命令,于是选定的几个注释组合为一个注释组;如果想取消注释组,则在注释组上右击,在弹出的快捷菜单中选择"取消组合"命令即可。

至于复制属性、粘贴属性、添加到库、添加剪辑速度、持续时间等内容在前面的相关章节已经做了介绍,此处不再重述。

实例9.1 注释的操作

步骤1:在选项卡中选择"注释"选项卡。

步骤2:在"注释"选项卡中选择"形状"选项卡,并在"样式"右侧的列表框中选择"基础",把"五角星"注释添加到画布上,调整其大小、位置。在"注释"选项卡中选择"标注"选项卡,并在"样式"右侧的列表框中选择"抽象",在注释列表区中选择某一个注释并把其添加到画布上;在画布上双击注释中的"文本框",输入"抽象注释"文字。在"注释"选项卡中选择"草图运动标注"选项卡,并在注释列表区中选择"运动矩形注释"并将其添加到画布上,在画布上调整其大小、位置与标注的文字匹配。如图9.10所示,①注释轨道上的排列、②注释画布上的排列。

图9.9 时间轴上注释的操作

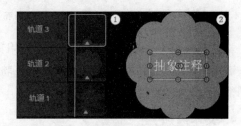

图9.10 轨道和画布上注释的排列

步骤3:在时间轴的轨道上选中"五角星"注释,并在画布上右击,在弹出的快捷菜单中选择"排列"子菜单中的"置于顶层"命令,如图9.11所示。此时时间轴、画布上注释排列均发生了变化,效果如图9.12所示,①注释轨道上的排列、②注释画布上的排列。

图9.11 画布上的快捷菜单

图9.12 变化后轨道和画布上注释的排列

9.3 注释的设置

注释的设置包括注释本身参数设置、效果设置和文本属性设置3个方面。而添加至轨道或画布上的注释类别不同,所需要编辑的属性也不同,但都是使用面板完成属性的设置。

9.3.1 标注注释

标注注释由填充图形和文本框组成,因此需要对其填充图形、文字参数进行设置,同样需要对其阴影效果进行设置。

1. 填充图形的设置

添加至轨道或画布上的标注,当其被选中时,在"属性"面板中会打开"标注"面板,如图9.13所示。"标注"面板包括:①视觉属性、②文本属性、③标注属性3个选项卡,被选中的选项卡上会显示绿色线条,其中"标注属性"选项卡用于设置标注的填充图形的参数。

标注的填充图形设置分为图形填充部分和边框线部分,图形填充部分的设置包括形状、填充、填充颜色、不透明度(颜色),边框线部分的设置包括轮廓、轮廓颜色、厚度、不透明度(颜色),如图9.13所示。

图形填充部分的设置。单击"形状"右侧的下拉

图9.13 "标注"面板

列表框，列表框中包含的列表项有标注的各种形状，包括思想气泡1、思想气泡2、讲话气泡1、讲话气泡2、文本箭头1、文本箭头2、文本矩形等选项，从这些选项中选择一项作为填充图形的形状。"填充"参数主要用于设置标注填充图形以何种方式填充，包括单色、渐变两种填充效果；其后面有"颜色"设置按钮，单击该按钮，打开"颜色"窗口，从中设置填充的颜色。"不透明度"（颜色）用于设置填充颜色的透明程度，比例值越大，填充颜色越不透明，比例数值越小，填充颜色越透明。

边框线部分的设置。单击"轮廓"右侧的下拉列表框，列表框中会列出实线、虚线等多种线条的类型，从中选择所需要的线型；其后面有"颜色"设置按钮，单击该按钮，打开"颜色"窗口，从中设置线条的颜色。"厚度"右侧有一个水平滑块用于调节线条的粗细，用鼠标左、右拖动滑块改变线条的厚度数值，数值变化范围为0～100。"不透明度"（颜色）用于设置线条颜色的透明程度，比例值越大，线条颜色越不透明，比例数值越小，线条颜色越透明。

2．添加文本

在轨道或画布上选中标注后，标注上的文本内容默认为ABC，用户需要对文本内容进行添加或者修改。添加与修改文本内容的方法是在画布上选定标注之后，在默认文本ABC上双击，此时文本变为反白显示，表示文本已处于可编辑状态，此时可输入所需要的文本内容。如图9.14所示，①文本内容默认状态、②双击状态、③添加新的文本内容状态。再次修改文本的方法也是如此。

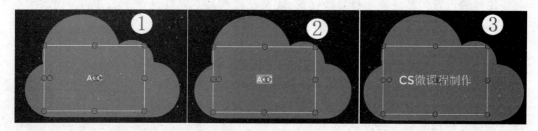

图9.14 文本的添加

3．文本的设置

在轨道或画布上选中标注后，在"属性"窗口中打开的"标注"面板中选择"文本属性"选项卡，如图9.15所示。"文本属性"设置包括字体、字体颜色、常规、大小、样式、对齐、自动旋转文本。单击"字体"右侧的下拉列表框，列表框包含的列表项中有各种各样的字体供用户选择。单击"颜色"按钮，打开"颜色"窗口，从中选择、设置字体的颜色。单击常规下拉列表框，列表框的列表项里包括常规、常规斜体、粗体、加粗斜体等几种字体效果的选择。"大小"右侧有一个水平滑块用于调节字体的大小，把鼠标移至滑块上向左或向右拖动，字体会随之变小或变大，字体大小的数值取值范围为12～256。"样式"右侧有两个按钮，分别为文本添加下划线和为文本添加删除线。"对齐"右侧有6个按钮用于设置文本的对齐方式，包括左对齐、居中对齐、右对齐、左上对齐、水平居中对齐、左下对齐。画布上如果需要对文本进行自动旋转，则必须勾选"自动旋转文本"选项。

4. 阴影效果设置

轨道或画布上添加标注后,轨道的标注上会自动添加阴影效果,阴影效果条为绿色。单击阴影效果条,在"属性"窗口中打开标注的阴影效果面板,如图 9.16 所示,面板设置参数包括角度、颜色、偏移、不透明度、模糊、淡入、淡出等。这些参数的设置请参照第 4 章相关内容。另外,标注上同样还可添加视觉属性效果、行为效果、动画等,这些内容同样参照第 4 章、第 7 章、第 8 章的相关内容。

图 9.15　标注文本属性设置

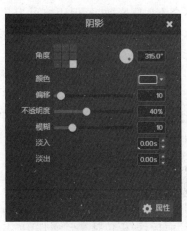

图 9.16　标注阴影效果面板

9.3.2　箭头 & 线条注释

箭头 & 线条注释的设置包括注释属性和视觉属性,添加至轨道或画布上的箭头或线条,当其被选中时,在"属性"面板中会打开"箭头 & 线条"面板,如图 9.17 所示,"箭头 & 线条"面板包括①视觉属性、②注释属性两个选项卡,被选中的选项卡上会显示绿色线条,其中"注释属性"用于设置箭头或线条的参数。

"颜色"右侧有一个颜色设置按钮,单击该按钮,打开"颜色"窗口,从中选择某一颜色则箭头或线条会变为该种颜色。"线条样式"右侧有 3 个下拉列表,分别用于设置箭头或线条开始端的样式、中间线条的样式和结束端的样式。"厚度"用来设置箭头或线条粗细,其右侧有一个水平滑块,用鼠标左、右拖动水平滑块,改变箭头或线条粗与细。"不透明度"用来设置箭头或线条颜色的透明程度。

图 9.17　"箭头 & 线条"面板

箭头或线条注释同样自带阴影效果,阴影效果的设置方法、参数等同上文所述。另外,箭头或线条上同样还可添加视觉属性效果、行为效果、动画等。

9.3.3 特效注释

特效注释包括模糊注释、聚光灯注释、高亮注释、交互功能/热点注释、像素化注释 5 种,它们的参数设置各不相同。

1. 模糊、聚光灯、像素化注释

在轨道或画布上添加模糊(聚光灯、像素化)注释后,轨道的模糊(聚光灯、像素化)注释上不会添加阴影效果,但用户可为其添加行为效果、动画等。在轨道或画布上选定模糊(聚光灯、像素化)注释,此时在"属性"窗口中打开"模糊(聚光灯、像素化)注释"面板,面板中包括视觉属性、注释属性两个选项卡,如图 9.18 所示。"视觉属性"选项卡已在前文多处讲到,此处不再重复叙述。选择"注释属性"选项卡,模糊注释的该选项卡包含强度、反转两参数,而聚光灯注释和像素化注释则只有强度参数。强度用于设置模糊(聚光灯、像素化)注释区域的模糊(聚光、像素化)程度,强度的数值通过其右侧的水平滑块来调节,数值范围为 0~100。反转则是决定对模糊注释区域内还是区域外进行模糊处理。

2. 高亮注释

在轨道或画布上添加高亮注释后,轨道的高亮注释上不会添加阴影效果,但用户可为其添加行为效果、动画等。在轨道或画布上选定高亮注释,此时在"属性"窗口中打开"高亮注释"面板,面板包括视觉属性、文本属性、注释属性 3 个选项卡,如图 9.19 所示。也就是说高亮注释可以在其上添加文本内容,文本属性的参数设置同标注注释中文本的设置相同。

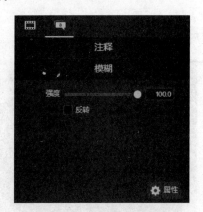

图 9.18 "模糊注释"面板

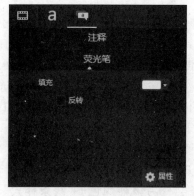

图 9.19 "高亮注释"面板

选择"注释属性"选项卡,该选项卡包含填充颜色、反转两个参数。填充颜色是设置高亮注释内容的填充颜色,单击"颜色"下拉列表框打开"颜色"面板,从中选取或设置填充的颜色。反转则是决定对高亮注释区域内还是区域外进行高亮显示。

3. 交互功能/热点注释

在轨道或画布上添加交互功能/热点注释后,轨道的交互功能/热点注释上不会添加阴影效果,但会自动添加"交互功能/热点"效果条,用户可为其添加行为效果、动画等。

在轨道或画布上选定交互功能/热点注释,此时在"属性"窗口中打开"交互功能/热点"面板,面板中包括视觉属性、文本属性两个选项卡,如图9.20所示,①文本属性面板、②交互功能/热点面板。也就是说交互功能/热点注释可以在其上添加文本内容,文本属性的参数设置同标注注释中文本的设置相同。在轨道上选中"交互功能/热点"并单击其上的"交互功能/热点"效果条,则在"属性"窗口中打开"交互功能/热点"面板,面板中的参数设置参见4.2.3节的内容。

图 9.20 "交互功能/热点"面板

9.3.4 动态注释

在轨道或画布上添加任意一个动态注释后,轨道的动态注释上会自动添加阴影效果,用户还可为其添加行为效果、视觉效果、动画等。

在轨道或画布上选定一个动态注释,此时在"属性"窗口中打开"动态注释"面板,面板中包括视觉属性、注释属性两个选项卡,如图9.21所示。选择"注释属性"选项卡,选项卡中的参数包括颜色、厚度、绘制时间、水平翻转、垂直翻转。"颜色"的右侧有颜色下拉列表框,单击下拉列表框打开"颜色"窗口,从窗口中设置动态注释线条的颜色。"厚度"右侧有一个水平滑块,用鼠标左、右拖动水平滑块,调节动态注释线条的粗细,取值范围为3～18。"绘制时间"右侧有一个水平滑块,用鼠标左、右拖动水平滑块,调整动态注释线条的绘制所需时间,取值范围为0～5s。如果勾选"水平翻转"或"垂直翻转"选项,则动态注释在画布上会实现水平或垂直的翻转效果。

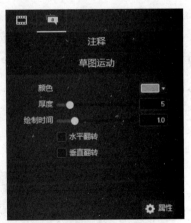

图 9.21 "动态注释"面板

9.3.5 按键注释

在轨道或画布上添加按键注释后,轨道的按键注释上会自动添加阴影效果,用户还可为其添加行为效果、视觉效果、动画等。

在轨道或画布上选定一个按键注释,此时在"属性"窗口中打开"按键注释"面板,面板中包括视觉属性、注释属性两个选项卡,如图 9.22 所示。选择"注释属性"选项卡,选项卡中的参数包括样式、键盘按键两个。"样式"右侧的下拉列表框中包含有传统、灰色、透明、轮廓 4 个选项,决定按键注释的外观样式。"键盘按键"参数后有一文本框,此文本框不是用来输入文本内容,而是用来输入键盘上按下的按键,用鼠标单击此文本框,然后按键盘上的单一键或组合键,则文本框中输入了该按键或该组合键的名称。

图 9.22 "按键注释"面板

实例 9.2 注释的应用

步骤 1:把视频文件(..\实例 9.2\1.avi)导入到"媒体箱"中,在时间轴工具的缩放条上右击,在弹出的快捷菜单中选择"缩放到合适"命令。

步骤 2:在注释轨道上把播放头定位于 0:00:01;08 处,选择"注释"选项卡并添加一个"聚光灯"注释,调整该注释的结束时间为 0:00:05;27 处;在画布上调整该注释的位置、大小与视频右下角操作区域相匹配,如图 9.23 所示;在"属性"窗口的"聚光灯注释"面板中设置强度数值为 80。

步骤 3:在注释轨道上把播放头定位于 0:00:13;29 处,选择"注释"选项卡,添加一个"运动椭圆"注释,调整该注释的结束时间为 0:00:17;12 处;在画布上调整该注释的位置、大小与视频中操作麦克风窗口区域相匹配,如图 9.24 所示;在"属性"窗口的"草图运动"面板中设置绘制时间为 1 秒。

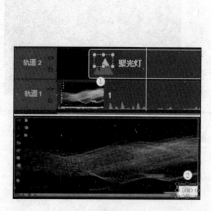

图 9.23 聚光灯注释轨道在画布上的位置

图 9.24 运动椭圆注释画布上的位置

9.4 热点应用

在注释上添加的交互功能/热点,其主要功能为实现视频的交互或网站的链接,它往往与标记、帧、URL 等配合使用。

对于标注、箭头 & 线条、形状、特效、草图运动和按键 6 类注释,每类注释的每个注释大都能够与交互功能/热点注释配合使用,来制作视频中的跳转。基本方法是把某一个注释和一个交互功能/热点注释添加到轨道上,将二者的播放时长调整相同,然后设置交互功能/热点的跳转链接,最后把两个元素进行组合。这里需要再次强调交互功能/热点注释跳转的使用。

选择轨道上的某一个交互功能/热点注释,单击其轨道上的"交互功能/热点"效果条,在"属性"窗口中打开"交互功能/热点"面板。

面板中的"结尾处暂停"与"点击继续"二者是配合使用的,也就是说当勾选了"结尾处暂停"选项后,"点击继续"单选按钮的功能才可用。当视频播放时,观看视频的用户如果单击视频上的注释热点区,视频就会暂停播放,再次单击就会继续播放。如果观看视频的用户不单击注释热点区,当注释播放完,视频就会暂停播放。

面板中热点的跳转还包括转到时间、转到标记、转到 URL。

转到时间就是当观看视频的用户单击视频中的该注释热点区时,视频的播放点会跳转到设定的时间处播放。因此,制作视频者需要在编辑注释的热点时,在"交互功能/热点"面板中选择"时间"单选按钮并设置具体时间。"时间"单选按钮右侧的文本框中的时间格式为 0:00:00;00,分别代表时、分、秒、帧。

转到标记就是当观看视频的用户单击视频中的该注释热点区时,视频的播放点会跳转到设定标记处的帧播放。因此,制作视频者需要在编辑注释前,在视频相应位置添加标记,然后选择轨道上的某一注释,在"交互功能/热点"面板中选择"标记"单选按钮,并从其右侧下拉列表框中选择相应的标记。"标记"单选按钮右侧的下拉列表框中包括标记时间(格式为 0:00:00;00)和标记名称(如:标记 1)。

跳转到 URL 就是当观看视频的用户单击视频中的该注释热点区时,会打开相应的网站。制作视频者需要在编辑某一注释的热点区时,在"交互功能/热点"面板中选择 URL 单选按钮,在其右侧文本框中输入相应的网址。

9.5 注释制作

前面介绍了注释类型、注释参数设置、注释的操作,本节重点选取几个注释来说明它们的制作和使用方法。

9.5.1 素描运动矩形注释制作

动态注释添加到时间轴轨道上后,将会有一个动态的效果,也就是在播放时产生一段持续时间的动画。如果再给注释添加上视觉效果、行为效果、动画等,则注释在动态显示的同时会产生相应的动态效果，以达到突出重点的目的与效果。下面以素描运动矩形注释的制作来说明动态注释的应用。

1. 添加注释

在 CS 软件的选项卡中选择"注释"选项卡，打开"注释"窗口并选择"草图运动"选项卡，从注释列表区中选择"素描运动矩形注释"并双击，此时该注释会添加到轨道播放头所在位置。以上操作完成注释的添加。

2. 注释的调整

动态注释往往是突出某个轨道上媒体元素的某些重点内容，添加到轨道上的注释需要与这些内容重合，这样就需要对动态注释的位置、大小、播放时长等进行调整。把鼠标放到注释开始（或结束）的位置，按住鼠标左键向左（或右）拖动，调整注释播放开始的时间和结束的时间，也可把鼠标移到注释上，按住鼠标左键向左、右拖动，改变整个注释在时间轴上的位置。

3. 绘制时间、停留时间

动态注释添加到轨道上以后，用户需要进一步调整其绘制时间、停留时间，以达到最佳效果。绘制时间是指素描运动矩形绘制过程的时间，即需要多长时间绘制完成矩形注释。

在"属性"窗口的"注释"面板中用鼠标拖动"绘制时间"右侧的水平滑块，向左表示缩短绘制时间，向右表示延长绘制时间。绘制时间最小设为 0 秒，就是没有绘制过程；最大设为 5 秒，就是从开始绘制到完成绘制需要 5 秒时间，这是一个动态过程。停留时间是指从素描运动矩形绘制完成到结束的时间。当绘制时间固定后，动画注释的停留时间取决于注释的播放时长。

4. 添加视觉效果

动态注释添加到轨道上以后，还可以为其添加视觉效果、行为、动画等。选择"视觉效果"选项卡，从视觉效果列表区把"着色"效果添加到轨道的"素描运动矩形注释"上，双击"着色"效果条，在"属性"窗口中打开"着色"面板，设置颜色为白色，淡入时间、淡出时间各为 2 秒。这样原注释线条为红色，添加的着色为白色，则注释线条变为粉色，在 5 秒的绘制过程中有 2 秒的淡入，会呈现由红色渐变为粉色的绘制过程。选择"动画"选项卡，从动画列表中选择"按比例放大"动画并将其应用于动态注释开始播放位置，设置动画时长为 2 秒。这样该动态注释会呈现绘制、淡入、放大三者同时进行的动态效果。

9.5.2 模糊注释

模糊注释的功能是使一些敏感或隐私内容模糊显示。

在注释窗口中选择"特效"选项卡，从注释列表区选中"模糊"注释并双击，这样就在轨道上添加了一个模糊注释，同时在画布上也出现了一个模糊模块，在画布上用鼠标拖动模糊模块改变其位置，用鼠标拖动模糊模块边缘的圆句柄改变其大小。在"属性"窗口的"模糊"面板中设置模糊的强度数值为 100，并在轨道上调整注释播放的开始时间、结束时间，如图 9.25 所示，①轨道上模糊注释、②画布上模糊注释效果。

图 9.25　模糊注释

此外,模糊注释可以实现动态追踪。就是对模糊注释添加与要遮挡信息一样的动画效果,实现二者的同步运动。如在某一轨道上添加一张图片,在选项卡中选择"动画"选项卡并打开"动画"窗口,给图片添加一个动画,将播放头置于图片动画开始位置,缩小图片并将其置于画布左下角,用鼠标拖动动画的结束点,调整动画播放的时间长度,将播放头置于图片动画结束位置,并将图片置于画布右上角。这样,动画播放时图片就会从画布的左下角运动到右上角,实现图片的运用效果。复制该图片上的动画,然后粘贴到模糊注释,就实现了模糊注释动态追踪需要模糊信息的效果,效果如图 9.26 所示。

图 9.26　模糊注释动态追踪

9.5.3　聚光灯注释

聚光灯注释的功能是使一些内容突出显示,而聚光灯注释以外的区域则部分显示或不显示。

选择"注释"窗口的"特效"选项卡,在注释列表区中选择"聚光灯注释",用鼠标把"聚光灯注释"拖动到轨道上,完成"聚光灯注释"的添加。在画布上出现一个突显矩形块,用鼠标拖动突显矩形块改变其位置,用鼠标拖动突显矩形块边缘的圆句柄改变其大小,在"属性"窗口的"注释"面板中调整"强度"参数的数值为 60,则聚光灯注释区域内突出显示,注释区以外区域为部分显示。如果聚光灯注释的突显强度值为 0,则表示突显注释区域与其他区域显示强度相同,随着突显强度数值的增大,聚光灯注释区域显示的程度逐渐变亮,而其他区域逐渐变暗。当突显强度数值达到 100 时,则聚光灯注释以外的区域不显示。如图 9.27 所示,①突显强度值为 0、②突显强度值为 100。

图 9.27　聚光灯注释效果

9.5.4 按键注释

运用 CS 软件编辑视频时,同样能够设置组合键及热点,通过组合键来实现视频的交互跳转。

选择"注释"窗口的"按键标注"选项卡,从注释列表区中选择按键注释其中的一个,用鼠标把其拖到轨道上,在当前轨道上添加一个按键注释。单个按键或组合键的设置需要在"属性"窗口的"注释"面板中单击"键盘按键"后的文本框,使该文本框获得光标插入点,然后按键盘上的单一键或组合键,在文本框中就会显示相应的按键设置。选择轨道上的按键注释,在"属性"窗口的"注释"面板中的"样式"下拉列表框中选择其他几种按键注释,可以改变按键注释的外观。按键注释共有 4 种外观,如图 9.28 所示。

图 9.28　按键注释外观

9.5.5 图像添加注释

图像注释是指在图像(bmp、gif、png、jpg 等格式均可)上创建一个自定义的注释。一般给图像添加一段文字的注释较多,把文字注释调整到图像合适的位置上,从而起到对图像的解释、说明等作用。

制作图像注释。从"媒体箱"中把图像拖曳到某一轨道上,调整图像的播放时间、剪辑速度等;然后选择"注释"选项卡窗口中的"标注"选项卡,从注释列表区中选择文字注释并添加到轨道上;在画布上的文字注释框中输入文本,调整文字注释位置、大小等;在"属性"窗口的"注释"面板中设置文字的相关参数;把图片轨道、文字注释轨道组合,完成图像注释的制作。图像上的注释同样可以添加热点,实现视频的交互。

实例9.3　热点的应用

步骤 1:把 3 个视频文件(..\实例 9.3\1.avi、2.avi、3.avi)导入到"媒体箱"中,从"媒体箱"中依次把 3 个视频添加到轨道 1 上。

步骤 2:在选项卡窗口中选择"注释"选项卡,在打开的"注释"窗口中选择"标注"选项卡,从标注列表区中把文字标注添加到轨道 2 上,调整该文字标注的播放时长与 3 段视频总时长相等。在画布上给文字标注添加文本"剪辑 1",调整其在画布上的大小、位置。

步骤 3:选择"视觉效果"选项卡,把"交互功能/热点"效果添加到轨道的文字标注上;在"属性"窗口的"交互功能/热点"面板中选择"时间"单选按钮,设置时间参数为 00:00:00;00。

步骤 4:重复步骤 2、步骤 3 的操作,添加另外两个文字标注,并添加文本内容为"剪辑 2""剪辑 3";设置"交互功能/热点"效果的时间参数分别是 00:00:36;01、00:00:46;05。

效果如图 9.29 所示,①轨道上注释的排列、②画布上注释的排列。此实例生成的文件夹中的视频需要在浏览器中观看,观看过程中观看者用鼠标单击剪辑 1、剪辑 2、剪辑 3 热点区域,视频会跳转到相应时间位置处播放。

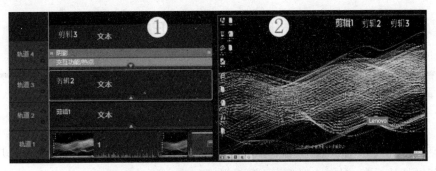

图 9.29 文字注释与交互功能/热点效果的运用

第 10 章 画中画

画中画是指视频主画面中套有小画面,小画面可以是一段视频、动画,也可以是一张图片(如网站的标志、制作人名字等)做成视频的水印。无论是添加的视频、动画还是图片,都起到对主视频的进一步解释、说明与宣传作用。

画中画制作的方法通常有三种。一是运用 CS 软件录制屏幕或 PPT 时,如果计算机安装有摄像头,在录制的同时通过摄像头获取外部实时画面,生成画中画。二是运用 CS 软件编辑视频时,添加文字标题等作为视频的水印。三是生成视频渲染过程中,为视频添加的图片生成水印。

10.1 录制生成画中画

运用 CS 软件的录像机录制计算机屏幕或 PPT 时,如果计算机安装了摄像头,用户在录制计算机屏幕的同时,还可通过摄像头录制计算机外部的实时画面。这样,录制完成并保存为"*.trec"文件后,运用 CS 软件再编辑该文件时,轨道上会有两个视频,一个是录制计算机屏幕的视频,一个是摄像头录制的外部实时画面视频,而且二者是同步的。

一般录制计算机屏幕的视频为主视频,而摄像头录制的外部实时画面为辅视频。要想使二者构成画中画效果,必须调整两个视频在画布上的摆放位置、大小,一般把辅视频调整为小画面并且放置于画布左(右)下角。

在 CS 软件主界面中单击工具栏的"录制"按钮,打开 CS 软件的录像机,此时摄像头的开关处于"摄像头 关"的状态,如图 10.1 所示。

图 10.1 录像机"摄像头 关"状态

当单击"摄像头 关"按钮后,按钮切换为"摄像头 开"的状态,如图 10.2 所示。此时按钮右侧出现预览窗口,预览窗口为摄像头获取到的外部画面,当把鼠标悬停于预览窗口上时,则出现大预览窗口,如图 10.3 所示。

图 10.2　录像机"摄像头 开"状态

图 10.3　大预览窗口

单击录像机中的"录制"按钮,开始视频的录制。录制完成后保存为"*.trec"文件,此文件可以运用 CS 软件进行进一步编辑。这种制作画中画的方法通常是讲解者录制 PPT 讲解视频的同时,把摄像头中讲解者的画面一同录制,而编辑时把讲解者的画面作为小画面,把录制的 PPT 的画面为主画面。

10.2　编辑生成画中画

编辑视频过程中,通过添加标注的方式对录制视频的版权信息、特殊说明、附加信息等进行描述,形成视频中的画中画。也可以把图片作为视频中的画中画,此图片一般使用透明的图片。还可以使用视频作为画中画,但使用视频时需要将视频中的音频静音。

制作时需要考虑到主视频画面所在轨道与水印画面所在轨道间的叠放顺序,应该使水印画面所在轨道在上,主视频画面所在轨道在下。

此种制作画中画的方法,操作方便、效果简单,但不是很美观。

10.3 渲染生成画中画

生成视频渲染过程中,为视频添加水印形成画中画效果也是一常用方法。添加的水印必须是一幅图像,图像文件类型包括"*.bmp、*.jpg、*.gif、*.png"4种格式。

在CS软件主界面工具栏中单击"分享"按钮,打开"生成向导"窗口,在窗口中选择"自定义生成设置"选项,单击"下一步"按钮,选择生成视频类型,继续单击"下一步"按钮,直至打开"生成向导"窗口,在"生成向导"窗口的"视频选项"窗口中勾选"包括水印"选项,如图10.4所示。勾选此复选框后,"选项"按钮和"图片路径"文本框才为可用状态。

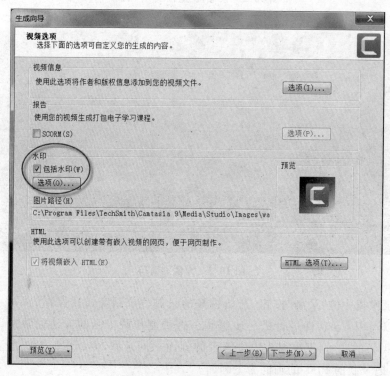

图 10.4 "生成向导"窗口

单击"选项"按钮,会弹出"水印"窗口,如图10.5所示。窗口中包括预览、图片路径、效果、缩放、位置5部分。单击"水印"窗口中的"预览"按钮,打开"水印预览"窗口,窗口中可以看到作为水印的图片效果。单击"图片路径"右侧的"打开"按钮,从资源管理器中找到要作为水印的图片并加载。

效果包括浮雕、使用透明颜色。当勾选"浮雕"选项后,需要设置浮雕的方向,单击"方向"下面的下拉列表框,从北、东北、东、东南、南、西南、西、西北8个列表项中选择其一,调整深度下面的水平滑块,改变浮雕的深度。当勾选"使用透明颜色"选项后,单击"颜色"按钮,设置透明的颜色,调整"透明度"下面的水平滑块,改变透明度。

"缩放"的内容设置包括保持图像大小、保持纵横比、使用平滑缩放、图像缩放,这些参数用于水印图片缩放的调整。

图 10.5 "水印"窗口

"位置"指图像位于视频中的位置,共有 9 个位置,分别是左上、上中、右上、左中、中、右中、左下、下中、右下,单击 9 个位置中的任意一个位置即选择该位置,同时窗口中该位置变为蓝色,通过调节水平偏移量、垂直偏移量的水平滑块,可在上述 9 个位置基础上做出位置的偏移微调。设置完毕,单击"确定"按钮,生成视频后即在指定位置出现图片水印。

第 11 章 标题与字幕

运用 CS 软件制作视频时,经常把图片、视频、音频等元素同文字结合使用,制作视频的片头剪辑、片尾剪辑、标题剪辑等。视频中为了给观众视觉上的帮助,提供解释,往往需要大量使用文本字幕。用户运用这些功能可轻松制作出非常专业、效果较佳的视频。

11.1 标 题

标题通常包括片头剪辑、片尾剪辑、标题剪辑。片头剪辑是给观众的第一视听感受,往往为视频的主标题;片尾剪辑一般为视频的设计者、制作者等信息;标题剪辑是指视频若干部分的每一小部分的标题。

11.1.1 片头、片尾剪辑

片头是一个视频的脸面,会给观众第一视觉印象,而片尾则是与视频相关的一些辅助信息。制作视频时设计出非常漂亮的片头很重要。CS 软件提供了大量制作片头、片尾的素材,用户合理运用这些素材,便可以轻松地制作出视觉效果极佳的片头、片尾,这些素材存放在 CS 软件的库中。

另外,用户还可以用其他软件自主设计,制作属于自己视频特色的片头、片尾。例如,使用 Flash 软件、PowerPoint(2010 以上版本)、万彩动画大师、AE 等,制作片头、片尾小视频,然后在 CS 软件中使用。用户还可到网络上下载大量的片头、片尾视频素材,用于视频片头、片尾的制作。

1. 添加片头、片尾

片头、片尾的视频素材来源于媒体箱和库,从媒体箱和库中添加媒体元素到轨道(画布)上的方法在前面已经介绍,用户参照相关章节操作即可。

2. 编辑片头、片尾

添加到轨道(画布)上的片头、片尾视频素材,往往只是一个背景元素,用户还要在此基础上添加、编辑自己所需的内容。片头或片尾的编辑包括图片编辑、文本编辑、音频编辑、视频编辑以及片头、片尾播放时长、视觉效果、行为效果、动画等。

一般来说,通过库添加的片头或片尾,大多由标注、图片、视频、音频等元素组成。如果需要对这些元素分别进行编辑,则在轨道中该片头或片尾上右击,在弹出的快捷菜单中选择"取消组合"命令,此时这些元素会分别占一个轨道。取消组合后的元素即可对其设置视觉效果、行为效果、动画等。通过导入外部媒体资源,导入到媒体箱中的媒体元素只能是单一的元素对象,添加到轨道(画布)上之后,可运用 CS 软件的视觉效果、行为效果、动画等功能,进一步地丰富其视觉效果。

片头、片尾视频中的文字,均需要使用文字注释来完成,同时要调整好每一个文字注释的视觉效果、行为效果、动画等,更要调整好每一个文字注释在整个片头、片尾中播放的开始、结束时间和时长等。

11.1.2 标题剪辑

制作视频的时候,经常把视频分为第一部分、第二部分、第三部分……,而每一部分之前往往需要有一个标题,我们把这个标题视频叫作标题剪辑。

1. 制作标题剪辑

制作标题剪辑实质就是综合运用图片、音频、视频等媒体元素,通过 CS 软件提供的视觉效果、行为效果、动画效果、转场效果、标注等制作一个片段视频,其重点是文字注释的运用。

制作好的标题剪辑,一般要把轨道上所有使用的媒体元素组合成为一个对象,然后保存于库中。一方面用于编辑视频时使用,另一方面也为快速编辑其他所需标题剪辑储备资源。同时,制作好的标题剪辑也会在媒体箱的视频类中显示出来。

2. 标题剪辑的应用

标题剪辑的应用通常有两种情况。一种情况是在某一段视频中插入标题剪辑,这样就需要在该段视频中选择一个时间点并将播放头定位于此,运用时间轴工具栏的"分割"命令,把该段视频分割为两段视频,然后把标题剪辑从媒体箱(或库)中拖曳到轨道相应位置上。另一种情况是原视频已经是两个独立的片段视频,就直接把标题剪辑从媒体箱(或库)中拖曳到两个视频之间的轨道上。

加载到轨道上的标题剪辑,同样还可以对其进行编辑,编辑的方法是在轨道中的该标题剪辑上右击,通过快捷菜单中的相应命令,对标题剪辑再次进行编辑和修改。

实例 11.1 片头制作

步骤 1:把运用万彩动画大师编辑的视频文件(..\实例 11.1\1.mp4)导入到媒体箱中,从媒体箱中把该视频添加到轨道 1 上。

步骤 2:在 CS 软件主窗口选项卡中选择"媒体"选项卡,打开"库"窗口并从"音乐曲目"文件夹中选择"视频游戏音乐",把该音频添加到轨道 2 上;对音频进行分割,取从 0:00:07;15 至 0:00:12;15 这一段音频;在轨道上把此段音频调整到与视频同时长。

步骤 3:选中音频所在轨道,单击"音频效果"选项卡,在打开的"音频效果"窗口中分别把"淡入""淡出"效果添加到轨道上,用鼠标拖动淡入的音频点到 10 帧处,拖动淡出的音频点到结束前 10 帧处;用鼠标拖动轨道音频上的"音量线",把音频音量调小一些。轨道上的效果如图 11.1 所示。

图 11.1　轨道上的效果

11.2　字　　幕

字幕指显示在视频上的文本,主要是在播放媒体资源时为观众提供视觉上的帮助或者是解释性的信息。此外,字幕还起到了为特殊群体提供帮助的作用,如听觉障碍观众,音频为非母语时提供母语字幕等。

11.2.1　窗口介绍

CS 软件对于字幕的管理非常方便,完成字幕的添加、编辑等需要在"字幕"窗口和"字幕编辑"窗口中进行,在 CS 软件主窗口中单击"字幕"选项卡,"字幕"窗口和"字幕编辑"窗口会同时打开,"字幕"窗口如图 11.2 所示,"字幕编辑"窗口如图 11.3 所示。

图 11.2　"字幕"窗口

图11.3 "字幕编辑"窗口

1. "字幕"窗口

"字幕"窗口包括脚本选项、字幕列表区、添加字幕按钮。脚本选项用来导入或导出字幕文件,包括同步字幕、导入字幕、导出字幕和语音转字幕4个功能。如果已经添加了字幕,则在"字幕"窗口的字幕列表区中会显示出每一条字幕,显示的内容包括该条字幕的开始时间、字幕的文本内容。"添加字幕"按钮用于一条一条地添加字幕。"字幕"窗口中可以快速地单击某一条字幕,从而选定该条字幕,"字幕编辑"窗口会与其同步。

2. "字幕编辑"窗口

"字幕编辑"窗口包括文本输入区、字幕编辑工具栏。文本输入区用于输入字幕文本,也可把其他软件中的文本复制后粘贴于其中。字幕编辑工具栏包括字体属性、ADA标准、持续时间、字幕选项、上一个字幕、下一个字幕、循环播放当前字幕、添加字幕。字体属性用于设置字幕文本的字符格式、颜色、对齐等,字幕选项用于对字幕进行分割、合并和调整持续时间等。

11.2.2 字幕的类型

这里所说的字幕是广义的字幕概念,CS软件添加的字幕从格式上可分为ADA字幕和自定义字幕,从效果上可分为动态字幕和静态字幕。

1. 按字幕格式分类

(1) ADA字幕。《美国残疾人法案》(ADA)是一个联邦反歧视法规,旨在让残疾人和正常人一样,享受同样的机会。许多国家、政府或教育机构,必须包含ADA兼容的视频字幕。CS软件按照这些标准提供了一个ADA的字幕功能。当打开"字幕编辑"窗口时,窗口左上角有ADA选项列表框,默认状态下该列表框为白色字符且已被勾选。如果改变了字符的格式,则该列表框字符为红色,并且列表框的列表项中列出更改属性,如图11.4所示。如果使用的是默认状态,在文本输入区中输入字幕文本后,则文本的字符格式自动为ADA标准格式,同时字幕添加在轨道播放头所在位置,字幕默认播放时间为4秒。

(2) 自定义格式字幕。用户编辑字幕时,可以不使用默认的ADA字幕,根据自己需要设置字幕的字符格式。当打开"字幕编辑"窗口时,字幕编辑工具栏左上角有"字体属性"按钮,单击该按钮会打开"文本样式"窗口,如图11.5所示,窗口中包括对文本样式、字体、颜色、大小、填充颜色、不透明度、对齐等参数设置。设置完字符格式后,在"字幕编辑"

窗口的文本输入区中输入字幕文本，在轨道播放头所在位置自动添加一个设定格式的字幕，字幕默认播放时间为 4 秒，这种字幕叫作自定义格式字幕。

图 11.4 ADA 标准字幕

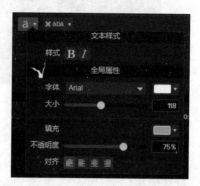

图 11.5 自定义格式字幕窗口

2. 按字幕效果分类

CS 软件编辑视频时，用户依据需要可在视频任何位置手动添加字幕。添加的字幕可以是静态字幕，也可以是动态字幕。

(1) 静态字幕。静态字幕是指视频播放时，字幕本身是静止显示。选择某一轨道，将播放头定位于需要添加字幕的位置，选择"字幕"选项卡，在打开的"字幕"窗口中单击"添加字幕"按钮，在"字幕编辑"窗口的文本输入区中输入字幕文本，设置字幕文本的格式。需要说明，每段字幕的文字在设定的字符大小下不得超过三行。如果超出了三行，超出部分将不在视频中显示。若需要显示则应将该字幕分割为两段字幕。

(2) 动态字幕。动态字幕是指在视频播放时，字幕是运动的。动态字幕需要运用标注和动画配合来制作。选择某一轨道，将播放头定位于需要添加动态字幕的位置；选择"注释"选项卡，从"注释"窗口中把文字注释添加到轨道上，参照第 9 章注释的内容设置该文字注释的文本内容、格式、参数等；选择"动画"选项卡，在打开的"动画"窗口中选择某一动画并添加到文字注释所在的轨道上，调整动画的播放与所对应的媒体播放长度相同，将播放头定位于动画起始点位置，把文字注释移至画布的右下侧。再将播放头定位在动画结束点位置，把文字注释移至画布的左下侧。这样播放此段动画时，即实现动态字幕效果（字幕从右下移动至左下）。

实例 11.2 动态字幕制作

步骤 1：把视频文件(..\实例 11.2\1.avi)导入到"媒体箱"中；从"媒体箱"中把该视频添加到轨道 1 上，在时间轴工具栏的缩放条上右击，在弹出的快捷菜单中选择"缩放到合适"命令。

步骤 2：在 CS 软件主窗口选项卡中选择"注释"选项卡，将播放头定位于视频开始处，在打开的"注释"窗口中选择文字注释并添加到轨道上，在画布上双击"文字注释"，输入视频中的第一句话的文本；选中画布上的"文字注释"，调整该注释在画布上的位置、大小，在"属性"窗口的"标注"面板中设置注释文字的大小、颜色等，如图 11.6 所示，①画布上文字注释的效果、②标注面板窗口中文字注释的设置。

图 11.6　画布上文字注释的效果

步骤 3：在 CS 软件主窗口选项卡中选择"动画"选项卡，在打开的动画窗口中选择"自定义"动画效果并把其拖到轨道的文字注释上；将播放头定位于动画开始处，在"属性"窗口的"视觉属性"选项卡中设置动画开始的 X 轴、Y 轴、Z 轴的坐标数值；再将播放头定位于动画结束处，在"属性"窗口的"视觉属性"选项卡中设置动画结束的 X 轴、Y 轴、Z 轴的坐标数值；在轨道上调整动画的播放时长，如图 11.7 所示，①动画开始时的坐标数值、②动画结束时的坐标数值、③轨道上动画开始、结束、时长效果。

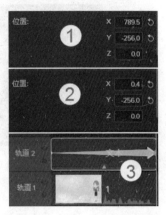

图 11.7　文字注释的动画设置

步骤 4：参照步骤 2、步骤 3 制作视频中第二句话的动态字幕。也可以把第一句话的动态字幕在轨道上复制后粘贴，然后对副本的文本内容更改，从而快速制作出第二句话的动态字幕。轨道上的效果如图 11.8 所示。

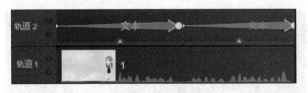

图 11.8　动态字幕轨道上的效果

11.2.3　字幕的操作

字幕的操作主要通过"字幕"窗口完成，包括添加字幕、分割字幕、同步字幕、导入字幕、导出字幕、语音转字幕等操作。

1. 添加字幕

在"字幕"窗口中单击"添加字幕"按钮，打开"字幕编辑"窗口，在文本输入区中输入字幕文本，此时"字幕"窗口中自动显示出一条字幕，即完成了一条字幕的添加。"字幕"窗口显示了该条字幕的开始时间、字幕内容。

2. 分割字幕

当在"字幕编辑"窗口的文本输入区中输入较多的字幕文本时,此时在"字幕"窗口生成一条字幕,但由于文本内容较多,画布上只显示当前字符格式下所能显示的文字数量,这时则需要把该条字幕分割为几条字幕,如图11.9所示,①字幕窗口、②画布上字幕的效果。"字幕"窗口文本区显示了字幕的全部文本内容(内容较多时右侧会有垂直滚动条),其中亮显示部分为当前字符格式下一条字幕能显示的文本内容。窗口中有一个"分割"按钮,单击"分割"按钮则对字幕进行分割,分割以亮显示部分为一条字幕,其余的文本分到下一条字幕,以此类推,完成字幕按需的分割。

图11.9 字幕窗口与画布

3. 同步字幕

同步字幕可以把大量的文本快速地制作成字幕。把 doc 文档或 txt 文档中的文本内容进行复制,在"字幕"窗口中单击"添加字幕"按钮,在打开的"字幕编辑"窗口的"文本输入区"中粘贴文本,则会在轨道上添加一段字幕。在"字幕"窗口中单击"脚本选项"按钮,在弹出的菜单中选择"同步字幕"命令,打开"如何同步字幕"窗口,如图11.10所示。

图11.10 "如何同步字幕"窗口

"如何同步字幕"窗口中提示,当用户单击"继续"按钮时,视频就会播放。视频播放过程中,当听到一句话结束后,在"字幕"窗口的文本显示区中单击下一句话开始的单词,就会创建一条新的字幕。重复这样的操作就会把全部文本分割为若干条新的字幕,并实现字幕与画面、音频的同步。播放过程中,还可以使用"暂停"和"停止"按钮来控制视频的播放。同步字幕过程中的字幕窗口如图 11.11 所示,实现同步字幕后的"字幕"窗口效果如图 11.12 所示。需要说明的是,在 doc 文档或 txt 文档中复制文本前,最好把标点符号全部删除,这样运用 CS 软件同步字幕的方法为视频添加字幕时,对生成后的每一条字幕就不用再次删除标点符号,节省大量字幕编辑的时间。

 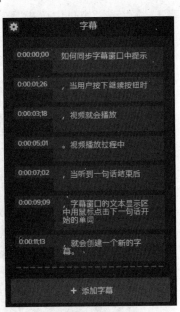

图 11.11　同步字幕过程中的"字幕"窗口　　图 11.12　同步字幕后的"字幕"窗口

如果对某一条字幕需要继续同步分割,则需要在"字幕"窗口中选定该条字幕,再次执行"同步字幕"命令,打开"字幕和音频同步"窗口,如图 11.13 所示。窗口有"从播放头位置开始""从开头处开始"两个选择,选择"从播放头位置开始"按钮,再次到"字幕"窗口中的文本显示区单击下一句话开始的单词,就会创建一条新的字幕,也就实现了该字幕的分割。

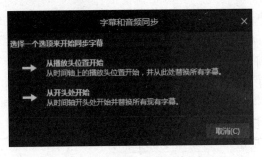

图 11.13　"字幕和音频同步"窗口

实例 11.3　同步字幕制作

步骤 1：把视频文件(..\实例 11.3\1.avi)导入到"媒体箱"中,从"媒体箱"中把该视频添加到轨道 1 上,在时间轴工具栏的缩放条上右击,在弹出的快捷菜单中选择"缩放到合适"命令。

步骤2：打开文本文件(..\实例 11.3\1.txt)，把文本全部复制。

步骤3：在 CS 软件主窗口的选项卡中选择"字幕"选项卡，在打开的"字幕"窗口中单击"添加字幕"按钮，在"字幕编辑"窗口的文本输入区中粘贴刚刚复制的文本。

步骤4：在"字幕"窗口中单击"脚本选项"按钮，在打开的菜单中选择"同步字幕"命令，参照图 11.11 所示，进行字幕的同步操作，生成的字幕在"字幕"窗口中的效果如图 11.14 中的①所示。

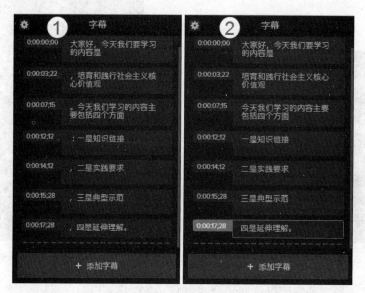

图 11.14 同步字幕后的字幕

步骤5：在"字幕"窗口中依次选择每一条字幕，在"字幕编辑"窗口中把标点符号删除，生成的字幕在"字幕"窗口中的效果如图 11.14 中的②所示。

4. 合并字幕

(1) 合并相邻的两条字幕。在"字幕"窗口中选中某一条字幕，在其上右击，在弹出的快捷菜单中包括"清除字幕文本""跟上一条字幕合并""删除所有字幕"3 个菜单项。单击"跟上一条字幕合并"命令，会把选中字幕与上一条字幕合并为一条字幕。

(2) 合并同一轨道上的所有字幕。如果要把多条字幕的内容合并到一条字幕文本框中，在"字幕"窗口中单击"脚本选项"按钮，在弹出的菜单中选择"同步字幕"命令，会打开如图 11.13 所示的窗口，在窗口中单击"从开头处开始"按钮，在"字幕"窗口中不进行字幕的分割，而单击"停止"按钮，则该轨道全部字幕合为一条字幕。

5. 导入字幕

CS 软件编辑视频的字幕时，能够运用外部的字幕文件。其支持外部字幕文件格式包括 srt、smi、sami 3 种文件格式。选择某一轨道并将播放头定位于要添加字幕的位置；在"字幕"窗口中单击"脚本选项"按钮，在弹出的快捷菜单中选择"导入字幕"命令，在"导入字幕文件"对话框中浏览并选择字幕文件，就会将字幕文件当中的字幕添加到时间轴的轨道上。

> 实例 11.4 导入字幕

步骤 1：把视频文件(..\实例 11.4\1.avi)导入到"媒体箱"中，从"媒体箱"中把该视频添加到轨道 1 上，把播放头定位于视频播放开始位置，在时间轴工具栏的缩放条上右击，在弹出的快捷菜单中选择"缩放到合适"命令。

步骤 2：用记事本程序编辑 srt 文件(..\实例 11.4\1.srt)，文件内容如图 11.15 所示。

步骤 3：在 CS 软件主窗口中选择"字幕"选项卡，在"字幕"窗口中的"脚本选项"中选择"导入字幕"命令，在"导入字幕文件"对话框中选择(..\实例 11.4\1.srt)文件，单击"打开"按钮，字幕文件中的内容就会添加到轨道 2 上，同时"字幕"窗口显示出全部字幕。

图 11.15　同步字幕的文件内容

6. 导出字幕

CS 软件编辑视频的字幕时，同样能够把软件中编辑的字幕导出为外部的字幕文件。导出的字幕文件格式包括 srt 和 smi 两种格式。外部字幕文件可以运用相关的字幕编辑软件对其内容进行编辑，如：SrtEdi 软件。选择字幕所在轨道，在"字幕"窗口中单击"脚本选项"按钮，在弹出的菜单中选择"导出字幕"命令，在"导出标题文件"窗口中设置文件保存名称、保存路径，单击"保存"按钮，即可将当前轨道上的字幕保存为字幕文件。

7. 语音转字幕

（1）语音转字幕简述。录制好的视频，有时需要把讲解的声音内容生成字幕，实现字幕与音频同步。CS 软件提供了语音转字幕的功能，能够从声音或轨道上的音频中自动识别语言内容并创建字幕。如果运用软件进行语音识别精度训练，识别的精度会更高。

这里需要说明的是，CS 软件的语音转字幕功能需要操作系统的语音引擎。Windows 7 操作系统的语音引擎是操作系统的一部分，安装操作系统时都会安装语音引擎，所以在 Windows 7 系统中安装 CS 软件后，其语音识别功能就可用。对于 Windows XP 系统来说，往往没有安装语音引擎，需要用户从网上下载语音引擎 5.1 版本并安装到电脑中，这样在 CS 软件才能够运用其语音转字幕功能。语音识别过程中，在字幕中不区分大小写，不添加标点符号。

（2）语音识别精度的训练。由于每个人说话速度、用词风格等存在较大差异，因此给语音识别带来了较大的困难，或者说语音识别的准确率就比较低，为了提高语音识别精度，必须经过语音识别的训练。

在"字幕"窗口中单击"脚本选项"按钮，在弹出的菜单中选择"语音转字幕"命令，打开

"语音转字幕"窗口,如图11.16所示。"语音转字幕"窗口中有一些提示,以帮助用户确保音频自动生成的字幕尽可能准确。内容主要包括3个方面。

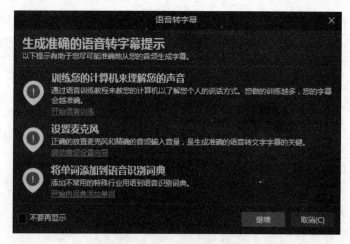

图11.16 "语音转字幕"窗口

训练您的计算机来理解您的声音。经过声音训练,计算机会了解用户个人讲话的方式、语速、用词等,这样会更精准地识别讲话的内容。单击"开始语音训练"链接,打开"语音识别语音训练"窗口,单击"下一页"按钮进入训练,系统将一次显示一行文本,如图11.17所示,读完一行后将自动显示下一行,直至完成全部训练。

图11.17 "训练文本"页面

设置麦克风。语音转字幕实现字幕与音频的同步,在此过程中需要充分考虑音频的声音是通过外置麦克风,还是通过计算机内部线路(也就是立体声混音)来获得。这需要在 Windows 操作系统下调整录音设备的来源，也可以在 CS 软件中启动"音频设置向导"。在图 11.16 所示窗口中单击"启动音频设置向导"链接，打开"麦克风设置向导"对话框，从对话框中选择录音设备并依据提示完成录音设备的设置，如图 11.18 所示。

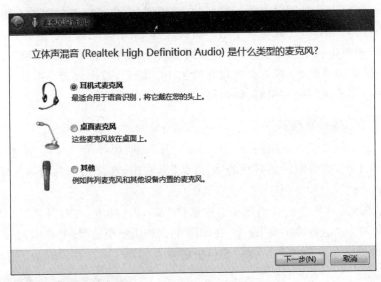

图 11.18 "麦克风设置向导"对话框

语音字典。进行语音转字幕之前，还可以将一些新字、词添加到 CS 软件的语音字典中。在图 11.16 所示窗口中单击"开始向词典添加单词"链接，打开"语音字典"对话框，如图 11.19 所示。对话框中包括"添加新字词""阻止听写某个字词"两个选项。用户依据需要进行选择并根据提示完成新字词的添加；同时，如果有经常性听写错误的词，还可以通过"阻止听写某个字词"并依据提示将某个字词禁止听写来提高其准确性。

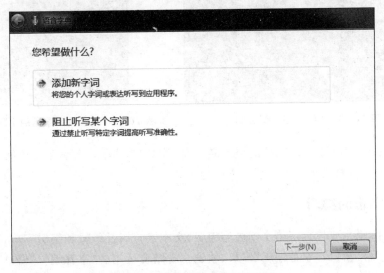

图 11.19 "语音字典"对话框

(3)语音转字幕。完成前期准备工作,即可开始语音转字幕的工作。选定音频所在轨道,在"字幕"窗口中单击"脚本选项"按钮,在弹出的菜单中选择"语音转字幕"命令,打开"语音转字幕"窗口,如图11.20所示。

语音转字幕可以是时间轴上的所有音频、视频媒体,也可以是时间轴上用户选取的片段音频、视频媒体。因此,在此窗口中用户需要选择"整个时间轴"或"选择媒体"二者之一并单击"继续"按钮进入下一个窗口,随后分别出现"准备音频转录"窗口和"转到录音频文本"窗口。当转录完成后,字幕就会出现在轨道上。最后,双击轨道上某个字幕,在"字幕编辑"窗口对该字幕进行内容校对、编辑格式、添加标点符号等。

实例11.5 语音转字幕

步骤1:把音频文件(..\实例11.5\1.mp3)导入到"媒体箱"中,从"媒体箱"中把该音频添加到轨道1上,在时间轴工具栏的"缩放条"上右击,在弹出的快捷菜单中选择"缩放到合适"命令。

步骤2:在CS软件主窗口的选项卡中选择"字幕"选项卡,在打开的"字幕"窗口中单击"脚本选项"中的"语音转字幕"命令,在如图11.20所示中选择"整个时间轴",开始语音转字幕。生成的字幕在轨道和"字幕"窗口中的效果如图11.21所示。

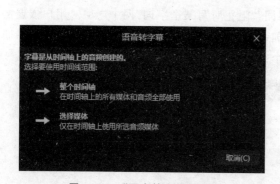

图11.20 "语音转字幕"窗口

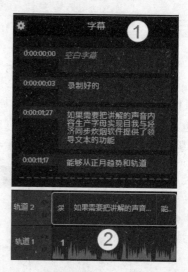

图11.21 语音转字幕后的字幕窗口与轨道

步骤3:没有经过语音训练的语音转字幕,生成的字幕准确率会比较低,在"字幕编辑"窗口中进一步修改每一条字幕文本内容。

11.2.4 字幕的编辑

字幕的编辑主要包括字幕文本内容编辑、文本字符属性编辑和编辑字幕,字幕的编辑往往需要"字幕"窗口、"字幕编辑"窗口、轨道三者结合运用。"字幕编辑"窗口包含的操作如图11.22所示。

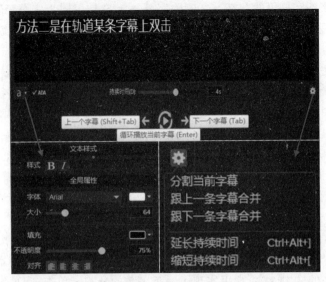

图 11.22 "字幕编辑"窗口

1. 字幕文本内容的编辑

添加字幕后,"字幕"窗口中会显示出每一条字幕文本框的内容。字幕较多时,窗口右侧会自动显示垂直滚动条。用户若要修改某条字幕的内容,方法一是在"字幕"窗口中单击该条字幕的文本框,此时在"字幕编辑"窗口的该条字幕所在文本框中获得光标焦点,即可对文本进行修改;方法二是在轨道某条字幕上双击,"字幕编辑"窗口中该字幕文本框即获得光标焦点,此时也可以修改文本框中的内容。

2. 文本字符属性编辑

文本字符属性包括文本样式和填充效果。在"字幕编辑"窗口中单击"字体属性"按钮,打开"文本样式"窗口,窗口中包括文本个性设置,实现字幕的突出显示,如字符的粗体、斜体。"全局属性"设置包括字符的字体、字号、增大字号、减小字号、字符的颜色、字幕填充背景颜色、不透明度、字符对齐等。

3. 编辑字幕

编辑字幕主要指选择字幕、复制(粘贴、删除)字幕、分割字幕、合并字幕、更改字幕持续时间、移动字幕、生成视频时隐藏(或烧录)字幕等。

(1) 选择字幕。"字幕编辑"窗口中选择字幕的方法是使用"字幕编辑"窗口的工具栏,如图 11.22 所示,工具栏中有"上一个字幕""下一个字幕"两个按钮,单击其中一个按钮就可改变当前编辑的字幕。当然,在轨道上和"字幕"窗口中同样可以选定某一条字幕。

(2) 删除字幕。字幕的删除包括字幕文本删除和字幕删除。①字幕文本的删除。字幕文本的删除有三种方法,其一是在"字幕"窗口中选中某一条字幕,在该条字幕上右击,在弹出的快捷菜单中选择"清除字幕文本"命令,该条字幕的文本就被删除。其二是在轨道上选择某条字幕,在其上右击,在弹出的快捷菜单中选择"清除字幕文本"命令。其三是在"字幕编辑"窗口中选取文本框中的内容,按 Delete 键。上述三种方法只是删除了字幕的文本内容,但该条字幕仍然存在。②删除字幕。无论是用同步字幕(语音转字幕)的方法还是用添加字幕的方法添加的字幕,它们都是一个字幕组。因此,在轨道上选择某一条字幕,右击,在弹出的快捷菜单中选择"删除"命令,或者在"字幕"窗口中选中某一条字幕,右击,在弹出的快捷菜单中选择"删除所有字幕"命令,都会把字幕全部删除。如果用户就需要删除某一条字幕,则必须使用时间轴工具的"分割"命令对字幕组进行分割(此分割与字幕内容的分割是不同的概念),才可得到单独的一条字幕,然后进行删除。复制字幕、粘贴字幕的操作可以是字幕组,也可以是单独的一条字幕。

(3)移动字幕。移动字幕主要是指移动字幕在轨道上的位置。如果是字幕组,只能对整个字幕组在轨道上进行位置的移动;如果是分割成单条的字幕,则可移动该条字幕在轨道上的位置。移动的方法是将鼠标移动到字幕上,按住鼠标左键在轨道上左右拖动。

(4)分割与合并字幕。单击"字幕编辑"窗口右下角的"字幕选项"按钮,在弹出的快捷菜单中选择"分割当前字幕"命令,会产生当前正被编辑字幕的一个副本,然后分别编辑原字幕、副本字幕的文本内容,即可实现了一条字幕的分割。单击"字幕编辑"窗口右下角的"字幕选项"按钮,在弹出的快捷菜单中选择"跟上一条字幕合并"(或"跟下一条字幕合并")命令,会把两条字幕合二为一。

(5)更改字幕持续时间。无论是运用同步字幕,还是运用手动字幕方式创建的字幕,在轨道上都是有一定播放时间,默认每条字幕的持续时间为4秒(该时间通过CS软件的"编辑"菜单的"首选项"命令,在打开的"首选项"窗口中可以改变)。如果需要调整某一字幕的播放时间,可将鼠标移动到该字幕的开始位置或结束位置,按住鼠标的左键左右拖动,来调整它的开始时间或结束时间,就会使该字幕播放的时间长度发生改变。"字幕编辑"窗口中同样可以改变字幕的持续时间,一是拖动工具栏中的持续时间右侧水平滑块来调整持续时间,二是单击窗口右下角的"字幕选项"按钮,在弹出的快捷菜单中选择"延长持续时间"(或"缩短持续时间")命令。

(6)生成视频时隐藏(或烧录)字幕。编辑完视频以后,生成视频时可隐藏(或烧录)字幕,隐藏字幕则视频中不显示字幕,但不会删除字幕,烧录字幕是指字幕显示于视频中(也就是字幕可见)。字幕显示或隐藏的控制,在生成视频过程中的"生成向导"窗口的"Smart Player选项"页面中进行设置,如图11.23所示。选择"选项"选项卡,勾选"字幕"选项,在"字幕类型"右侧的下拉列表框中有"关闭字幕""烧录字幕""视频底部字幕"三个选项,依据需要选择相应选项。

实例11.6 编辑字幕

步骤1:打开CS软件编辑的项目文件(..\实例11.6\1.tscproj)。

步骤2:在时间轴上双击字幕轨道,打开"字幕编辑"窗口,在窗口的工具栏中单击"字体属性"按钮,打开"字幕文本样式"窗口并设置字符颜色为红色、字体大小为35、填充颜色为白色、填充颜色的不透明度为0,如图11.24所示。

实例11.7 生成带有字幕的视频

步骤1:打开CS软件编辑的项目文件(..\实例11.7\1.tscproj)。

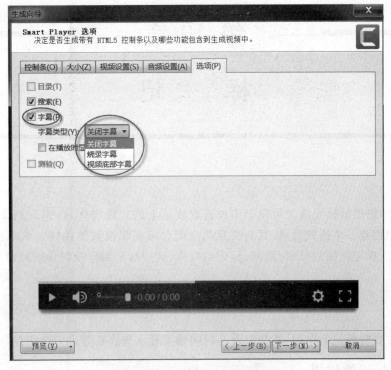

图 11.23 "Smart Player 选项"页面

图 11.24 字幕字体属性编辑

步骤 2：在 CS 软件主窗口工具栏中单击"分享"按钮开始生成视频。当进行到"生成向导"窗口的"Smart Player 选项"页面时，选择"选项"选项卡，勾选"字幕"选项，并在"字幕类型"右侧的下拉列表框中选择"烧录字幕"选项。这样生成的视频中就会显示字幕。

第 12 章 标 记

CS 软件提供的标记功能可便于用户选取轨道上的片段媒体、快速分割媒体,也可给制作的视频创建一个播放目录,其与交互热点配合可实现视频的跳转。本章将介绍标记的基本知识、标记视图的显示/隐藏、标记的操作、运用标记制作视频导航目录等。

12.1 标 记 概 述

本节主要对标记的作用、类型以及在时间轴上显示与隐藏等进行介绍。

12.1.1 标记的作用

CS 软件提供的标记,在编辑视频中主要有四个方面的功能,分别是配合播放头快速选择片段媒体,配合分割命令快速分割多条轨道上的媒体,配合交互热点实现视频的跳转,创建视频导航目录。

1. 选取片段媒体

用户若对某一段媒体进行编辑时,需要精确选定这一段媒体。运用添加标记的方法同样能够完成片段媒体的精确选择。在时间轴的标尺上片段媒体起始位置、终止位置分别添加标记,当用鼠标拖动播放头的选择起点或选择终点时,按钮接近标记时会自动吸附上去,从而完成两标记间媒体的选择。

2. 快速分割媒体

用户如果需要将一段特别长的视频媒体快速分割为若干个媒体片段,运用添加标记的方法设置分割点,然后一次性地快速将视频截为多个视频。另外,如果用户需要把多条轨道上的媒体元素一次性地从某个时间点上分割,只需在该时间点处添加时间轴标记,再配合分割功能,即可完成一次性分割多条轨道上的多个媒体元素。

3. 创建视频导航

为使编辑出的视频便于用户随机观看,也就是说,用户可以随机观看视频的某一片段。为达到此目的,CS 软件提供了在编辑视频时创建片段视频导航目录的功能,该功能就是通过在片段视频前添加标记并给标记命名来实现的。给不同片段的视频添加标记后,在生成视频过程中进行相关的设置,就会在生成的视频中形成视频导航目录。

另外,把标记与交互热点二者结合使用,同样能够实现片段视频间的跳转。

12.1.2 标记的显示与隐藏

1. 标记的显示

CS 软件主界面中,默认情况下标记视图是关闭状态,也就是标记轨道处于隐藏状态。打开标记视图的方法有两种:一是使用 Ctrl+M 组合键,按下此组合键,标记视图打开,再次按下此组合键,标记视图关闭;二是单击时间轴左上角的"显示或隐藏测验或标记"按钮,在打开的下拉菜单中勾选"标记"选项,则"标记"视图打开,如图 12.1 所示,红色框内为标记轨道。

图 12.1 显示/隐藏标记视图按钮

2. 标记的隐藏

完成标记添加后,即可隐藏标记视图。隐藏标记视图的方法有两种:一是使用 Ctrl+M 组合键隐藏标记视图;二是在标记轨道上右击,并在弹出的快捷菜单中选择"隐藏标记轨道"命令,如图 12.2 所示。

图 12.2 隐藏标记轨道的菜单

12.1.3 标记类型

标记分为时间轴标记和媒体标记。时间轴标记是指在标记轨道上创建的标记,此类标记对时间轴上的所有轨道均起作用。媒体标记是指在时间轴的某一轨道上创建的标记,此种标记方便对某一个轨道操作。两类标记的应用是全部轨道与个别轨道的关系。

12.2 标记的操作

本节将介绍在录制视频和编辑视频时添加标记的方法,以及标记的移动、删除等操作。另外,还会介绍运用标记进行媒体选择、媒体分割等内容。

12.2.1 添加标记

CS软件提供了非常便捷的添加标记的方法,用户在视频录制、视频编辑过程中均可以添加标记。

1. 录制视频中添加标记

CS软件录制视频主要包括记录屏幕和录制幻灯片。录制屏幕时,用户根据需要来添加标记,标记添加后还可在编辑视频时进行修改;录制幻灯片时,用户可在每张幻灯片间添加标记,也可根据需要来添加标记,添加的标记同样可在视频编辑中修改。

使用CS软件的录像机录制视频时,如果录制工具栏窗口处于打开状态,单击"录制工具栏"窗口中的"增加标记"按钮,会在录制视频的该时间点处添加一个标记;无论"录制工具栏"窗口打开与否,录制过程中按下Ctrl+M组合键,都会在该时间点处添加一个标记,在"视频编辑"窗口的时间轴上可查看标记。此种方法添加的标记是媒体标记,也就是说在编辑该媒体时,该媒体所在轨道上边界处会出现一个蓝色标记块。

2. 编辑视频中添加标记

(1) 隐藏标记视图下添加标记。编辑视频时,默认情况下标记视图是关闭状态,此时添加标记的方法有两种。一是在视频处于播放状态时,按下Shift+M组合键,则在播放头所在位置处添加一个标记,同时"标记"视图自动打开,视频播放中再次按下Shift+M组合键,继续添加标记。二是选择"修改"菜单中的"标记"子菜单的"添加时间轴标记"命令,此时播放头所在位置会添加一个标记。上述方法添加的均为时间轴标记,如图12.3所示。

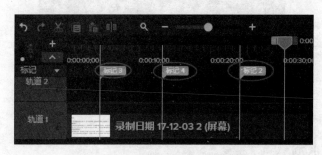

图12.3 隐藏标记视图下添加标记

(2) 显示标记视图下添加标记。添加时间轴标记。显示标记视图状态下,将鼠标悬浮于标记轨道上,左右移动鼠标,此时会出现一个蓝色带有加号(+)的菱形标记图标,在需要添加标记的地方,单击即可创建标记。此时创建的是时间轴标记,其在标记轨道上显示为蓝色,如图12.3所示。

显示标记视图状态下,将鼠标悬浮于某一轨道上部的标记条上,左右移动鼠标,此时会出现一个蓝色带有加号(+)的菱形标记图标,在需要添加标记的地方,单击即可创建标记。此时创建的是媒体标记,其在该轨道上边界显示为蓝色,如图12.4所示。

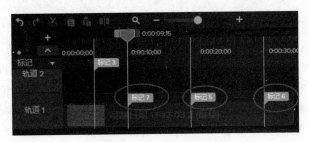

图 12.4 媒体标记

实例 12.1 添加标记

步骤 1：把 3 个视频文件（..\实例 12.1\1.avi、2.avi、3.avi）导入到"媒体箱"中，从"媒体箱"中把这 3 个视频依次添加到轨道 1 上。

步骤 2：按下 Ctrl＋M 组合键，打开"标记"视图。

步骤 3：在时间轴上把播放头定位于 1.avi 与 2.avi 的交界处，在标记轨道上单击，在播放头所在位置添加一个时间轴标记。用同样的方法在 2.avi 与 3.avi 的交界处添加一个时间轴标记，如图 12.5 所示。

步骤 4：在时间轴上选中轨道上的 1.avi 视频，把鼠标移到轨道上部的标记条上的某一时间点处，单击添加一个媒体标记，如图 12.5 所示。

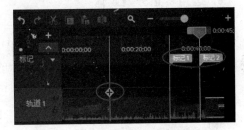

图 12.5 时间轴标记与媒体标记

12.2.2 标记的其他操作

1. 标记的选择

标记的操作同样遵循先选定后操作的规则，选择一个标记、多个连续的标记、多个不连续的标记等操作，与 Windows 操作系统资源管理器中文件的选择相同，在此不多陈述。

2. 标记的移动

移动标记需要在"标记"视图打开的状态下进行。无论是时间轴标记还是媒体标记，其移动方法是相同的，将鼠标移动到时间轴标记或媒体标记上，按住鼠标左键向左右拖动，标记就会改变位置。

3. 标记的删除

对于没有用的标记可以删除，包括时间轴标记和媒体标记。删除一个标记需要在"标记"视图打开状态下操作，方法是选中要删除的标记并在其上右击，在弹出的快捷菜单中选择"删除"命令或直接按 Delete 键。删除所有标记，可以在"标记"视图关闭状态下操作，方法是选择 CS 软件"修改"菜单的"标记"子菜单中的"删除所有标记"命令；也可以在"标记"视图打开状态下操作，方法是把所有标记选中，然后在某一标记上右击，在弹出的快捷菜单中选择"删除"命令。

4. 标记的重命名

给标记命名,不仅使用户通过标记名称会初步知道此片段的内容,方便片段媒体的选择,还可以在生成视频中起到视频导航目录的作用。添加的标记(包括时间轴标记和媒体标记),其名称将会成为生成的视频导航目录的名称,因此准确地给标记命名对于用户随机观看不同片段视频有着重要意义。标记命名的方法是,选择某一个标记并在其上右击,在弹出的快捷菜单中选择"重命名"命令,此时标记名称文本框中光标插入点闪动,用户输入新的标记名称即可。

5. 运用标记选择片段媒体

运用标记能够快速、准确地选择片段媒体,在某一个标记上双击,播放头会自动移到此标记处,用鼠标拖动播放头的选择终点滑块向下一个标记移动,当靠近下一个标记时此滑块会自动吸附上去,完成一个片段媒体的选择。

6. 运用标记分割媒体

加载到某一轨道上的媒体,运用标记可以快速将其分割为若干片段媒体。在时间轴上添加几个标记,执行 CS 软件"编辑"菜单中的"分割所有"命令,则会把该轨道上的媒体从所有标记处分割开。加载到多条轨道上的媒体,运用标记可以一次性地对这些轨道的媒体从某一时间处全部分割开,方法是执行"修改"菜单的"标记"子菜单中的"分割所有标记"命令。

实例 12.2 标记的操作

步骤 1:打开项目文件(..\实例 12.2\1.tscproj),在 1.avi 片段媒体上添加两个媒体标记。

步骤 2:把时间轴标记 1、标记 2 选中,在其上右击,在弹出的快捷菜单中选择"删除"命令。

步骤 3:执行"修改"菜单的"标记"子菜单中的"分割所有标记"命令,把 1.avi 片段媒体分割为三部分。

12.3 视频导航目录

运用 CS 软件编辑完毕的视频,已经添加了标记并对标记进行了准确命名。如何运用标记在生成的视频中产生视频导航目录呢?下面来说明实现的方法。

单击 CS 软件工具栏中的"分享"按钮,在弹出的菜单中选择"本地文件"命令,打开"生成向导"窗口,如图 12.6 所示。

在"生成向导"窗口中选择"自定义生成设置"选项,单击"下一步"按钮进入下一个页面,选择生成视频的文件格式。例如,选择默认的 MP4 格式,如图 12.7 所示。

继续单击"下一步"按钮,进入"Smart Player 选项"页面,如图 12.8 所示,在此页面中选择"选项"标签并勾选其中的"目录"选项。

继续单击"下一步"按钮,进入"标记选项"页面,如图 12.9 所示。此页面中包括"目录""显示选项"两部分内容的设置。"目录"包括"标记条目数量""最初可见目录"两个复

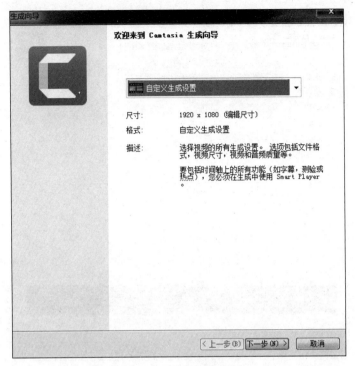

图 12.6 "生成向导"窗口

图 12.7 生成视频文件格式选择

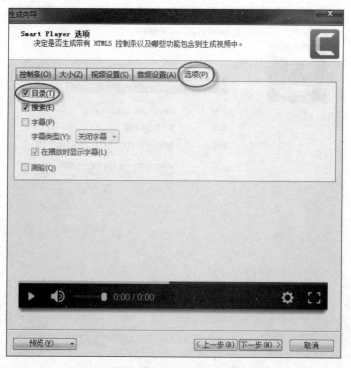

图 12.8 "Smart Player 选项"页面

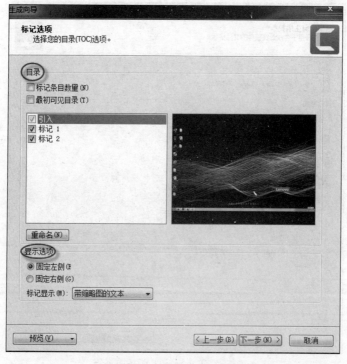

图 12.9 "标记选项"页面

选框，用户根据需要进行选择；"目录"还包括一个列表框，其中列出了编辑视频时添加标记的名称，若用户选择其中之一，则在右侧预览窗口中显示该标记点的视频，单击"重命名"按钮可改变该标记的名称。"显示选项"包括"固定左侧""固定右侧""标记显示"三部分。"固定左侧"或"固定右侧"的选择决定生成视频导航目录在视频中的位置。"标记显示"右侧的下拉列表框中有三个选项，包括"带缩略图的文本""仅文本""仅缩略图"，用户根据需要进行选择。窗口左下角还有一个"预览"按钮，单击该按钮可预览当前的设置效果。

在窗口中继续单击"下一步"按钮，最终完成视频的渲染。视频渲染完成后会生成一个文件夹，此文件夹中包含 *.mp4 文件、*.xml 文件、*.html 文件等，运用浏览器打开 *.html 文件，浏览器中就可以看到生成的视频中有视频导航目录。单击某一个目录，就会切换到对应位置播放视频。

实例 12.3 视频导航目录制作

步骤 1：打开项目文件(..\实例 12.3\1.tscproj)，在 1.avi 片段媒体前添加一个媒体标记。

步骤 2：单击 CS 软件工具栏中的"分享"按钮，在弹出的菜单中选择"本地文件"命令，打开"生成向导"窗口开始生成视频。

步骤 3：在"生成向导"窗口的"Smart Player 选项"页中选择"选项"标签，并勾选其中的"目录"选项。

步骤 4：在"生成向导"窗口的"标记选项"窗口中，把标记 1、标记 2、标记 3 的名称分别改为剪辑一、剪辑二、剪辑三。在"显示选项"下选择"固定右侧"，在"标记显示"右侧的下拉列表框中选择"带缩略图的文本"选项，如图 12.10 所示，单击"下一步"按钮生成视频。

图 12.10 "标记选项"页面

第 13 章 测 验

测验是指通过设置相关的测验题,检验学员观看视频后的学习效果。本章主要介绍测验的有关知识,其中包括测验视图、测验操作、测验编辑、测验发布和测验在浏览器中的观看以及如何通过电子邮件收到测试结果等。

13.1 测验视图

测验视图是 CS 软件制作测验时必须使用的视图。因此,制作测验前必须熟悉该视频的显示和隐藏操作。

13.1.1 显示测验视图

默认情况下,"测验"视图处于关闭状态。打开"测验"视图的方法有以下两种。一是使用 Ctrl+Q 组合键,二是单击时间轴上的"显示或隐藏测验或标记"按钮,在下拉菜单中勾选"测验"选项,如图 13.1 所示。

"测验"视图处于显示状态时,不仅会在轨道上方打开,而且所有加载了媒体的轨道上方均显示出一条添加测验的区域(叫做测验条),当鼠标悬停在某一轨道测验条区域时,会出现一个带有加号(+)的绿色圆与一条绿色直线,此时单击则在该轨道上添加了一个测验,如图 13.2 所示。

图 13.1 显示或隐藏测验或标记轨道按钮

图 13.2 测验视图打开状态的轨道

13.1.2 隐藏测验视图

当添加完测验后,即可隐藏测验视图,隐藏测验视图的方法有三种。一是使用 Ctrl+Q 组合键;二是单击时间轴上的"显示或隐藏测验或标记"按钮,在下拉菜单中取消勾选"测验"选项;三是在"测验"视图轨道上右击,在弹出的快捷菜单中选择"隐藏测验轨道"命令,如图 13.3 所示。

图 13.3 隐藏测验视图设置

13.2 测验操作

本节主要介绍测验的类型以及测验的添加、移动、删除等操作。

13.2.1 测验的类型

1. 时间轴测验与媒体测验

测验分为时间轴测验和媒体测验两种,时间轴测验对所有轨道上的媒体均起作用,而媒体测验只对单一轨道上的媒体起作用。

时间轴测验添加在测验轨道上,该轨道与其他轨道在形态上不同,是一条较窄的轨道,而且不可用轨道命令对其进行操作,在视觉上轨道只有测验标识。添加到时间轴上的测验,无论在其他轨道上对媒体进行移动、删除等操作,都不影响时间轴测验;但时间轴测验不能与其他轨道上的媒体一同添加到库中。

媒体测验添加在某一个轨道上,其实质是与该轨道上的媒体共用一个轨道,只是在轨道上方增加了一个测验条,用来承载测验标识。在轨道上对媒体进行删除、复制、粘贴、组合等操作,都会对添加到该轨道上的媒体测验起作用;而且如果将媒体保存到库,则测验也一同随媒体保存。

时间轴测验、媒体测验在测验轨道上或轨道的测验条上都显示为绿色的"测验块",如图 13.4 所示,①时间轴测验、②媒体测验。

2. 时间轴测验与媒体测验的转换

媒体测验和时间轴测验可相互转换。例如,将媒体测验转换为时间轴测验,将鼠标悬停于某个媒体测验上,沿着媒体测验的绿色线向上移动到测验轨道上,此时出现一个带有加号(+)的绿色圆与一条绿色直线的测验标识,单击即将媒体测验转换为时间轴测验。转换前后的对比如图 13.5 所示,①媒体测验、②时间轴测验。

图 13.4　时间轴测验与媒体测验

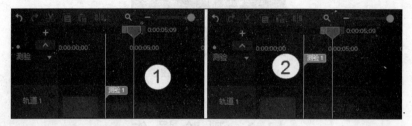

图 13.5　媒体测验转换为时间轴测验

13.2.2　测验的操作

1. 添加测验

（1）隐藏测验视图

在"测验"视图关闭状态下,添加时间轴测验的方法有两种。一是在视频播放时,按下 Shift+Q 组合键;二是用鼠标拖动播放头到某一位置,再按下 Shift+Q 组合键,这样均会在播放头所在位置添加一个时间轴测验。

（2）显示测验视图

在显示"测验"视图状态下,添加测验前需要打开测验轨道。在测验轨道打开的状态下,添加时间轴测验的方法是将鼠标悬停在测验轨道上并沿着测验轨道左、右移动,会出现一个带有加号(+)的绿色圆与一条绿色直线标识,单击即可创建一个时间轴测验,如图 13.6 所示。同样,将鼠标悬浮在编辑媒体轨道的测验条上,并沿着测验条左、右移动,会出现一个带有加号(+)的绿色圆与一条绿色直线标识,在需要添加测验的地方单击即可创建一个媒体测验。

图 13.6　时间轴测验

2. 移动测验

移动测验需要在测验视图处于打开状态下进行，无论是时间轴测验还是媒体测验，用鼠标选中某一测验，按住鼠标左键沿着测验轨道或媒体轨道上的测验条左、右拖动，即可实现测验位置的移动。

3. 删除测验

删除测验同样需要在"测验"视图处于打开状态下进行。删除一个测验的方法是选中要删除的测验并右击，在弹出的快捷菜单中选择"删除"命令或者直接按 Delete 键。删除所有时间轴测验的方法是在测验轨道上右击，在弹出的快捷菜单中选择"删除所有时间轴测验"命令，则会把全部时间轴测验删除。删除所有媒体测验的方法是在媒体轨道上选中所有媒体测验，右击，在弹出的快捷菜单中选择"删除"命令。

4. 重命名测验

在"测验"视图处于打开状态下，选择要重命名的测验并右击，在弹出的快捷菜单中选择"重命名"命令，在"属性"窗口中打开"测验选项"窗口，在窗口的"测验名称"后面的文本框中输入测验的新名称，如图 13.7 所示。

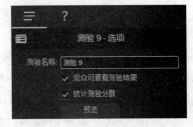

图 13.7　测验选项窗口

实例 13.1　添加测验

步骤 1：把三个视频文件（..\实例 13.1\1.avi、2.avi、3.avi）导入到"媒体箱"中，从"媒体箱"中把它们依次添加到轨道 1 上。

步骤 2：按 Ctrl+Q 组合键，打开"测验"视图。

步骤 3：把鼠标悬停于测验轨道上并移至 1.avi 视频与 2.avi 视频交界处，单击添加一个时间轴测验。用同样的方法给 2.avi 视频与 3.avi 视频交界处添加一个时间轴测验，并在 3.avi 视频后面添加一个时间轴测验。

步骤 4：选中测验 1 并在其上右击，在弹出的快捷菜单中选择"重命名"命令，打开"测验"选项窗口中，把测验 1 的名称改为"媒体一的测验"，用同样方法把另外两个测验的名称分别改为"媒体二的测验"和"媒体三的测验"。

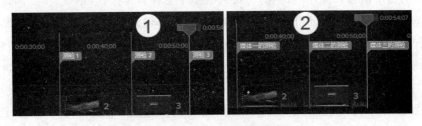

图 13.8　添加测验并重命名

13.3 测 验 编 辑

添加到轨道上或媒体上的时间轴测验和媒体测验,还只是一个测验的标识,并没有实际的测验内容,因此还需要对每一个测验进行内容的编辑和预览。测验内容的编辑、预览涉及到三个窗口的运用,分别是测验选项窗口、测验问题属性窗口和测验预览窗口。在测验轨道上或媒体轨道的测验条上双击某一个测验,则"属性"窗口中打开测验问题属性窗口或测验选项窗口。

13.3.1 测验问题属性窗口

测验问题属性窗口用于设置问题类型、问题文本、答案及显示反馈等内容,如图 13.9 所示。

问题"类型"包括多项选择题、填空题、简答题、判断题 4 种。问题类型从其右侧的下拉列表框中选择。"问题"是指要输入的测验问题的具体内容,问题内容从其右侧的滚动文本框中输入。"答案"是指对所提问题拟给出的几个答案的具体内容,答案内容通过右侧文本框输入。如果为多项选择题,则在每项答案前有一个单选按钮,按钮后面的文本框中可输入答案。设计时需要在正确答案前单击该答案项的单选按钮,答案项的排列顺序通过单击右侧的箭头进行调整。如果为填空题,则在后面的文本框中输入几个可接受的答案。如果为简答题,则输入答案内容的文本框不显示。如果为判断题,则显示正确、错误,在二者前各有一个单选按钮。如图 13.10 所示,①多项选择题、②填空题、③简答题、④判断题。

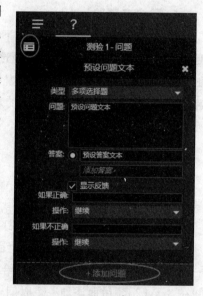

图 13.9 测验问题属性窗口

"显示反馈"被勾选时,窗口中显示出"如果正确""操作""如果不正确""操作"4 个参数的设置。"如果正确"右侧的文本框中可输入用户回答正确时的提示信息,"操作"右侧的下拉列表框中选择具体操作(继续、转到网址、跳转到时间、跳转到标记);"如果不正确"右侧的文本框中可输入用户回答错误时的提示信息,"操作"右侧的下拉列表框中选择具体的操作(继续、转到网址、跳转到时间、跳转到标记)。

"添加问题"按钮用于添加一个新的问题,当编辑完一个问题后,单击"添加问题"按钮,窗口中会增添一个新的问题编辑区域供用户编辑。

"预览测验外观"按钮用于打开测验预览窗口,对用户所编辑的问题进行预览,如图 13.11 所示。

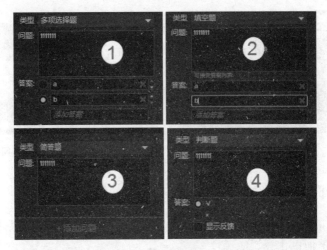

图 13.10　4 种题型的设置

图 13.11　测验预览窗口

13.3.2　测验选项窗口

　　编辑完测验题的内容后,还需要在测验选项窗口中对测验的其他内容进行设置,包括测验名称、观众可查看测验结果、统计测验分数、预览 4 部分,如图 13.12 所示。
　　"测验名称"是指时间轴上该测验的名称,也是测验题目大类的名称,如"一、选择题""二、填空题"等。"测验名称"通过其右侧的文本框输入。"观众可查看测验结果"为勾选项,如果勾选了此项,则当预览视频时,用户在回答完所有测验题并提交答案后,会弹出询问窗口。如图 13.13 所示,单击询问窗口中的"查看答案"按钮,会打开附有答案的问题预览窗口,用户可查看正确答案及自己所答题是否正确;单击询问窗口中的"继续"按钮,视频继续播放。如果不勾选"观众可查看测验结果"选项,则用户提交答案后,不能查看正确答案,而会继续播放视频。"预览"是指该测验的全部试题在打开的"预览"窗口中进行预览,如图 13.11 所示。"统计测验分数"为勾选项,如果需要给答题者记答题得分,则需要勾选此项。

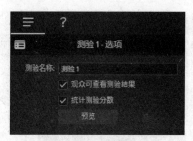
图 13.12　测验选项窗口

图 13.13　询问窗口

13.3.3　测验问题举例

测验往往会记得分,用来测试观看者观看视频后对内容的理解与掌握情况。下面就 4 种问题类型举例加以比较。

1. 多项选择题

从下列选项中选择正确的选项,如表 13.1 所示。

表 13.1　多项选择题实例

类　　别	测　验　题
问题	CS 软件不能导入的视频文件格式是哪一种?
答案	*.flv
	*.avi
	*.mp4

2. 填空题

需要填写正确的答案,如表 13.2 所示。

表 13.2　填空题实例

类　　别	测　验　题
问题	CS 软件当前最高版本是_____。

3. 简答题

需要给出答案,而答案是有一定正确性限定的,如表 13.3 所示。

表 13.3　简答题实例

类　　别	测　验　题
问题	请回答 CS 软件可导入的视频文件格式有哪些?

4. 判断题

需要根据题目内容给出答案,所选择答案为正确和错误,如表 13.4 所示。

表 13.4 判断题实例

类　别	测　验　题
问题	CS 软件能够导入 *.flv 视频文件。
答案	正确
	错误

实例 13.2　编辑测验

步骤 1：打开项目文件(..\实例 13.2\1.tscproj)。

步骤 2：按 Ctrl+Q 组合键，打开"测验"视图。

步骤 3：在测验轨道上选中剪辑一的测验并在其上单击，在"属性"窗口中打开"测验问题属性"窗口；在窗口中的"类型"中选择"多项选择题"，"问题"右侧的文本框中输入"CS 软件录制音频前，需要设置麦克风吗?"文本，"答案"右侧的文本框中依次输入"不需要""需要""视情况而定"，正确答案选择为"需要"。

步骤 4：在测验轨道上选中剪辑二的测验并在其上单击，在"属性"窗口中打开"测验问题属性"窗口；在窗口中的"类型"中选择"填空题"，"问题"右侧的文本框中输入"Audition 软件中轨道切换按钮是："文本，"答案"右侧的文本框中输入"单轨与多轨道切换按钮"。

步骤 5：在测验轨道上选中剪辑三的测验并在其上单击，在"属性"窗口中打开"测验问题属性"窗口；在窗口中的"类型"中选择判断题，"问题"右侧的文本框中输入"Audition 软件用某一轨道录音前，需要按下轨道上的红色 R 按钮"文本，正确答案选择"√"。

13.4　测验发布

运用 CS 软件编辑视频时，视频中如果添加了测验，则在生成视频时，同样需要进行相关的设置。单击 CS 软件主窗口工具栏的"分享"按钮，在弹出的"生成向导"窗口("欢迎来到 Camtasia 生成向导"页)中选择"自定义生成设置"选项，单击"下一步"按钮，在弹出的"生成向导"窗口("您想如何生成视频?"页)中选择"MP4-Smart Player(HTML5)"选项，继续单击"下一步"按钮直至进入"生成向导"窗口的"测验报告选项"页，该页面是设置测验相关参数的重要页面，如图 13.14 所示。该页面的设置内容包括使用 SCORM 报告测验结果、通过邮件报告测验结果、访客认证、测验外观 4 部分。

1. 使用 SCORM 报告测验结果

生成视频的过程中，如果勾选了此复选框，"SCORM 选项"按钮即处于激活状态，单击该按钮打开"清单选项"窗口，如图 13.15 所示。此窗口中主要包括课程信息、测验通过及格分数(最高分数、最低分数)、完成要求查看所需百分比(最高比例、最低比例)、SCORM 打包选项等部分内容。

"测验通过及格分数"是指对观看视频用户回答测验题时，及格分数的最低要求，通过右侧的水平滑块来调整比例要求。例如，设置为 70%，则用户答题的正确率需要达到此

图 13.14 "测验报告选项"页面

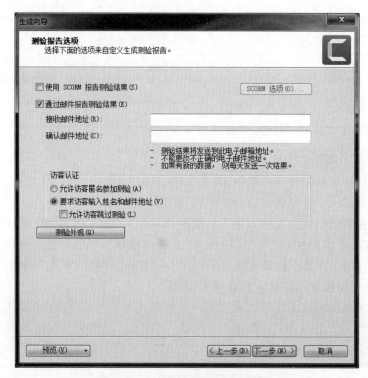

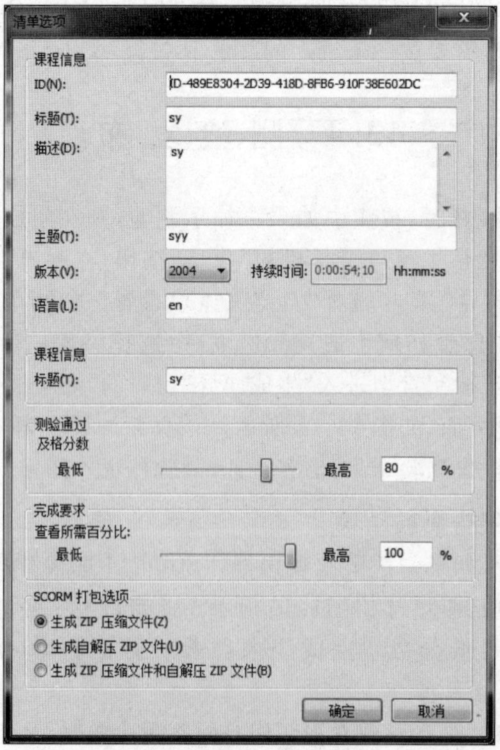

图 13.15 "清单选项"对话框

标准,才可观看后面的视频。

"完成要求查看所需百分比"是指对用户观看视频总量的要求,通过右侧的水平滑块来调整查看百分比的数值。例如,设置为50%,则用户在答题前必须看完视频的50%才能进行答题。

2. 通过邮件报告测验结果

生成视频的过程中,如果勾选"通过邮件报告测验结果"复选框,则"接收邮件地址""确认邮件地址"右侧的文本框处于可编辑的状态,如图13.14所示,在文本框中填写正确的E-mail地址。用户在登录提供该视频服务的网站观看视频过程中,回答完测验题并提交答案后,系统会自动将测验结果报告发送至设置的邮箱。

3. 访客认证

"访客认证"包括允许访客匿名参加测验、要求访客输入姓名和邮件地址、允许访客跳过测验选项,用户依据需要设置即可。

4. 测验外观

"测验外观"窗口主要完成答题界面设置,设置内容如图13.16所示,①默认测验外观、②用户设置的测验外观。每个参数后面的文本框内容默认为英文,开发者可自主更改文本框的内容。

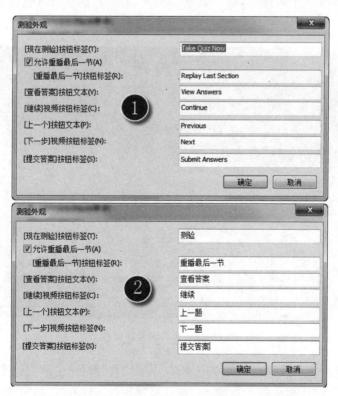

图13.16 测验外观设置

实例 13.3　编辑测验

步骤 1：打开项目文件(..\实例 13.3\1.tscproj)。

步骤 2：在 CS 软件工具栏中单击"分享"按钮，打开"生成向导"窗口并单击"下一步"按钮，直至"测验报告选项"页面，勾选"使用 SCORM 报告测验结果"选项；单击"SCORM 选项"按钮，打开"清单选项"窗口，设置测验通过及格分数最低为 60％；"SCORM 打包选项"中选择"生成 ZIP 压缩文件"选项（此压缩包可在 Blackboard、Moodle 等平台上使用）。

说明：如果生成浏览器观看的视频，则不要勾选"使用 SCORM 报告测验结果"选项。

步骤 3：在"测验报告选项"页面中单击"测验外观"按钮，打开"测验外观"窗口，设置测验外观的内容如图 13.16 中的②所示。

步骤 4：继续单击"下一步"按钮，完成课程视频的生成、打包。

13.5　浏览器播放测验视频

生成视频以后，可以把视频发布到网站上，用户通过登录网站观看视频。视频开发者也可在浏览器中测验视频的使用效果。下面是测验效果的几张图片，如图 13.17 所示为视频在浏览器中开始播放，可以看到播放进度条上有三个白色圆点，分别代表三个测验。

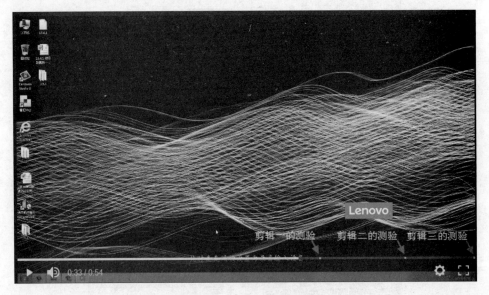

图 13.17　含有测验的视频

如图 13.18 所示为视频在浏览器中播放，当播放到"剪辑一"的测验处时，视频停止播放并弹出"测验"和"重播最后一节"选项，当观看视频的用户单击"测验"按钮后，则出现如图 13.19 所示的窗口，观看者开始答题并单击"提交答案"按钮，进入如图 13.20 所示的窗口。

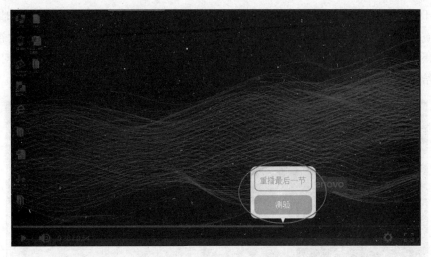

图 13.18 "剪辑一"的测验页面

图 13.19 "剪辑一"的测验答题页面

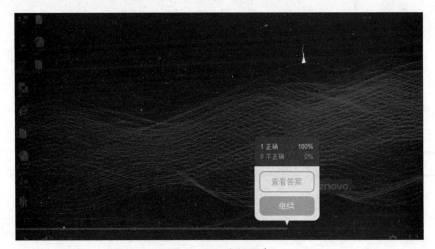

图 13.20 询问用户

图 13.20 所示的窗口中,提示观看者答题正确率为 100%,不正确率为 0,同时询问观看者是查看答案,还是继续观看视频。观看者如果单击"继续"按钮,则继续播放视频;观看者如果单击"查看答案"按钮,则出现如图 13.21 所示的画面,给出正确答案并对观看者的答案给出判断,观看者观看完单击"继续"按钮,继续播放视频。

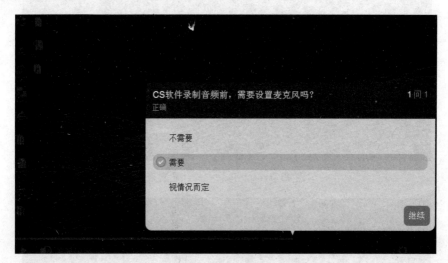

图 13.21 答案反馈

后面的两个调查同上。当整个视频播放完毕,观看者也做了三个测验,测验结果将以邮件的方式发送至视频开发者在生成视频时设置的邮箱中。

第 14 章 分享视频

运用 CS 软件编辑完成的整个项目,可以生成并分享为视频。生成视频的格式较多,生成视频的同时还可将这些视频分享到某个网站,供更多的用户来观看和学习。无论用哪种方法生成视频,在生成视频过程当中,特别要注意相关参数的设置,以保证生成的视频每一项功能都有效。

14.1 生成视频的途径与方法

CS 软件为用户提供了生成视频的不同途径,也为用户提供了生成视频的不同方法。运用这些途径与方法,用户可将视频生成不同格式并分享于不同应用环境中。

14.1.1 生成视频的途径

CS 软件 9.1 版通过两个途径生成视频。一是使用 CS 软件工具栏的"分享"按钮,单击该按钮会打开下拉菜单,从下拉菜单中选择生成与分享视频的方式。方式包括本地文件、分享到 screencast.com、分享到 Vimeo、分享到 YouTube、分享到 Google Drive、自定义生成 6 个选项。选择其中一个选项,进入"生成向导"窗口。二是使用 CS 软件的菜单,选择"文件"菜单的"批量生成"命令,会打开"批量生成"窗口,依据提示完成视频的批量生成和分享。"生成向导"窗口将在后文详细介绍。

14.1.2 生成视频的方法

生成新视频常用的方法有两种,一是在"生成向导"窗口中选择"自定义生成设置"选项,依据提示逐步生成视频。二是在"生成向导"窗口中选择"添加/编辑预设"选项,打开"管理生成预设"窗口,用户创建一个自定义预设并自定义生成视频的相关参数,然后选择此预设,依据提示逐步生成视频。

14.2 生 成 视 频

本节主要介绍自定义和批量生成视频的两种方式。

14.2.1 自定义生成视频

自定义生成视频时,都会打开"生成向导"窗口。在"生成向导"窗口中根据操作步骤的进度,又分为许多页面。如图 14.1 所示"欢迎来到 Camtasia 生成向导"页面,在该页面的下拉列表框中选择"自定义生成设置"选项,单击"下一步"按钮,打开下一个"您想如何生成视频?"页面,如图 14.2 所示。"您想如何生成视频?"页面中可以选择生成的视频格式,视频的格式包括 MP4-Smart Player(HTML5)、WMV-Windows Media 视频、AVI-音频视频交错视频文件、GIF-动画文件、M4A-仅音频 5 种格式。MP4-Smart Player(HTML5)格式的视频适合发布到网上,可以在优酷网或者土豆网上进行播放;WMV-Windows Media 格式的视频适用于在电脑上进行观看,这个格式的视频在所有安装 Windows 系统的电脑上都可以播放;AVI-音频视频交错视频格式输出的文件比较大,但是输出的视频文件是最清楚、最完整的;GIF-动画文件格式适合于时间比较短的动画格式的视频。

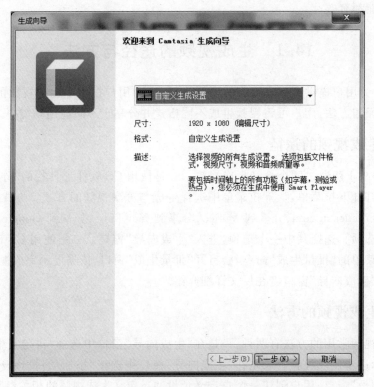

图 14.1 "欢迎来到 Camtasia 生成向导"页面

用户选择上述其中一种视频文件格式后,单击"下一步"按钮,会进入不同的页面。选择 MP4 格式则会打开"Smart Player 选项"页面;选择 WMV 格式则会打开"Windows Media 编码选项"页面;选择 AVI 格式则会打开"AVI 编码选项"页面;选择 GIF 格式则会打开"GIF 动画编码选项"页面;选择 M4A 格式则会打开"M4A 编码选项"页面。以选择 MP4 格式为例,继续介绍相关内容。

图 14.2 "您想如何生成视频？"页面

"Smart Player 选项"页面如图 14.3 所示。该页面中包括控制条、大小、视频设置、音频设置、选项 5 个选项卡。"控制条"选项卡中的参数主要决定在生成视频中，是否有控制视频播放的控制条。当勾选"生成控制条"选项时，下面的控制器主题："自动隐藏控制条""在开始时暂停"即可进行设置。例如，勾选"自动隐藏控制条"选项，则视频在播放时控制条会自动隐藏。"大小"选项卡的设置包括嵌入大小和视频的大小。视频的大小包括视频的宽度、高度、保持宽高比等参数，用户根据需要进行设置。"视频设置"选项卡包括帧率、每秒钟多少关键帧、编码模式等。其中，"帧率"的设置范围为 1~30，"编码模式"包括质量和比特率，当选择质量时，用鼠标拖动下面的水平滑块来调整质量的高低。"音频设置"选项卡的设置类似于"视频的设置"，此处不再赘述。"选项"选项卡包括目录、搜索、字幕、字幕类型、在播放时显示字幕、测验 6 部分内容，如图 14.4 所示。

当编辑的视频需要运用标记制作视频导航目录时，则必须勾选"目录"选项，否则视频导航目录无法生成，在随后的"生成向导"窗口中的"标记选项"页面中，需要对导航目录进行相关的设置，如图 14.5 所示。"标记选项"页面主要包括标记条目数量、最初可见目录、重命名、显示选项等。如勾选"标记条目数量"选项，表示导航目录以标记编号为名称；再如单击"重命名"按钮，可以给显示的目录进行重命名；再如通过"显示选项"下面的两个选项，设置导航目录在视频的左侧还是右侧显示。

当编辑的视频需要运用字幕时，则必须勾选"字幕"选项，同时在"字幕类型"右侧的下拉列表框中选择"烧录字幕"选项，同时勾选"在播放时显示字幕"选项，否则生成的视频无法显示字幕。

图 14.3 "Smart Player 选项"页面

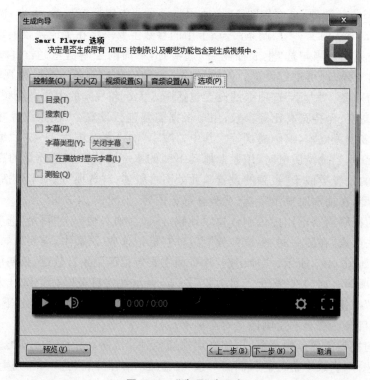

图 14.4 "选项"选项卡

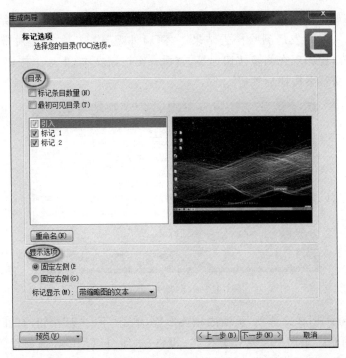

图 14.5 "标记选项"页面

当编辑的视频需要运用测验时,必须勾选"测验"选项,在随后的"生成向导"窗口的"测验报告选项"页面中,单击"测验外观"按钮,打开"测验外观"窗口,如图 14.6 和图 14.7

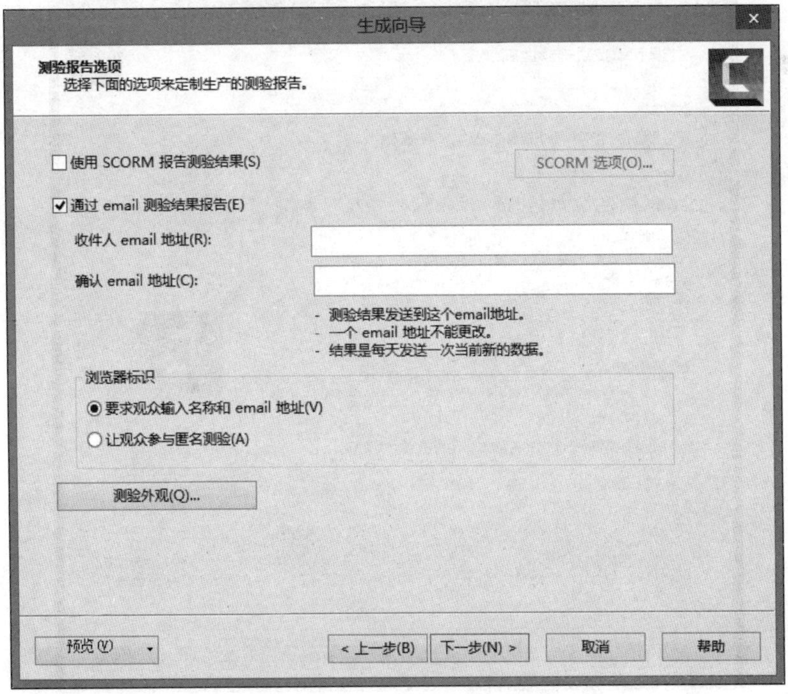

图 14.6 "测验报告选项"页面

所示,对测验外观进行设置。在"测验报告选项"页面中,还可对报告测验结果的发送进行设置,比如通过 e-mail 发送测验报告结果。"测验外观"窗口,主要是对带有测验的视频进行外观的设置,比如现在测验按钮标签、查看答案按钮文本、上一个按钮文本、下一步视频按钮标签、提交答案按钮标签等。

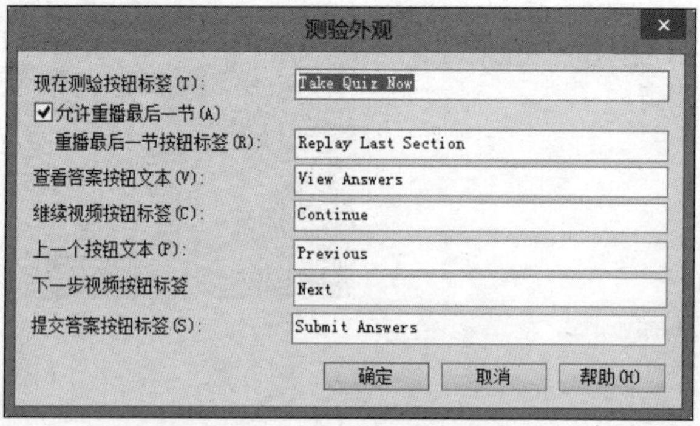

图 14.7　"测验外观"窗口

设置完"Smart Player 选项"页面的相关参数,单击"下一步"按钮,打开"视频选项"页面,如图 14.8 所示。页面中包括视频信息、报告、水印、HTML 等选项设置。例如,当勾选"包括水印"选项时,可使用图片或其他视频作为该视频的水印;当勾选"SCORM"选项时,可生成课程压缩包。继续单击"下一步"按钮,打开"制作视频"页面,如图 14.9 所示,此页面中设置输出视频文件的项目名称、存储的文件夹等。

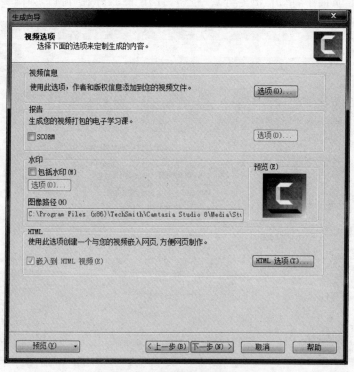

图 14.8　"视频选项"页面

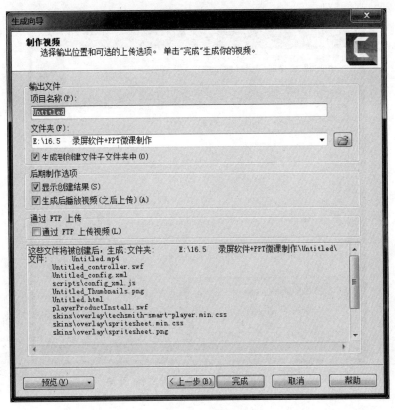

图 14.9 "制作视频"页面

最后,单击"完成"按钮,CS 软件开始对视频进行渲染,最终生成视频文件和文件夹(文件夹中包含程序文件和视频文件等)。

实例 14.1　自定义生成视频

步骤 1：打开项目文件(..\实例 14.1\1.tscproj)。

步骤 2：单击 CS 软件工具栏的"分享"按钮,打开"生成向导"窗口并选择"自定义生成设置"选项,依据提示完成视频的生成。

14.2.2　批量生成视频

用户在使用 CS 软件编辑视频时,不必每完成一个项目就生成一个视频,这样在渲染视频时会占用大量资源,从而浪费开发者的时间。因此,开发者可把编辑的项目逐个保存为 *.tscproj 项目文件,等不需要使用计算机时,可运用 CS 软件的批量生成功能将所有项目批量生成视频。

选择"文件"菜单的"批量生成"命令,会打开"批量生成-选择文件"页面,如图 14.10 所示。单击"添加文件/项目"按钮,把要生成视频的项目文件添加进来,如已经添加了"1.tscproj""2.tscproj"两个项目。单击"下一步"按钮,打开"批量生成-预设选项"页面,如图 14.11 所示,设置生成视频画面尺寸,单击"下一步"按钮完成视频的生成。此种方式只生成单一的视频文件。

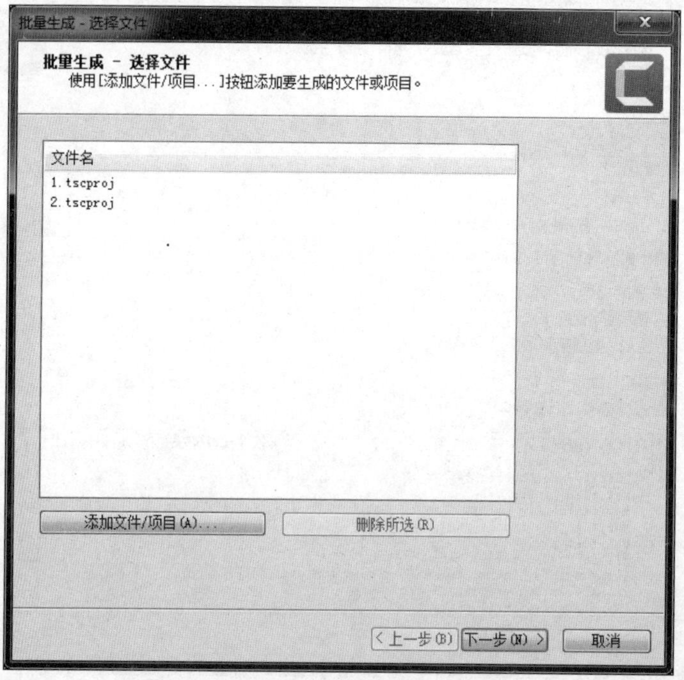

图 14.10 "批量生成-选择文件"页面

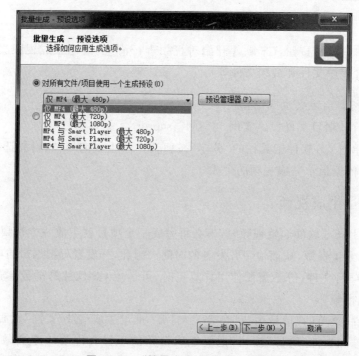

图 14.11 "批量生成-预设选项"页面

实例 14.2 批量生成视频

步骤 1：启动 CS 软件，新建一个空项目。

步骤 2：选择"文件"菜单的"批量生成"命令，打开"批量生成-选择文件"页面，在页面中单击"添加文件/项目"按钮，加载(..\实例 14.2\1.tscproj、2.tscproj)两个项目文件，然后继续单击"下一步"按钮，打开"渲染批量生成"窗口，如图 14.12 所示，最终生成两个视频文件。

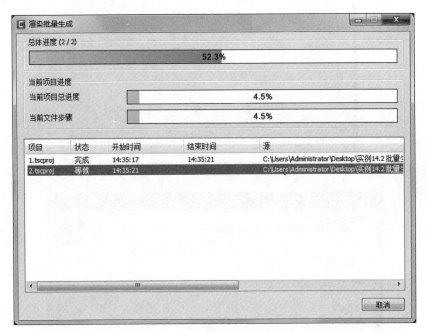

图 14.12 "渲染批量生成"窗口

14.3 添加/编辑预设

生成新视频文件的另外一种方法是添加/编辑预设，用户创建自定义预设，自定义生成视频的相关参数。用户在"生成向导"窗口的"欢迎来到 Camtasia 生成向导"页面的下拉列表框中，选择"添加/编辑预设"选项，打开"管理生成预设"窗口，如图 14.13 所示。"管理生成预设"窗口包括生成预设、描述、预设信息三部分。

"生成预设"包括视频尺寸选择、新建、编辑、删除。单击"新建"按钮，打开"生成预设向导"窗口，如图 14.14 所示。窗口中可以设置预设名称，撰写描述信息，选择文件格式等。然后单击"下一步"按钮，根据提示完成生成预设的相关参数设置后，返回"管理生成预设"窗口，单击"关闭"按钮，返回"欢迎来到 Camtasia 生成向导"页面，此时在页面的下拉列表框中就会出现新建的预设。另外，"管理生成预设"窗口的"生成预设"下拉列表框中，同样会出现刚刚编辑好的预设，选择其中的某一个预设，单击"编辑"按钮，可对该预设进行编辑，单击"删除"按钮，可以删除该预设。

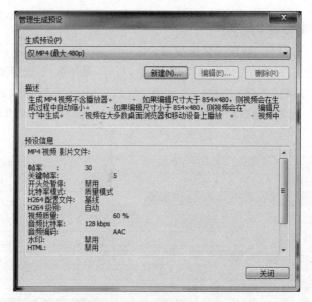

图 14.13 "管理生成预设"窗口

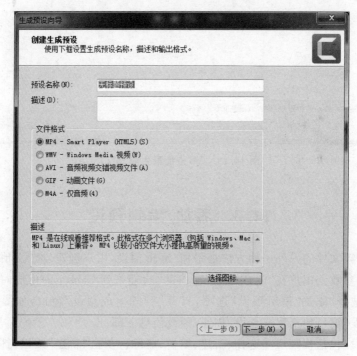

图 14.14 "生成预设向导"窗口

"描述"主要是用户在创建该预设时,对该预设编写的一些描述信息。

"预设信息"主要是该预设参数的描述。主要包括 MP4 视频、帧率、关键帧率、开头处暂停、比特率模式、视频质量、音频比特率、音频编码、水印、HTML 等参数。

创建好的预设,只要用户不重新安装 CS 软件,则在今后生成视频时,均可以使用。

第二篇

微视频案例

第二篇

财税改革

第 15 章 PPT 类微课制作

微课的制作理论与实践结合性很强。本书各个章节在介绍 CS 理论与操作的基础上,针对章节的重点知识均给出了相应实例,但还缺少完整的微课程案例。为使读者更全面、更系统地理解微课制作的理论、技术、流程与方法,本章主要介绍基于 PPT 的微课制作案例,通过案例使读者了解此类微课制作的方法与流程,同时掌握 PPT 中多媒体素材运用的技巧。

15.1 微视频案例——PPT 中文本运用技巧

【案例描述】

◇ 知识点内容简述

演示文稿中运用文本表达信息非常普遍。科学、合理地使用文本是制作精美、适用的演示文稿的基础。本知识点介绍演示文稿中文本运用存在的问题、正确使用文本的方法。

◇ 技术实现思路

制作讲解"PPT 中文本运用技巧"的演示文稿并撰写讲解脚本;运用 CS 软件的"录制 PowerPoint"功能将演示文稿、讲解音频录制为视频,同时添加标记;编辑视频过程中,添加静态注释、编辑标记、制作视频导航目录、静音部分音频、添加动画、生成视频。

【案例实施】

◇ 知识点内容脚本

PPT 中文本是表达信息的重要方式之一,掌握文本运用存在的问题和正确使用方法,是科学、合理地使用文本的基础。

1. PPT 中文本运用的主要问题

(1) 文本排布过满

(2) 文本排布凌乱

(3) 前景色、背景色使用不当

2. PPT中文本正确运用的方法

(1) 简化文本

① 运用多张幻灯片。

② 概括关键字。

③ 运用动画。

(2) 强化文本

① 为文本添加边框。

② 合理运用前景色、背景色。

③ 遵循内容逻辑、次序。

(3) 美化文字

① 合理运用字体、颜色、大小等。

② 文字填充效果。

(4) 合理排版

◇ CS案例实现

1. CS录制PPT

步骤1：在Windows桌面上，单击"开始"按钮，在打开菜单中选择"Camtasia Studio 9.1"的子菜单"录制PowerPoint"命令，然后在PowerPoint软件中打开需要录制的PPT文件（..\文本素材案例\15.1\PPT中文本运用技巧.ppt）。

步骤2：在PowerPoint软件中单击"加载项"菜单，在打开的工具栏中单击"录制音频"按钮，再单击"录制"按钮，开始PPT的录制。

步骤3：录制PowerPoint过程中，当录制到"一、PPT中文本运用主要问题""二、PPT中文本正确运用方法"标题时，分别按Ctrl＋M组合键，在该处添加标记。

步骤4：录制完毕，生成视频文件（..\文本素材案例\15.1\PPT中文本运用技巧.trec）。

2. 添加静态注释

步骤1：在CS软件中，将视频从"媒体箱"中拖动到时间轴的轨道1上，然后在轨道的媒体上右击，在弹出的快捷菜单中选择"分离音频和视频"命令，将视频与音频分离，视频在轨道1，音频在轨道2。

步骤2：将播放头调整至（0:00:45;21）需要添加静态注释的位置。

步骤3：单击"注释"选项卡，打开"属性"面板并选择"文本属性"选项卡，从标注列表区中选择第2行第3列的标注并把其拖至画布上；双击标注并输入文本"① 5＊5规则"，在"属性"面板中打开的"标注"面板，在其中设置字体的颜色为"红色"、字体为"Arial Black"、字号为"50"、对齐方式为"水平居中""垂直居中"。在"属性"面板中选择"注释属性"选项卡，设置该标注的"不透明度"为0。在轨道上调整此静态注释的结束时间为0:01:03;15。

步骤4：重复步骤3的操作添加另一个注释，在文本框中输入"② 7＊3规则"，此静态注释播放开始时间为0:00:52;17，结束时间为0:01:03;15。

步骤5：在轨道的注释上双击"阴影"效果条，在"属性"窗口中打开"阴影"面板，设置两个注释的淡入时间为1秒，淡出时间为0秒。

步骤6：参照步骤3至5，在0:01:23;17至0:01:33;12时间段添加内容为"统一字符格式"的注释，在0:01:25;10至0:01:33;12时间段添加内容为"统一段落格式"的注释。

3. 编辑标记

步骤1：选择视频所在的轨道1，按Ctrl+M组合键，打开标记视图。

步骤2：选择轨道1上对应于"一、PPT中文本运用主要问题"的标记，在该标记上右击，在弹出的快捷菜单中选择"重命名"命令，把标记名称改为"一、PPT中文本运用主要问题"。用同样的方法把对应于"二、PPT中文本正确运用方法"的标记更名为"二、PPT中文本正确运用方法"。

4. 静音部分音频

步骤1：选择音频所在的轨道2，同时把其他轨道锁定。

步骤2：把播放头拖动到0:00:02;08处，单击时间轴工具栏中的"分割"按钮，实现音频的分割。

步骤3：选择分割后的前一段音频，此时该段音频的轨道显示为绿色的音频波形，用鼠标向下拖动轨道上的"音量线"，使该段音频音量为0。

5. 添加动画

步骤1：选择轨道1（视频所在轨道），把其他轨道锁定，将播放头定位于0:03:47;04处，单击时间轴工具栏中的"分割"按钮，将播放头定位于0:03:55;17处，单击时间轴工具栏中的"分割"按钮，此时得到一段视频。

步骤2：选择该片段视频，单击"动画"选项卡，在打开的"动画"窗口中选择"缩放和平移"选项，在"缩放"窗口中用鼠标调整视频画面，使视频的"财产损失保险"所在的画面变小（预览窗口则变大），实现画面的局部放大。

步骤3：在轨道1的片段视频上，选择缩放动画，用鼠标拖动动画的开始句柄、结束句柄调整动画的播放开始时间、结束时间。

6. 生成视频

步骤1：编辑完成后，选择"文件"→"生成和共享"命令，选择"自定义生成设置"，根据提示进行下一步操作。

步骤2：当进行到"生成向导"窗口的"标记选项"页面时，在"显示选项"中选择"固定右侧"，在"标记选择"中选择"仅文本"选项，继续单击"下一步"按钮，完成视频的生成。

15.2 微视频案例——PPT中图片运用技巧

【案例描述】

◇ 知识点内容简述

演示文稿中运用图片可生动、直观地表现大量信息。本知识点介绍PPT中图像的应用要素、存在的问题、图片运用技巧等内容，掌握这些内容是在 PPT 中合理、有效地使用图片的基础。

◇ 技术实现思路

制作讲解"PPT 中图片运用技巧"的演示文稿并撰写讲解脚本；把 PPT 导入到 CS 软件中；编辑视频过程中，运用语音旁白功能添加讲解音频，添加动态注释、转场效果、视觉效果和动画等。

【案例实施】

◇ 知识点内容脚本

教学中的图形、图像是视觉元素传递信息的重要载体，演示文稿中也较多地运用图片来表达信息。掌握图片在 PPT 中的应用要素、存在的问题以及运用技巧，是合理、有效的使用图片的基础。

1. PPT 中应用图片的要素

（1）图像的大小

① 图片的显示尺寸。

② 图片的存储大小。

（2）图像的格式

（3）图像的风格

① 形式一致。

② 色调一致。

③ 内容一致。

2. PPT 中应用图片存在的问题

（1）变形失真

（2）风格不一

（3）与主题无关

（4）信息多余

3. PPT 中运用图片的技巧

（1）解决图像变形

（2）删除冗余信息

（3）半透明图像、背景透明效果

（4）图像添加边框

（5）黑白与彩色对比

（6）图片镜像

（7）图片倒影

CS 案例实现

1. 导入 PPT

步骤 1：启动 CS 软件并新建一个项目；单击"媒体"选项卡，打开"媒体"窗口，在窗口中选择"媒体箱"选项并单击"导入媒体"按钮，把演示文稿(..\15.2\PPT 中图片运用技巧.ppt)导入到"媒体箱"中。

步骤 2：在"媒体箱"中生成 PPT 的 6 张图片，将 6 张幻灯片的图片按顺序依次添加到轨道 1 上，将该轨道锁定。

2. 录制语音旁白

步骤 1：把播放头拖动到时间轴的开始处，选择"语音旁白"选项卡，打开"语音旁白"窗口，在音频输入设备的下拉列表框中选择"麦克风"，同时单击"自动调节"按钮，勾选"录制过程中静音时间轴"选项。

步骤 2：打开文档(..\15.2\ PPT 中图片运用技巧——讲解脚本.docx)，把文本全选并复制。

步骤 3：返回 CS 软件中，把文本粘贴于"语音旁白"窗口中的文本框中。

步骤 4：单击"开始从麦克风录制"按钮，依据文本框中的讲解文本，进行朗读讲解，完成后单击"停止"按钮，打开"将旁白另存为"窗口，把音频文件保存为(..\15.2\PPT 中图片运用技巧——讲解音频.m4a)文件，同时把音频加载到轨道 2 上。

步骤 5：选中轨道 1，依据轨道 2 上的音频，调整第一张幻灯片图片的播放时长与音频同步。用同样的方法为其余 5 张图添加讲解音频。

3. 添加转场

步骤 1：选中轨道 1，选择"转场"选项卡，打开"转场"窗口，从中把"圈伸展"效果用鼠标拖动到第一张幻灯片图片与第二张幻灯片图片之间，用同样的方法把"翻转""页面滚动""翻页""折叠"效果分别拖到第二张与第三张、第三张与第四张、第四张与第五张、第五张与第六张幻灯片图片之间。

步骤 2：在轨道 1 上，把鼠标移动到第一张幻灯片图片与第二张幻灯片图片所添加的转场效果条上，当鼠标变为双向箭头时，按住左键拖动，调整转场的播放持续时间为 2 秒。用同样的方法调整其他 4 个转场效果的播放持续时间均为 2 秒。

4. 添加动态注释

步骤 1：把轨道 1、轨道 2 全部锁定，单击时间轴工具栏中的"添加轨道"按钮，添加一个新的轨道 3。

步骤 2：把播放头定位于 0:00:49;14 处，选择"注释"选项卡，打开"注释"窗口并选择"草图运动标注"选项，从标注列表中单击"素描运动矩形"动态标注。此时画布上添加了一个动态标注(轨道 3 上也添加了该标注)，在画布上调整该动态标注的位置、大小，使其正好框住"图片的显示尺寸"7 个字。

步骤 3：在轨道 3 上选中"素描运动矩形"动态标注，此时该标注的轨道上有"阴影"效果条，单击该效果条，在"属性"面板中打开"阴影"效果窗口，窗口中设置颜色为"红色"、不透明度为"100%"、淡入为"0.2秒"、淡出为"0.2秒"。

步骤4：把播放头分别定位于0:03:02;13处、0:03:29;04处、0:03:54;14处、0:04:18;15处，重复上述步骤2和步骤3,完成"变形失真""风格不一""主题无关""信息多余"4个需要突出强调内容动态标注的添加及参数设置。

步骤5：在轨道3上分别调整5个动态标注的播放时长,使之与相应的画面、音频同步。

5. 生成视频

编辑完成后,单击工具栏的"分享"按钮,在打开的菜单中选择"本地文件"命令,依据提示进行下一步操作,最终完成视频的渲染。

15.3 微视频案例——PPT中音频运用技巧

【案例描述】

◇ 知识点内容简述

掌握PPT中音频的使用技巧,是制作精美PPT的前提。本知识点讲述音频的类型,PPT支持的音频格式,PPT中音频的简单编辑和音频播放的控制方法等。

◇ 技术实现思路

制作讲解"PPT中音频运用技巧"的演示文稿并撰写讲解脚本;把PPT导入CS软件的媒体箱中,运用语音旁白功能对部分幻灯片录制讲解音频;运用CS软件录制屏幕的功能,把PPT中对音频的关键操作(包括添加书签、编辑音频、音频播放控制)录制为视频;运用媒体箱、时间轴、轨道等进行音频、画面的编辑;运用字幕功能为视频添加、编辑字幕;运用测验功能为视频添加测验;最终生成视频。

【案例实施】

◇ 知识点内容脚本

PPT是通过文本、图像、音频、视频和动画等多媒体元素来表现主题,而其中音频的使用至关重要。因此掌握PPT中音频使用技巧,是制作精美PPT的前提。

1. 音频的类型

(1)语音:语音一般指口头语言,多媒体课件中通常称为解说声音。

(2)音乐:音乐一般指歌声、乐曲声,多媒体课件中通常作为背景声。

(3)音效:音效通常指由声音所制造的效果,一般用于增进某一场面的真实感、气氛等制作的特效声音。如:鼠标单击的声音。

2. 音频格式

PPT课件中支持ADTS音频、AIFF音频、AU音频、MIDI音频、MP3音频、MPEG-4

音频、Windows 音频(WAV)、Windows Media 音频(WMA)等音频格式。

3. PPT 中音频的使用

(1) 插入音频

(2) 给音频添加书签

(3) 编辑音频

① 裁剪音频。

② 音频的淡入与淡出。

(4) 音频播放控制

◇ CS 案例实现

1. 导入 PPT、录制语音旁白

步骤 1：打开 CS 软件并新建一个项目，选择"媒体"选项卡，在打开的"媒体"选项窗口中选择"媒体箱"选项，单击"导入媒体"按钮，把演示文稿(..\案例 15.3\PPT 中音频运用技巧.ppt)导入到"媒体箱"中。

步骤 2：从"媒体箱"中把第一张幻灯片的图片用鼠标拖曳到轨道 1 上。

步骤 3：选择"语音旁白"选项卡，打开"语音旁白"窗口，单击音频输入设备选择下拉列表框，从下拉列表框中选择音频输入设备为麦克风，单击"自动调节"按钮，调整音量滑块到 85% 左右，勾选"录制过程中静音时间轴"选项。

步骤 4：打开文档(..\案例 15.3\PPT 中音频运用技巧——讲解脚本.docx)，把第一张幻灯片讲解的文本复制，返回 CS 软件中，把文本粘贴于"语音旁白"窗口的文本框中。

步骤 5：单击"语音旁白"窗口的"开始从麦克风录制"按钮，依据窗口文本框中的文本提示，开始录制讲解音频。录制完成后单击"停止"按钮，把录制的音频保存为(..\案例 15.3\1.m4a)音频文件。此时轨道 2 上自动添加了录制的音频。

步骤 6：依据音频的播放时间长度，选择轨道 1 上的图片，把图片播放时长调整到与音频播放时长相同。

步骤 7：选择"音频效果"选项卡，用鼠标把"降噪"效果拖至轨道 2 的音频上，此时该轨道的音频上添加了"降噪"效果条，双击"降噪"效果条，在"属性"面板中打开"降噪"面板，设置灵敏度值为 1，量值为 22，然后单击"分析"按钮，完成音频的降噪。

步骤 8：重复步骤 2 至步骤 7 的操作，制作第二张幻灯片的讲解音频及二者的同步，生成的音频文件为(..\案例 15.3\2.m4a)。

步骤 9：重复步骤 2 至步骤 7 的操作，制作第三张幻灯片的讲解音频及二者的同步，生成的音频文件为(..\案例 15.3\3.m4a)。

2. 录制视频与编辑视频

步骤 1：打开 PowerPoint 软件，新建一个空白演示文稿。

步骤 2：单击 CS 软件工具栏的"录制"按钮，打开 CS 软件的录像机，在"录像机"窗口中选择"自定义"，解开锁定纵横比，单击"自定义"按钮右侧的下拉箭头，在打开的菜单中勾选"锁定应用程序"选项。执行录像机"工具"菜单的"录制工具栏"命令，在打开的"录制工具栏"窗口中勾选"效果"选项。

步骤3：用鼠标拖动录制区域线的方句柄，调整录制PPT窗口的大小到合适。

步骤4：单击"录像机"窗口的"录制"按钮，开始应用程序窗口（此处为PPT窗口）的录制，此时就"PPT中插入音频"问题边讲解、边操作，这一过程被CS软件的录像机全部录制为视频。

步骤5：录制完毕后，单击"录像机"窗口的"停止"按钮，录制的视频自动加载到"媒体箱"中。

步骤6：用鼠标从"媒体箱"中把录制的视频拖至轨道1中第三张幻灯片图片的后面，在轨道1中的该视频上右击，在弹出的快捷菜单中选择"分离音频和视频"命令，此时视频画面占据轨道1，分离出的音频占据轨道2。

步骤7：在轨道2上选择该片段音频，选择"音频效果"选项卡，打开"音频效果"窗口，把"降噪"效果拖曳至轨道的该片段音频上，此时轨道的音频上就添加了"降噪"效果条。

步骤8：双击"降噪"效果条，在"属性"面板中打开"降噪"面板，设置灵敏度值为1，量值为22，然后单击"分析"按钮，完成音频的降噪。

步骤9：选择轨道1上分离出来的片段视频，把播放头定位于0:02:44;24处，选择"动画"选项卡，打开"缩放和平移"窗口，在窗口中调整缩放矩形使其变小（使画布上的视频窗口局部放大），并使其位置与PPT的"音频下三角按钮"区域相重合，此时轨道上添加了一个动画，用鼠标调整动画播放的时长到合适的长度。在该动画后面用同样的方法再添加一个动画，使画面恢复到原始尺寸。

3. 添加图片、录制语音旁白、录制视频、编辑视频

步骤1：参照"1. 导入PPT、录制语音旁白"的步骤2至步骤7的操作，制作第四张幻灯片的讲解音频及二者的同步，生成的音频文件为(..\案例15.3\4.m4a)。

步骤2：参照"2. 录制视频与编辑视频"的步骤1至步骤8的操作，录制"给音频添加书签"操作的视频并对视频进行编辑。

步骤3：参照"1. 导入PPT、录制语音旁白"的步骤2至步骤7的操作，制作第五张幻灯片的讲解音频及二者的同步，生成的音频文件为(..\案例15.3\5.m4a)。

步骤4：参照"2. 录制视频与编辑视频"的步骤1至步骤8的操作，录制"裁剪音频"操作的视频并对视频进行编辑。

步骤5：参照"1. 导入PPT、录制语音旁白"的步骤2至步骤7的操作，制作第六张幻灯片的讲解音频及二者的同步，生成的音频文件为(..\案例15.3\6.m4a)。

步骤6：参照"2. 录制视频与编辑视频"的步骤1至步骤8的操作，录制"设置音频淡入与淡出"操作的视频并对视频进行编辑。

步骤7：参照"1. 导入PPT、录制语音旁白"的步骤2至步骤7的操作，制作第七张幻灯片的讲解音频及二者的同步，生成的音频文件为(..\案例15.3\7.m4a)。

步骤8：参照"2. 录制视频与编辑视频"的步骤1至步骤8的操作，录制"音频播放控制"操作的视频并对视频进行编辑。

4. 添加字幕

步骤1：把播放头定位于插入音频操作步骤视频的开始处，也就是0:02:32;19处。

步骤2：打开文档(..\案例15.3\PPT中音频运用技巧——讲解脚本.docx)，把插入音频操作步骤的文本复制，返回CS软件中。

步骤3：选择"字幕"选项卡，打开"字幕"窗口，单击"添加字幕"按钮，把文本粘贴于"字幕"窗口的文本框中。

步骤4：在"字幕"窗口中单击"脚本选项"按钮，在弹出的快捷菜单中选择"同步字幕"命令，依据提示开始并完成同步字幕。

步骤5：在轨道上对字幕播放时长进行微调，使音频、画面、字幕完全同步。

步骤6：用同样的方法为另外四段视频添加字幕。

5．添加测验

步骤1：把播放头移动到视频的结束位置，然后按Ctrl+Q组合键，打开测验试图。

步骤2：把鼠标移动到测验试图轨道上播放头所在的时间位置处，当出现一个带有加号(＋)的绿色圆与绿色直线标志时，单击即可创建一个时间轴测验，此时在"属性"窗口中打开"测验"面板。

步骤3：在"测验"面板中选择"测验问题属性"选项，打开"测验问题属性"窗口，在窗口中设置类型为"多项选择题"，问题后面的文本框中输入问题内容，答案中设置答案的文本内容，并在几个答案中的正确答案前单击单选按钮。

步骤4：在"测验问题属性"窗口中单击"添加问题"按钮，添加下一问题。

步骤5：重复步骤3至步骤4的操作，制作如下试题。

(1) 音频通常分为几种类型？答案：五种、三种、二种；正确答案：三种。

(2) PPT中不支持的音频格式是？答案：ADTS、AIFF、TREC；正确答案：TREC。

步骤6：在"测验"面板中选择"测验选项"，打开"测验选项"窗口，勾选"观众可查看测验结果"和"统计测验分数"两个选项。

6．生成视频

步骤1：编辑完成后，单击工具栏中的"分享"命令，根据提示进行下一步操作，当进入"生成向导"窗口的"Smart Player选项"页面时，在页面中选择"选项"选项卡。

步骤2：在该选项卡中要完成两项任务，一是勾选"字幕"选项，同时在"字幕类型"中选择"烧录字幕"选项；二是勾选"测验"选项，单击"下一步"按钮，完成视频的渲染。

15.4 微视频案例——PPT中视频运用技巧

【案例描述】

◇ 知识点内容简述

PPT中合理使用视频，能够从听觉和视觉两个方面展示幻灯片的内容，在某种情况下，比单张图片或音频更加具有说服力。本知识点讲述PPT支持的视频格式，PPT中视频的简单编辑和视频播放的控制方法，调整视频格式，设置视频的外观等。

◇ 技术实现思路

制作讲解"PPT中视频运用技巧"的演示文稿并撰写讲解脚本；运用CS软件录制屏幕的功能，把PPT中的讲解与操作录制为视频；运用音频效果为音频降噪；给视频添加视觉效果、行为效果、动画、转场等；最终生成视频。

【案例实施】

◇ 知识点内容脚本

PPT是通过文本、图像、音频、视频和动画等多媒体元素来表现主题，而其中视频能够从听觉和视觉两个方面展示幻灯片的内容，在某种情况下，比单张图片或音频更加具有说服力。

1. PPT支持的视频格式

2. PPT中视频的使用

(1) 插入视频

(2) 给视频添加书签

(3) 编辑视频

① 裁剪视频。

② 视频的淡入与淡出。

(4) 视频播放控制

3. 调整视频格式

(1) 更改视频的亮度与对比度

(2) 更改视频颜色

4. 更改视频外观

(1) 视频样式

(2) 视频形状

(3) 视频轮廓

(4) 视频效果

◇ CS案例实现

1. 录制视频

步骤1：打开PPT文件(..\15.4\PPT中视频运用技巧.ppt)，切换到"普通视图"模式下。

步骤2：单击CS软件工具栏的"录制"按钮，打开CS软件的录像机，在"录像机"窗口中选择"自定义"，解开锁定纵横比，单击"自定义"按钮右侧的下拉箭头，在打开的菜单中勾选"锁定应用程序"选项。执行录像机"工具"菜单的"录制工具栏"命令，在打开的"录制工具栏"窗口中勾选"效果"选项。

步骤 3：用鼠标拖动录制区域线的方句柄，将录制 PPT 窗口的大小调整到合适。

步骤 4：单击"录像机"窗口的"录制"按钮，开始应用程序窗口（此处为 PPT 窗口）的录制。

步骤 5：录制完毕后，单击"录像机"窗口的"停止"按钮，录制的视频自动加载到"媒体箱"和轨道 1 中。

2. 编辑视频

步骤 1：选择轨道 1 上的该视频并右击，在弹出的快捷菜单中选择"分离音频和视频"命令，此时视频画面占据轨道 1，分离出的音频占据轨道 2。

步骤 2：把轨道 2 锁定，选择轨道 1 上分离出来的片段视频，把播放头定位于 0：01：01；16 处，单击时间轴工具栏中的"分割"按钮，把视频从此处分割开。用同样的方法，分别在 0：04：34；17 处、0：07：27；12 处、0：13：10；08 处、0：17：15；22 处把视频再分割。

3. 编辑音频

步骤 1：在轨道 2 上选择该片段音频，选择"音频效果"选项卡，打开"音频效果"窗口，把"降噪"效果拖曳到轨道的该片段音频上，此时轨道的音频上添加了"降噪"效果条。

步骤 2：双击"降噪"效果条，在"属性"面板中打开"降噪"面板，设置灵敏度值为 0，量值为 20，然后单击"分析"按钮，完成音频的降噪。

4. 添加视觉效果

步骤 1：选择轨道 1 上的第一段视频。选择"视觉效果"选项卡，打开"视觉效果"窗口，从窗口的视觉效果列表中把"边框"效果拖曳到轨道 1 的第一段视频上，此时轨道 1 的第一段视频上显示出"边框"效果条。

步骤 2：双击"边框"效果条，在"属性"窗口中打开"边框"效果面板，设置边框的颜色为红色，厚度为 20。

步骤 3：选择轨道 1 上的第二段视频。选择"视觉效果"选项卡，打开"视觉效果"窗口，从窗口的视觉效果列表中把"着色"效果拖曳到轨道 1 的第二段视频上，此时轨道 1 的第二段视频上显示出"着色"效果条。

步骤 4：双击"着色"效果条，在"属性"窗口中打开"着色"效果面板，设置着色的颜色为绿色，量值为 3%。

步骤 5：用同样的方法，为第三、四、五、六段视频添加着色视觉效果。

5. 添加行为

步骤 1：选择轨道 1 上的第一段视频。选择"行为"选项卡，打开"行为"窗口，从窗口的行为列表中把"缩放"行为拖曳到轨道 1 的第一段视频上，此时轨道 1 的第一段视频上显示出"缩放"效果条。

步骤 2：双击"缩放"效果条，在"属性"窗口中打开"缩放"面板，选择"进入"选项卡，设置样式为发光，运动为平滑，速度为 90%。选择"退出"选项卡，设置样式为收缩，运动为淡出，速度为 90%。

步骤 3：选择轨道 1 上的第二段视频。选择"行为"选项卡，打开"行为"窗口，从窗口的行为列表中把"偏移"行为拖曳到轨道 1 的第二段视频上，此时轨道 1 的第二段视频上显示出"偏移"效果条。

　　步骤4：双击"偏移"效果条，在"属性"窗口中打开"偏移"面板，选择"进入"选项卡，设置样式为偏移，运动为弹跳，张力为4。选择"持续"选项卡，设置循环时间为2秒，循环次数为1，取消无限循环的勾选。选择"退出"选项卡，设置样式为偏移，运动为淡出，速度为90%。

　　步骤5：选择轨道1的第二段视频上的"偏移"效果条并在其上右击，在弹出的快捷菜单中选择"复制所选效果"命令，然后选择轨道1的第三段视频并在其上右击，在弹出的快捷菜单中选择"效果粘贴"命令，这样就把偏移效果粘贴到了第三段视频上。用同样的方法为第三、四、五、六段视频添加偏移行为。

6. 生成视频

编辑完成后，单击工具栏中的"分享"命令，根据提示进行下一步操作，完成视频的渲染。

15.5　微视频案例——PPT中动画运用技巧

【案例描述】

　　◇ 知识点内容简述

PPT中合理地使用动画可更好地表现主题，达到制作精美PPT的目的。本知识点讲述PPT中可运用的动画类别，外部动画的使用方法，内部动画运用技巧和破解制约内部动画开发瓶颈的方法。

　　◇ 技术实现思路

制作讲解"PPT中动画运用技巧"的演示文稿并撰写讲解脚本；运用CS软件录制屏幕的功能，把PPT中的讲解与操作录制为视频；运用音频效果为录制的讲解音频降噪；给视频添加行为效果、动画、指针效果、转场等；最终生成视频。

【案例实施】

　　◇ 知识点内容脚本

PPT中除使用文本、图像、音频、视频等多媒体元素表现主题外，动画也是一类重要的元素。PPT中运用的动画分为外部动画和内部动画。

1. 外部动画

（1）类别

① gif动画。

② swf动画。

(2) PPT 中的运用

① 插入 gif 动画。

② 嵌入 swf 动画。

2．内部动画

(1) 进入动画——对象出现的效果

① PPT 里的对象。

② 动画的四种类型：基本型、细微型、温和型、华丽型。

③ 设置进入动画。

(2) 退出动画——对象消失的效果

① 进入动画的逆过程。

② 退出动画效果与进入动画效果完全对应。

③ 设置退出动画时要考虑的因素。

④ 设置退出动画。

(3) 强调动画——对象引起注意的效果

① 放映过程中引起观众注意的一种动画。

② 强调动画应用的场合。

③ 设置强调动画。

(4) 路径动画——控制对象运动方向

① 使对象按照路径运动。

② 使用路径动画的注意事项。

③ 设置路径动画。

(5) 触发器动画——控制对象动画的启动

3．PPT 内部动画运用的问题

(1) 动画窗格——突破连贯的瓶颈

① 时间轴。

② 时间轴的操作。

(2) 选择窗格——突破对象选择的瓶颈

① 打开选择窗格。

② 在选择窗格中选择对象。

(3) 动画刷——突破效率的瓶颈

① 动画刷的概念。

② 动画刷的应用。

(4) 动画库——突破效果的瓶颈

◇ CS 案例实现

1．录制视频

步骤 1：打开 PPT 文件(..\15.5\PPT 中动画运用技巧.ppt)，切换到"普通视图"模式下。

步骤2：参照案例15.4录制视频部分的操作步骤，把讲解与操作的过程录制为视频文件(..\15.5\PPT中动画运用技巧.trec)。

2. 编辑音频、视频

步骤1：选择轨道1上的该视频并右击，在弹出的快捷菜单中选择"分离音频和视频"命令，此时视频画面占据轨道1，分离出的音频占据轨道2。

步骤2：把轨道2锁定，选择轨道1上分离出来的片段视频，把播放头定位于0:04:45;16处，单击时间轴工具栏中的"分割"按钮，把视频从此处分割开。用同样的方法，在0:14:23;04处把视频再分割。

步骤3：把轨道2解锁，在轨道2上选择该片段音频，选择"音频效果"选项卡，打开"音频效果"窗口，把"降噪"效果拖曳到轨道的该片段音频上，此时轨道的音频上添加了"降噪"效果条。

步骤4：双击"降噪"效果条，在"属性"面板中打开"降噪"面板，设置灵敏度值为0，量值为20，然后单击"分析"按钮，完成音频的降噪。

3. 添加转场

步骤1：选择"转场"选项卡，打开"转场"窗口，从转场列表中把"页面滚动"转场效果用鼠标拖曳到轨道1的第一段视频和第二段视频之间，此时两段视频间便添加了转场效果条。

步骤2：将鼠标移动到转场效果条的结束位置上，当鼠标指针变成双向箭头时，按住鼠标的左键向右拖动，调整转场效果的播放时长为2秒。

步骤3：参照步骤1、步骤2，把"翻页"转场效果拖曳到第二段视频和第三段视频之间，调整转场效果的播放时长为2秒。

4. 添加光标效果

步骤1：在轨道1上选中第二段视频，选择"指针效果"选项卡，打开"指针效果"窗口，从窗口中选择"指针效果"选项，把"指针放大"效果拖曳到轨道1的第二段视频上。

步骤2：单击轨道上的"指针放大"效果条，在"属性"窗口中打开"指针放大"效果面板。

步骤3：在"指针放大"效果面板中，设置大小为30，缩放为120%，阴影为2。

步骤4：在"指针效果"窗口中，选择"左键点击指针效果"选项，把"左键点击目标"效果拖曳到轨道1的第二段视频上。

步骤5：单击轨道上的"左键点击目标"效果条，在"属性"窗口中打开"左键点击目标"效果面板。

步骤6：在"左键点击目标"效果面板中，设置颜色为红色，大小为10，圆环为3，持续时间为1.25秒。

步骤7：在"指针效果"窗口中，选择"右键点击指针效果"选项，把"右键点击圆环"效果拖曳到轨道1的第二段视频上。

步骤8：单击轨道上的"右键点击圆环"效果条，在"属性"窗口中打开"右键点击圆环"

效果面板。

步骤 9：在"右键点击圆环"效果面板中，设置颜色为粉色，大小为 10，圆环宽度为 0.5，持续时间为 1.25 秒。

5. 添加标记

步骤 1：在轨道 1 上，把播放头定位于开始处。

步骤 2：按 Ctrl+M 组合键，打开"标记"视图，在标记轨道上播放头所在位置添加一个标记。用同样的方法在 0:04:45;16 处、0:14:23;04 处再添加两个标记。

步骤 3：在时间轴的标记轨道上，选中标记 1 并在其上右击，在弹出的快捷菜单中选择"重命名"命令，在"属性"窗口中打开"标记"面板，设置标记名称为"一、外部动画"。用同样的方法分别设置第二个标记的名称为"二、内部动画"，设置第三个标记的名称为"三、内部动画运用问题"。

6. 生成视频

步骤 1：编辑完成后，单击工具栏中的"分享"命令，根据提示进行下一步操作，当进行到"生成向导"窗口的"Smart Player 选项"页面时，选择"选项"选项卡，在其中勾选"目录"选项，单击"下一步"按钮，直至打开"生成向导→标记选项"窗口。

步骤 2：窗口中勾选"标记条目数量"和"最初可见目录"两个选项，设置显示选项为"固定右侧"，设置标记显示为"仅文本"，单击"下一步"按钮，完成视频的渲染。

15.6 微视频案例——基于 PPT 的微课制作

【案例描述】

◇ 知识点内容简述

基于 PPT 的微课制作方法，由于运用的软件不同，制作方法各异。本知识点讲述以 PPT 为主的微课制作方法和流程，主要包括设计与制作 PPT、录制讲解音频、PPT 发布为视频、视频中音频的降噪、编辑视频几个方面。

◇ 技术实现思路

制作讲解"基于 PPT 的微课制作"的演示文稿并撰写讲解脚本；运用 PPT 的录制幻灯片功能，对每一张幻灯片录制讲解的音频；运用 PPT 发布视频功能，把 PPT 生成为视频文件；把视频文件导入 CS 软件的媒体箱，对视频文件进一步编辑，包括添加转场、标记、注释等；运用标记功能为视频添加导航目录；最终生成视频。

【案例实施】

◇ 知识点内容脚本

由于教学内容、微课类型、所需设备、所需场地等不同，所以微课的制作方法很多并且存在较大差异。基于 PPT 的微课制作比较普遍，下面从设计制作 PPT、录制讲解音频、PPT 发布为视频、视频中音频的降噪、编辑视频等几个方面，介绍基于 PPT 微课制作的流程和方法。

1. 设计、制作 PPT

(1) 文本的合理运用

① 文本运用常见问题。

② 文本运用技巧。

(2) 图片的合理运用

① 图片运用常见问题。

② 图片运用技巧。

(3) 音频的合理运用

PowerPoint 2010 版使用音频时，分为链接与嵌入两种方式，本书提倡使用嵌入方式。将音频嵌入到 PPT 中（音频数据保存在 PPT 中），则当 PPT 复制到其他计算机时，音频均可播放。嵌入 PPT 中音频播放控制的方法有动画控制、Windows Media Player 控件控制、幻灯片切换控制、动作设置控制等。案例 15.3 中已经详细介绍了 PPT 中动画与触发器配合使用，实现控制音频的播放、暂停、停止，这里不再赘述。

(4) 视频运用技巧

PowerPoint 2010 版使用视频时，可以分为链接和嵌入两种方式。执行"插入"→"视频"→"文件中的视频"，选择视频文件后，如果在打开文件窗口中单击"插入"按钮，则视频为嵌入 PPT 中，若单击"链接到文件"按钮，则视频为链接至 PPT 中。嵌入 PPT 中的视频，会自动使用 Windows Media Player 控件播放。视频的格式设置与播放控制已在案例 15.4 中详细介绍，此处不再赘述。

(5) 动画运用技巧

PPT 中运用的动画包括内部动画和外部动画。外部动画运用较多的是 swf 动画和 gif 动画。插入 gif 动画，其数据就会保存在 PPT 中。而 swf 动画若需嵌入 PPT 中，则需要完成一定的技术操作。方法是运用 Shockwave Flash Object 控件设置其 Movie 属性为播放的动画文件，设置 Embedmovie 属性为 True，表示嵌入，保存 PPT 后，动画数据也就保存在 PPT 中。动画的运用已在案例 15.5 中详细介绍，此处不再赘述。

(6) PPT 美化技巧

① 美化 PPT 的基本原则。

② 美化 PPT 的方法。

2. 录制讲解声音

(1) 前期准备

① 硬件准备主要包括计算机、麦克风等。

② 讲稿准备指在运用 PPT 录制讲解音频之前，一定要对所讲的内容撰写讲稿提纲，录音时依据讲稿提纲录制。

(2) 声音录制

在 PPT 中录制声音的方法是执行"幻灯片放映"→"录制幻灯片演示",打开"录制幻灯片演示"窗口后,单击"开始录制"按钮,即可从第一张幻灯片录制,录制完一张按翻页键翻页,继续录制下一张。如果在录制过程中,某一张幻灯片录制的音频出现错误,可以把该幻灯片上生成的音频删除,然后单独对此张幻灯片的音频重新录制即可。

3. PPT 发布为视频

在 PowerPoint 2010 版中执行"文件"→"保存并发送"→"创建视频"命令,将 PPT 存储为视频格式文件。

4. 视频中音频的降噪

视频中音频的降噪,可用 Cooledit 软件实现,方法同音频的降噪相似。

◇ CS 案例实现

1. 导入视频

步骤 1:打开 CS 软件并新建一个项目,选择"媒体"选项卡,在打开的"媒体"窗口中选择"媒体箱",单击"导入媒体(+)"按钮,把视频文件(..\案例 15.6\基于 PPT 微课制作.wmv)导入到"媒体箱"中。

步骤 2:用鼠标拖曳的方法从媒体箱中把该视频文件拖到时间轴的轨道 1 上。

2. 音频编辑

步骤 1:选择轨道 1 并在其上右击,在弹出的快捷菜单中选择"分离音频和视频"命令,此时轨道 1 为视频画面,轨道 2 为音频。

步骤 2:把轨道 1 锁定,选择轨道 2。选择"音频效果"选项卡,打开"音频效果"窗口,把"降噪"效果用鼠标拖曳的方法拖至轨道 2 上,此时轨道上出现"降噪"效果条。

步骤 3:在"降噪"效果条上双击,在"属性"窗口中打开"降噪"效果面板,调整灵敏度为 2,量为 20,然后单击"分析"按钮,完成对整个音频的降噪。

步骤 4:把轨道 1 锁定,选择轨道 2,在音量线上的 0:05:58;00 处右击。在弹出的快捷菜单中选择"添加音频点"命令,用同样的方法在 0:05:59;29 位置处再添加一个音频点。

步骤 5:把播放头选择起点滑块定位于 0:05:58;00 处,选择终点滑块定位于 0:05:59;29 处,即选中此片段音频。此时,在轨道上用鼠标向下拖动两个音频点之间的音量线,使音量变为 0,使两个音频点之间的片段音频静音。

3. 添加转场

步骤 1:把轨道 2 锁定,选择轨道 1。

步骤 2:把播放头定位于 0:03:16;29 处,单击时间轴工具栏中的"分割"按钮,进行视频画面的分割。用同样的方法分别在 0:04:51;18 处、0:07:50;05 处、0:08:43;11 处、0:10:38;26 处进行视频的分割。这样轨道 1 上的视频被分为 6 个片段视频。

步骤 3:选择"转场"选项卡,打开"转场"效果窗口,把圈伸展、翻转、页面滚动、翻页、螺旋 5 个转场效果依次用鼠标拖曳的方法添加到轨道 1 的片段视频与片段视频之间。

4．添加注释

步骤 1：把轨道 2、轨道 1 全部锁定。

步骤 2：把播放头定位于 0:01:32;18 处,选择"注释"选项卡,在打开的"注释"窗口中选择"草图运动标注"选项,在标注列表中双击"运动椭圆"标注,将该标注添加到轨道 3 上。

步骤 3：在轨道上用鼠标拖曳的方法,把该标注播放结束的时间设置为 0:01:35;13。

步骤 4：在轨道上双击该标注的"阴影"效果条,在"属性"窗口中打开的"阴影"面板,设置不透明度为 40%,模糊值为 10,淡入时间为 0 秒,淡出时间为 0 秒。

5．添加标记

步骤 1：按 Ctrl+M 组合键,打开"标记"视图。

步骤 2：把播放头定位于 0:00:00;00 处,在标记轨道上单击添加一个标记,此时在"属性"窗口中会打开"标记"面板,把标记名称改为"一、设计、制作 PPT"。

步骤 3：用步骤 2 同样的方法在 0:08:43;11 处添加标记,把标记名称改为"二、录制讲解声音",在 0:10:38;26 处添加标记,把标记名称改为"三、PPT 发布为视频"。

6．制作视频导航目录并生成视频

步骤 1：编辑完成后,单击工具栏的"分享"按钮,选择"自定义生成设置",根据提示进行下一步操作,当进入"生成向导"窗口的"Smart Player 选项"页面时,在页面中选择"选项"选项卡。

步骤 2：在该选项卡中勾选"目录"选项,并单击"下一步"按钮进入"标记选项"页面。

步骤 3：在"标记选项"页面中,勾选"标记条目数量"和"最初可见目录"两个选项,在"显示选项"中选择"固定左侧"单选项,在"标记显示"中选择"仅文本"选项。

步骤 4：继续单击"下一步"按钮,完成视频的渲染。

第 16 章 录屏类微课制作

录屏是制作微课常用的方法之一。本章结合制作微课中对图形图像、音频、视频和动画等素材的加工需要,分类设计、制作 4 个案例,通过对案例的学习,读者即会理解录屏类微课的制作方法,同时也能够学习、掌握多媒体素材加工与处理的技术,为微课制作奠定良好基础。

16.1 微视频案例——图片素材的加工

【案例描述】

◇ 知识点内容简述

Photoshop CS6(以下简称为 PS)是一款专业的图片处理软件,其选区的操作、图像修补工具、蒙版和路径等是处理图片的重要功能。本知识点将对选区的创建、操作、编辑、应用等进行讲解,理清选区的概念及各知识点间的逻辑关系;以修补工具的使用为例,来说明 PS 修饰工具的运用方法;以矢量蒙版的运用为例,来讲述蒙版的基本原理、类型及制作方法;以选区与路径配合使用为例,来说明路径的运用方法。

◇ 技术实现思路

制作讲解选区的 PPT 演示文稿;导入 PPT、录制语音旁白;运用 CS 软件的静态注释、画布上对象操作等功能,制作 PS 软件选区操作的思维导图,编辑视频。

编写运用 PS 软件的修补工具、矢量蒙版、选区与路径互换进行图像加工的操作步骤的讲解脚本;运用 CS 软件的录制屏幕功能,把操作过程分别录制为视频;为录制的视频添加字幕,实现画面、音频、字幕的同步;给视频制作导航目录;生成视频。

【案例实施】

◇ 知识点内容脚本

PS 软件处理图像常用的功能包括选区、修补工具、蒙版和路径。

1. 选区

在使用 PS 软件编辑、修补图像之前，往往需要指定操作的区域，即选区。选区的操作主要包括创建选区、基本操作、编辑选区、应用选区。

（1）思维导图

（2）选区的操作

① 创建选区。

② 基本操作。

③ 编辑选区。

④ 应用选区。

2. 修补工具

PS 修补工具包括仿制图章工具、图案图章工具、修复画笔工具、模糊工具、锐化工具、修补工具等。PS 软件中修补工具的操作步骤如下。

步骤 1：启动 PS 软件，选择"文件"菜单的"打开"命令。

步骤 2：在"打开文件"对话框中，选择（..\16.1\PS 修补工具\1.png）图像文件，单击"打开"按钮打开该文件。

步骤 3：在 PS 工具栏中选择"修补工具"，在工具选项栏中选择"源"，按住鼠标左键在画布上画一个区域（此时形成一个选区），此区域为源区域。

步骤 4：在工具选项栏中选择"目标"。

步骤 5：将鼠标移动至源区域上（步骤 3 的选区），按住鼠标左键拖动该区域到要修补的区域上，松开鼠标左键，完成用创建的区域去修补目标区域的效果。

步骤 6：单击"文件"菜单的"存储为"命令，将文件保存为（..\ 16.1\PS 修补工具\2.png）图片。

3. 蒙版

蒙版是 PS 处理图像的重要内容，是进行图像合成最常用的手段，蒙版可轻松控制图层区域的显示或隐藏。蒙版的基本原理是用前景黑色去遮蔽某一个区域，用前景白色去显示某一个区域。蒙版分为快速蒙版、矢量蒙版、剪贴蒙版和图层蒙版 4 种。

运用 PS 软件的矢量蒙版来合成图像的操作步骤如下。

步骤 1：启动 PS 后，打开（..\16.1\PS 矢量蒙版\1.png）图片，将图片所在图层设置为普通图层并选择该图层。

步骤 2：在 PS 工具箱中，设置前景颜色为白色，背景颜色为黑色。

步骤 3：在 PS 工具箱中选择"自定义形状工具"，在工具选项栏中选择"路径"，从"自定义形状"中选择一种形状。

步骤 4：按住鼠标左键在图形上拖动，创建一个自定义形状的路径。

步骤 5：打开 PS 软件中的"图层"菜单，在弹出的菜单中选择"矢量蒙版"级联菜单的"当前路径"命令，此时路径外的图像被遮蔽。

步骤 6：从 PS 工具箱中选择"路径选择工具"，然后将鼠标移动到画布的该路径上，按住鼠标左键拖动，可改变路径在画布上的位置，从而改变被遮蔽区域。

步骤7：选择该路径，打开PS的"编辑"菜单，在弹出的子菜单中选择"变换路径"或"自由变换路径"命令，通过路径变形，从而改变被遮蔽区域。

步骤8：打开PS的"文件"菜单，在弹出的菜单中选择"存储为"命令，把文件保存为（..\16.1\PS矢量蒙版\2.png）图片。

4. 路径

在PS中运用创建选区工具，可以创建规则形状的选区，也可以创建不规则形状的选区，创建选区后运用选区运算工具能够改变选区。但对于极不规则选区的创建，则可将选区转换为路径，运用路径编辑工具任意改变路径，然后再将路径转换为选区，这样就实现了极不规则选区的创建。

以从一张图片中抠取不规则区域图像为例，说明选区与路径的互换，操作步骤如下。

步骤1：启动PS软件，单击"文件"菜单的"打开"命令，打开图片（..\16.1\PS路径\1.jpg）文件，将其所在图层进行解锁。

步骤2：用"椭圆选框工具"创建一个圆形选区。

步骤3：在圆形选区上右击，在弹出的快捷菜单中选择"建立工作路径"命令。

步骤4：在弹出的"建立工作路径"对话框中，单击"确定"。

步骤5：运用路径选择工具和路径编辑工具对路径进行微调。

步骤6：在路径上右击，在弹出的快捷菜单中选择"建立选区"命令，此时路径又变为选区。

步骤7：将调整好的选区进行复制、粘贴，生成新的图层，把该图层存储为（..\16.1\PS路径\2.png）图片文件。

◇ CS案例实现

1. 导入PPT

步骤1：启动CS软件并新建一个项目；单击"媒体"选项卡，打开"媒体"窗口，在窗口中选择"媒体箱"选项并单击"导入媒体"按钮，把演示文稿（..\16.1\PS选区部分\PS选区部分.ppt）导入到"媒体箱"中。

步骤2：将"媒体箱"中生成PPT的5张图片依次添加到轨道1上，在画布上调整每张图片的大小，使其铺满整个画布。

2. 录制语音旁白

步骤1：把播放头拖动到时间轴的开始处，选择"语音旁白"选项卡，打开"语音旁白"窗口，在音频输入设备下拉列表框中选择"麦克风"，同时单击"自动调节"按钮，勾选"录制过程中静音时间轴"选项。

步骤2：打开文档（..\16.1\PS选区部分\ PS选区基本知识——讲解脚本.docx），把文本全选并复制。

步骤3：返回CS软件中，把文本粘贴于"语音旁白"窗口中的文本框中。

步骤4：单击"开始从麦克风录制"按钮，依据文本框中的讲解文本进行朗读讲解。讲解完成后单击"停止"按钮，打开"将旁白另存为"窗口，把音频文件保存为（..\16.1\PS选区部分\1标题音频.m4a)文件,同时把音频加载到轨道2上。音频时长为1分6秒6帧。

步骤5:在轨道1上调整第1张幻灯片图片的播放时长为1分6秒6帧,实现音频与画面的同步。

步骤6:参照步骤1至步骤5的操作,针对第2至第5张幻灯片图片,录制讲解的语音旁白,生成音频文件(..\16.1\PS选区部分\PS选区基本知识.m4a),在轨道1上分别调整第2至第5张幻灯片图片的播放时长,实现音频与画面的同步。

步骤7:选中轨道2上的音频(PS选区基本知识.m4a),选择"音频效果"选项卡,打开"音频效果"窗口,从窗口中把"降噪"效果拖曳到轨道2的该音频上,单击轨道2上该效果的"展开/折叠"按钮,显示出"降噪"效果条,双击该效果条,在"属性"窗口中打开"降噪"效果面板,设置灵敏度值为0,量值为20,单击"分析"按钮,完成音频的降噪。

3. 运用注释制作思维导图

步骤1:选择轨道3,单击"注释"选项卡,打开"注释"窗口,把播放头定位于00:00:24;00时间位置处。

步骤2:在"注释"窗口中选择"标注"选项,在标注列表中双击"圆角矩形静态注释",此时在预览窗口的画布上添加了一个注释。

步骤3:在画布上双击该注释的文本,在文本框中输入"选区",然后在"属性"窗口中打开"圆角矩形"面板,设置字体为宋体、字号为20、颜色为黑色,在画布上调整该"圆角矩形静态注释"的大小至合适,位置位于画布的中间,设置其播放的持续时间为1分6秒6帧。

步骤4:在轨道上选中该标注,在"阴影"效果条上双击,在"属性"窗口中打开"阴影"面板,设置该"圆角矩形静态注释"的背景颜色为灰色,偏移值为4,不透明度为75%,模糊值为2。

步骤5:参照步骤1至步骤4,分别在轨道4的26秒处、轨道5的28秒处、轨道6的30秒处、轨道8的34秒处、轨道10的38秒处、轨道12的42秒处,运用"箭头和线条"选项中的"直线"注释绘制思维导图连线,每条连线的播放结束时间均为1分6秒6帧。

步骤6:参照步骤1至步骤4,分别在轨道7的32秒处、轨道9的36秒处、轨道11的40秒处、轨道13的44秒处,运用"圆角矩形静态注释"绘制出"创建选区""基本操作""编辑选区""应用选区"思维导图其余部分,每个"圆角矩形静态注释"播放结束时间均为1分6秒6帧,从而制作选区基本知识思维导图的视频。

4. 组的操作

步骤1:把轨道3、轨道4、轨道5上的媒体全部选中,在轨道的媒体上右击,在弹出的快捷菜单中选择"组合"命令,形成组合1,占据轨道3。把轨道4、轨道5删除。

步骤2:把轨道6到轨道13上的媒体全部选中,在轨道的媒体上右击,在弹出的快捷菜单中选择"组合"命令,形成组合2,占据轨道4。把其他空轨道全部删除。

5. 标题的制作

步骤1:选择"媒体"选项卡,打开"媒体"选项窗口,在窗口中选择"库"选项,从"库"中的动态背景类中把"白色三角形背景"拖曳到轨道1上。

步骤2:在轨道1上选中"白色三角形背景"并在其上右击,在弹出的快捷菜单中选择

"添加剪辑速度"命令,此时在轨道上会添加一个"剪辑速度"效果条,双击该效果条,在"属性"窗口中会打开"剪辑速度"面板,设置速度的值为0.77X。

步骤 3:选择"媒体"选项卡,打开"媒体"选项窗口,在窗口中选择"库"选项,从"库"中的音乐曲目类中把"萤火虫"音频拖曳到轨道2上。

步骤 4:选择轨道2上的音频,把播放头移动到0:18:23;18处,单击时间轴工具栏上的"分割"按钮,把音频分为两段,选中后一段音频并把其删除。

步骤 5:选中轨道2上的音频,选择"音频效果"选项卡,打开"音频效果"窗口,把"淡入"效果拖动到轨道的音频上,把"淡出"效果同样拖到轨道的音频上。调整"淡入"效果的后一个音频点到0:00:00;15处,调整"淡出"效果的前一个音频点到0:00:02;14处。把鼠标移动到"淡入""淡出"两个音频点之间,当鼠标指针变成双向箭头时,按住鼠标左键向下拖动,使整个音频的音量为25%。

步骤 6:选择"媒体"选项卡,打开"媒体"选项窗口,在窗口中单击"导入媒体"按钮,把音频文件(..\16.1\PS修饰工具\2标题音频.wav)导入到"媒体箱"中。从"媒体箱"中把该音频拖动到轨道2的"萤火虫"音频后面。

步骤 7:在轨道3上,选择"注释"选项卡,在打开的"注释"窗口中选择"标注"选项,从标注列表中把"文本"标注拖到轨道3上,在画布上双击该文本标注,为其添加文本内容"二、PS修饰工具"。

步骤 8:在画布上双击该文本标注,在"属性"窗口中打开"文本属性"面板,在其中设置文本的字体为红色,大小为80。

步骤 9:调整轨道3上的文本标注播放持续时间为0:00:02;29。

步骤 10:给片头添加字幕。选择"字幕"选项卡,打开"字幕"窗口,单击"添加字幕"按钮,在"字幕"窗口中分别添加文本"PS修饰工具包括仿制图章工具、图案图章工具""修复画笔工具、模糊工具、锐化工具、修补工具等""PS软件中修饰工具的操作步骤如下"的3段字幕。在"字幕"窗口中分别双击每一段字幕,打开"字幕编辑"窗口,单击"字体属性"按钮,在打开的"字体属性"窗口中设置字体颜色为黑色,大小为42。

6. 录制屏幕

步骤 1:在CS软件中单击工具栏中"录制"按钮,打开CS软件的录像机。

步骤 2:设置录像机的"选择区域"为"全屏幕",设置"录制输入"的状态为"音频开"并调整音量,单击红色"rec"录制按钮,开始对修饰工具部分的操作进行录制。

步骤 3:录制完成后,单击录像机工具栏中的"停止"按钮或按F10键结束录制。录制的视频文件会自动保存在默认的文件夹(C:\Users\Administrator\Documents\Camtasia Studio)中,同时视频被加载到CS媒体箱中。

步骤 4:在资源管理器中把视频文件复制并粘贴为指定目录文件(..\16.1\PS修饰工具\PS修饰工具.trec),在"媒体箱"中选择视频并在其上右击,在弹出的快捷菜单中选择"更新媒体"命令,把视频替换成(..\16.1\PS修饰工具\PS修饰工具.trec)文件。从"媒体箱"中把视频加载到轨道1的片头视频后面。

说明:因为CS软件录制的视频存储在默认的文件夹中,而没有存储在案例16.1的文件中,为不影响本案例在其他计算机上的编辑,故必须进行步骤5的操作。

7. 同步字幕

步骤 1：选择轨道 3 并把播放头移到 0:18:41;14 处。

步骤 2：单击"字幕"选项，打开"字幕"窗口。

步骤 3：复制上述"知识点内容脚本"中的"2. 修补工具"的步骤 1 至步骤 6 的文本内容。

步骤 4：在"字幕"窗口中单击"添加字幕"按钮，将复制的文本内容粘贴到"字幕"窗口中的字幕文本框中。

步骤 5：在"字幕"窗口中单击"脚本选项"按钮，在弹出的菜单中选择"同步字幕"命令，打开"同步字幕"窗口，单击"继续"按钮，在打开的"字幕和音频同步"对话框中选择"从播放头位置开始"选项。

步骤 6：播放视频过程中，当听到一句话结束时，在字幕文本框中单击下一句话开始的单词，即可创建一个新的字幕。

步骤 7：重复步骤 6 完成其余文本内容字幕的同步。在时间轴上根据视频播放时长对字幕播放时长做出微调，使音频与字幕更好地同步。

8. 制作标题与录制屏幕

步骤 1：参照"5. 标题的制作"的操作步骤，制作"3. 蒙版"内容的标题，所用音频文件为(..\ 16.1\PS 矢量蒙版\3 标题音频.wav)文件。

步骤 2：参照"6. 录制屏幕"的操作步骤，录制"3. 蒙版"内容的视频，保存文件为(..\ 16.1\PS 矢量蒙版\ PS 矢量蒙版.trec)文件。

步骤 3：参照"7. 同步字幕"的操作步骤，给录制的"3. 蒙版"内容的视频添加字幕。

步骤 4：参照"5. 标题的制作"的操作步骤，制作"4. 路径"内容的标题，所用音频文件为(..\ 16.1\PS 路径\4 标题音频.m4a)文件。参照"7. 同步字幕"的操作步骤，给此段标题添加字幕。

9. 录制并编辑"4. 路径"的视频

步骤 1：单击"编辑"菜单的"首选项"命令，打开"首选项"窗口，选择"程序"选项卡，勾选"锁定智能聚焦到最大缩放""将智能聚焦应用到已添加的剪辑"两个勾选项，单击"确定"按钮，完成所需参数的设置。

步骤 2：单击工具栏中的"录制"按钮，打开 CS 软件的录像机。设置录像机的"选择区域"为"自定义"并选择"锁定应用程序"，设置"录制输入"的状态为"音频开"并调节音量。单击"录像机"的"工具"菜单中的"录制工具栏"命令，在打开的"录制工具栏"窗口中勾选"效果""音频"选项，单击"确定"按钮。单击音频右侧的下拉列表框，选择"麦克风"选项。单击录像机的红色"rec"录制按钮，开始视频的录制。

步骤 3：录制完"4. 路径"操作的视频，保存为(..\ 16.1\PS 路径\ PS 路径.trec)文件。把视频添加到轨道 1 上，对其进行音频和视频的分离，对音频进行降噪，为视频添加字幕，编辑视频的智能聚焦动画。

10. 制作导航目录

步骤 1：把播放头定位于时间轴开始处，按 Ctrl+M 组合键，打开"标记"视图，在标记轨道上单击,在播放头所在位置添加一个时间轴标记。此时,在"属性"窗口中打开"标记"面板,在面板中把标记的名称改为"一、选区"。

步骤2:用同样的方法,分别把播放头定位于0:18:20;19处、0:19:50;27处、0:22:27;13处,添加标记并分别命令名为"二、修补工具""三、蒙版""四、路径"。

11. 生成视频

步骤1:单击CS软件工具栏的"分享"按钮,根据提示进行下一步操作,当进入"生成向导"窗口的"Smart Player 选项"页面时,在页面中选择"选项"选项卡,勾选"字幕"选项,设置字幕类型为"烧录字幕"。

步骤2:继续单击"下一步"按钮,打开"智能播放器选项"页面,在"选项"选项卡中勾选"目录"。

步骤3:打开"标记选项"页面,在"显示选项"中选择"固定右侧",在"标记显示"右侧的下拉列表框中选择"仅文本",单击"下一步"按钮生成视频。

16.2 微视频案例——音频素材的加工

【案例描述】

◇ 知识点内容简述

Adobe Audition CS6(以下简称 Audition)是一款专业的音频处理软件。本知识点主要介绍该软件的录音、降噪、设置过渡效果、制作混音等功能,这些是读者在学习该软件过程中必须掌握的内容,也是音频处理最常用的技术。

◇ 技术实现思路

编写运用 Audition 软件录制音频、降噪、设置过渡效果、制作混音等操作步骤的脚本;运用 CS 软件的录制屏幕功能,对上述操作全过程进行录制,生成 *.trec 格式文件;运用 CS 软件的音频处理功能对视频中的音频进行加工;运用字幕功能添加字幕,并实现音频、画面、字幕的同步;运用指针效果为鼠标操作添加光标效果,为轨道上的媒体添加行为效果、转场效果等;添加测验;生成视频。

【案例实施】

◇ 知识点内容脚本

1. 录音

(1) 设置麦克风

运用 Audition 软件录制音频,需要对录音设备进行选择。以 Windows 7 操作系统为例,可以设置为麦克风输入或线路输入。

选择麦克风为录入设备,并用 Audition 软件录音的操作步骤如下。

步骤1:在任务栏的扬声器图标上右击,在弹出的快捷菜单中选择"录音设备"命令,打开"声音设置"窗口。

步骤 2：在"声音设置"窗口中，选择"录制"选项卡，选择列表框中"麦克风"选项并在其上右击，在弹出的快捷菜单中选择"属性"命令，打开"麦克风属性"窗口。

步骤 3：在"麦克风属性"窗口中选择"常规"选项卡，设置"设备用法"为"使用此设备（启用）"，单击"确定"按钮返回"声音设置"窗口，在"麦克风"选项上右击，在弹出的快捷菜单中选择"设置为默认设备"选项，此时，麦克风被设置为录音输入设备。

（2）录音

步骤 1：启动 Audition 软件，单击工具栏上的"多轨合成"按钮，弹出"新建多轨项目"窗口，此窗口中可以设置混音项目名称、文件夹位置等参数，单击"确定"按钮。

步骤 2：在轨道 1 上单击"录音备用"按钮（红色 R），使该按钮处于按下状态。

步骤 3：在"编辑器"窗口中，单击"录音"按钮，开始音频录制，录制完毕单击"停止"按钮。

步骤 4：单击"文件"→"导出"→"多轨缩混"→"完整混音"命令，保存音频文件(..\16.2\1.wav)。

2. 降噪

运用 Audition 软件对音频进行降噪处理，为了能够较精确地去除环境的噪音，一般录制前需要空录 5~10 秒，以备后期降噪时作为噪音的采样。用 Audition 软件进行音频降噪的操作步骤如下。

步骤 1：启动 Audition 软件，单击"文件"菜单中的"打开"命令，打开刚录制的音频文件(..\16.2\1.wav)，此时音频加载到编辑器中。

步骤 2：在编辑器中单击工具栏上的"放大（时间）"按钮，将音频波形放大到合适的大小。

步骤 3：用鼠标拖选的方法，选择音频中的噪音部分。

步骤 4：选择 Audition 软件主界面中的"效果"→"降噪/修复"→"捕捉降噪样本"命令，完成噪音的采样。

步骤 5：按 Ctrl＋A 组合键，选择全部音频，选择 Audition 软件主界面中的"效果"→"降噪/修复"→"降噪（处理）"命令，在弹出的窗口中单击"应用"按钮，完成音频的降噪。

步骤 6：单击"文件"→"另存为"命令，保存文件(..\16.2\2.wav)。

3. 设置音频过渡效果

音频过渡效果是指片段音频进入时的淡入或片段音频退出时的淡出，其基本原理是使音频音量从小逐渐增大或从大逐渐减小。

以两段音频间的淡出与淡入过渡效果制作为例，Audition 软件中的操作步骤如下。

步骤 1：打开 Audition 软件，选择"文件"菜单的"打开"命令。

步骤 2：按住键盘上的 Ctrl 键，同时选中 3.mp3 和 4.mp3 两个音频文件，单击"打开"按钮，把两个音频文件加载到音频轨道上。

步骤 3：单击工具栏中"多轨合成"按钮，创建多轨合成项目，并保存项目(..\16.2\音频过渡效果.sesx)。

步骤4：在"文件"窗口中用鼠标拖动的方法把音频 3.mp3 拖至轨道 1 中。

步骤5：重复步骤 4 的操作，把音频文件 4.mp3 拖至轨道 2 中。

步骤6：选中轨道 2 上的音频文件，在音频上按住鼠标右键，把音频拖到轨道 1 的音频之后。

步骤7：选中轨道 1 上第一段音频，单击"视图"菜单，勾选"显示素材音量包络"选项，此时音频中将出现一条黄线，称为音量线。在第一段音频结束前的音量线上移动鼠标，选择开始淡出的点并单击，添加一个包络点。将鼠标移至音频结束的位置，单击再添加一个包络点。按住鼠标左键垂直向下拖动音频结束位置的包络点，调小音量，这样从上一个包络点到结束包络点之间，音频音量呈现逐渐降低的效果。

步骤8：选中轨道 1 上第二段音频，在第二段音频开始位置的音量线上单击，创建一个包络点，把鼠标沿着音量线向右移动，选择淡入的结束点，单击再添加一个包络点。把鼠标移至音频开始的包络点上，按住鼠标左键垂直向下拖动，调小音量，这样从开始包络点至结束包络点之间，音频音量呈现逐渐升高的效果。

步骤9：单击"编辑器"的"播放"按钮，播放音频进行试听，如需改动音频的淡入或淡出时间长度，仍可继续对包络点进行调节。

步骤10：编辑完成后，单击"文件"→"导出"→"多轨混缩"→"完整混音"命令，保存音频文件。

4. 制作混音

运用 Audition 软件制作音频混音，需要两段以上音频资源。本书以两段音频资源制作混音为例，用 Audition 软件制作音频混音的操作步骤如下。

步骤1：启动 Audition 软件，单击工具栏中的"多轨合成"按钮，打开"新建多轨项目"对话框，在"项目名称"中输入混音名称"配乐诗朗诵"，单击"浏览"按钮，选择混音的存储位置(..\16.2\配乐诗朗诵.sesx)，单击"确定"按钮，即创建一个新的多轨混音项目。

步骤2：在轨道 1 右侧的空白位置右击，在弹出的快捷菜单中选择"插入"→"文件"命令，把音频文件(..\16.2\5.mp3)插入到轨道 1 中。用同样的方法把音频文件(..\16.2\6.mp3)插入到轨道 2 中。

步骤3：分别选中轨道 1 和轨道 2 上的音频，用鼠标上下拖动音轨上的音量（黄色）线，调整音频轨道 1 和音频轨道 2 中音频的音量，使音频 1（朗诵音频）的音量适度，音频 2（背景音频）的音量较小。

步骤4：编辑完成后，单击"编辑器"面板下方的"播放"按钮，试听音频。

步骤5：选择"文件"→"导出"→"多轨缩混"→"完整混音"命令，在打开的窗口中单击"确定"，导出音频。

◇ CS 案例实现

1. 录制屏幕

步骤1：启动 CS 软件，选择"编辑"菜单的"首选项"命令，在打开的"首选项"窗口中选择"程序"选项卡，勾选"锁定智能聚焦到最大缩放""将智能聚焦应用到已添加的剪辑"两个勾选项，单击"确定"按钮，完成所需参数的设置。

步骤2：单击工具栏中的"录制"按钮，打开 CS 软件的录像机。

步骤3：设置录像机的"选择区域"为"全屏"，设置"录制输入"的状态为"音频开"并调节音量大小。单击"录像机"的"工具"菜单中的"录制工具栏"命令，在打开的"录制工具栏"窗口中勾选"效果""音频"选项，单击"确定"按钮。单击音频右侧的下拉列表框，选择"麦克风"选项。单击"录像机"的红色"rec"录制按钮，开始视频的录制。

当开始录制后，即按上述的脚本内容进行录音输入设备的选择和 Audition 软件中的录音、降噪、过渡效果、混音等操作。

步骤4：全部操作录制完成后，单击"录像机"工具栏中的"停止"按钮或按 F10 键结束录制，在弹出的窗口中选择"停止"按钮，此时录制的视频文件自动保存于 CS 软件默认的文件夹中，同时在 CS 软件的媒体箱、轨道上自动加载录制的视频。

步骤5：把 CS 软件默认文件夹中刚刚生成的视频文件进行复制，然后粘贴并重命名（..\16.2\音频的编辑.trec）。在 CS 软件的媒体箱中右击视频文件，在弹出的快捷菜单中选择"更新媒体"命令，在打开的窗口中选择（..\16.2\音频素材的加工.trec）文件进行媒体的更换。

2. 音频的处理

步骤1：右击轨道1的视频，在弹出的快捷菜单中选择"分离音频和视频"命令，此时轨道1为视频画面，轨道2为音频。

步骤2：把轨道1锁定，选择轨道2。选择"音频效果"选项卡，打开"音频效果"窗口，把"降噪"效果用鼠标拖至轨道2上，此时轨道上出现"降噪"效果条。

步骤3：双击"降噪"效果条，在"属性"窗口中打开"降噪"效果面板，调整灵敏度为0，量为20，然后单击"分析"按钮，完成对整个音频的降噪。

3. 编辑字幕

步骤1：添加一条新的轨道3，把播放头定位于0:00:34;25处。

步骤2：打开文档（..\16.2\音频素材的加工——讲解脚本.docx），把文本中第二段讲解的第一句进行复制，返回 CS 软件中。

步骤3：选择"字幕"选项卡，打开"字幕"窗口，单击"添加字幕"按钮，把文本粘贴于"字幕"窗口的文本框中。

步骤4：在"字幕编辑"窗口中单击"字体属性"按钮，打开"文本样式"窗口，在窗口中设置字体为华文宋体，颜色为白色，大小为50，不透明度为0。

步骤5：选择轨道上的字幕，调整字幕播放时长，使其与音频、画面完全同步。

步骤6：重复步骤2至步骤5的操作，为整个视频添加字幕。

4. 编辑指针效果

步骤1：把轨道2、轨道3锁定。选中轨道1并把播放头定位于0:04:11;10处，单击时间轴工具栏上的"分割"按钮；再把播放头定位于0:06:54;20处，单击时间轴工具栏上的"分割"按钮；再把播放头定位于0:13:33;02处，单击时间轴工具栏上的"分割"按钮。这样就把轨道1上的视频分为4段。

步骤2：在轨道1上选中第二段视频，选择"指针效果"选项卡，打开"指针效果"窗口，从窗口中选择"指针效果"选项,把"指针高亮"效果拖曳到轨道1的第二段视频上。

步骤3：单击轨道上的"指针高亮"效果条,在"属性"窗口中打开"指针高亮"效果面板。

步骤4：在"指针高亮"效果面板中,设置颜色为黄色,不透明度为70％,大小为20。

步骤5：在"指针效果"窗口中,选择"左键点击指针效果"选项,把"左键点击圆环"效果拖曳到轨道1的第二段视频上。

步骤6：单击轨道上的"左键点击圆环"效果条,在"属性"窗口中打开"左键点击圆环"效果面板。

步骤7：在"左键点击圆环"效果面板中,设置颜色为红色,大小为30,圆环宽度0.5,持续时间为1.25秒。

5. 添加视觉效果

步骤1：选择轨道1上的第三段视频。选择"视觉效果"选项卡,打开"视觉效果"窗口,从窗口中的视觉效果列表中把"着色"效果拖曳到轨道1的第三段视频上,此时该视频上显示出"着色"效果条。

步骤2：双击"着色"效果条,在"属性"窗口中打开"着色"效果面板,设置边框的颜色为白色,量为100％。

6. 添加行为

步骤1：选择轨道1上的第四段视频。选择"行为"选项卡,打开"行为"窗口,从行为窗口的行为列表中把"弹出"行为拖曳到轨道1的第四段视频上,此时该视频上显示出"弹出"效果条。

步骤2：双击"弹出"效果条,在"属性"窗口中打开"弹出"面板,选择"进入"选项卡,设置样式为漂移,运动为平滑,速度为90％。选择"持续"选项卡,设置样式为弹出,循环次数为1,取消"无限循环"勾选项的选择。选择"退出"选项卡,设置样式为合页,运动为淡出,速度为90％。

7. 编辑转场效果

步骤1：选择"转场"选项卡,打开"转场"窗口,从转场列表中把"向右滑动"转场效果拖曳到轨道1的第一段和第二段视频之间,此时两段视频之间便添加了转场效果条。

步骤2：把鼠标移动到转场效果条的结束位置上,当鼠标指针变成双向箭头时,按住鼠标的左键向右拖动,调整转场效果的播放时长为2秒。

步骤3：参照步骤1、步骤2,把"向右滑动"转场效果拖曳到第二段和第三段视频之间、第三段和第四段视频之间,调整转场效果的播放时长均为2秒。

8. 编辑测验

步骤1：把播放头定位于0:06:54;20处,按住Ctrl+Q组合键,打开测验试图。

步骤2：把鼠标移动到测验试图轨道上的播放头所在的时间位置处,当出现一个带有加号(+)的绿色圆与绿色直线标志时,单击即可创建一个时间轴测验,此时,在"属性"窗口中打开"测验"面板。

步骤3：在"测验"面板中选择"测验问题属性"选项,打开"测验问题属性"窗口,在窗口中设置类型为"多项选择题",问题后面的文本框中输入问题内容,答案中设置答案的文本内容,并在正确答案前勾选单选按钮。

步骤4:在"测验问题属性"窗口中单击"添加问题"按钮,添加下一问题。

步骤5:重复步骤3至步骤4的操作,制作如下试题。

① 运用Audition软件进行录音前,需要设置录音设备吗?答案:需要、不需要。正确答案:需要。

② 对录制的音频进行降噪,选择声音样品时应选择哪部分音频?答案:环境声音、讲话者声音。正确答案:环境声音。

步骤6:在"测验"面板中选择"测验选项",打开"测验选项"窗口,勾选"观众可查看测验结果"和"统计测验分数"两个选项。

9. 生成视频

步骤1:编辑完成后,单击工具栏中的"分享"命令,根据提示进行下一步操作,当进入"生成向导"窗口的"Smart Player选项"页面时,在页面中选择"选项"选项卡。

步骤2:在该选项卡中要完成两项任务,一是勾选"字幕"选项,同时在字幕类型中选择"烧录字幕"选项;二是勾选"测验"选项,单击"下一步"按钮,完成视频的渲染。

16.3 微视频案例——视频素材的加工

【案例描述】

◇ 知识点内容简述

格式工厂是一款非常实用的文件格式转换软件,可实现视频、音频、图片、文档等文件格式的转换,视频中提取音频、画面以及音视频混流等。本案例以视频格式转换、片段视频截取、视频中提取音频、视频中提取画面、音视频混流5方面为例,来说明运用格式工厂对视频素材的加工。

◇ 技术实现思路

编写运用格式工厂进行视频转换、截取、提取音频、提取画面、音视频混流操作步骤的脚本;运用CS软件的录制屏幕功能把格式工厂中的操作步骤、讲解音频录制为视频;编辑时添加视觉效果并编辑热点注释,实现不同片段视频间的交互链接;添加指针效果,添加字幕;发布视频供用户在浏览器中观看。

【案例实施】

◇ 知识点内容脚本

格式工厂是一款非常实用的文件格式转换软件,可实现视频、音频、图片、文档等文件格式的转换。以5个案例的具体操作步骤来说明运用格式工厂软件对视频素材加工的方法。

1. 视频格式转换

使用格式工厂转换视频文件格式,操作步骤如下。

步骤1:启动格式工厂软件,单击"视频"选项卡的"所有转到 mp4"选项,打开"所有转到 mp4"窗口。

步骤2:在窗口中单击"添加文件"按钮,打开(..\16.3\视频 1.avi)视频文件,单击"确定"按钮返回格式工厂软件的主界面。

步骤3:单击工具栏中"开始"按钮,将视频文件转换为 mp4 视频文件。

2. 截取视频

使用格式工厂截取视频文件,操作步骤如下。

步骤1:启动格式工厂软件,单击"视频"选项卡的"所有转到 avi"选项,打开"所有转到 avi"窗口。

步骤2:在窗口中单击"添加文件"按钮,打开(..\16.3\视频 1.avi)视频文件。

步骤3:单击"选项"按钮,打开"视频预览"窗口,设置截取片段的开始时间为 00:02:45.50,结束时间为 00:05:11.00,单击"确定"按钮返回格式工厂的主界面。

步骤4:单击"开始"按钮,完成片段视频文件的截取。

3. 视频中提取音频

使用格式工厂从视频中提取音频,操作步骤如下。

步骤1:启动格式工厂软件,单击"音频"选项卡的"所有转到 mp3"选项,打开"所有转到 mp3"窗口。

步骤2:在窗口中单击"添加文件"按钮,打开(..\16.3\视频 1.avi)视频文件。

步骤3:单击"截取片断"按钮,打开"视频预览"窗口,设置截取片段的开始时间为 00:02:45.50,结束时间为 00:05:11.00。

步骤4:单击"确定"按钮返回格式工厂的主界面,设置生成的音频文件为(..\16.3\音频 1.mp3)。

步骤5:单击"开始"按钮,即可从视频中提取部分音频。

4. 视频中提取画面

使用格式工厂提取视频中的画面,操作步骤如下。

步骤1:启动格式工厂软件,单击"视频"选项卡的"所有到 mp4"选项,打开"所有转到 mp4"窗口。

步骤2:在窗口中单击"添加文件"按钮,打开(..\16.3\视频 1.avi)文件。

步骤3:单击"输出配置"按钮,打开"视频设置"窗口,将"关闭音效"设置为"是",单击"确定"按钮。

步骤4:单击"选项"按钮,打开"视频预览"窗口,设置截取片段的开始时间为 00:02:45.50,结束时间为 00:05:11.00。

步骤5:勾选"画面裁剪"复选框,并在预览窗口中用鼠标调整裁剪区域,单击"确定"

按钮返回格式工厂软件的主界面,设置生成视频文件为(..\16.3\视频2.mp4)。

步骤6:单击"开始"按钮,完成片段视频区域画面的提取。

5. 音视频混流

使用格式工厂将音频、视频文件混合,操作步骤如下。

步骤1:启动格式工厂软件,单击"高级"选项卡的"混流"选项,打开"混流"窗口。

步骤2:单击"视频流"区域中的"添加文件"按钮,打开(..\16.3\视频2.mp4)。

步骤3:单击"音频流"区域中的"添加文件"按钮,打开(..\16.3\音频1.mp3)。

步骤4:单击"确定"按钮,返回格式工厂主界面,设置生成视频文件为(..\16.3\视频3.mp4)。

步骤5:单击"开始"按钮,完成音频文件与视频文件的混合。

◇ CS案例实现

1. CS录制屏幕

步骤1:启动CS软件,单击工具栏中的"录制"按钮,打开CS软件的录像机。

步骤2:设置录像机的"选择区域"为"自定义",勾选"锁定应用程序窗口"选项。单击"录像机"的"工具"菜单中的"录制工具栏"命令,在打开的"录制工具栏"窗口中勾选"效果""音频"选项,单击"确定"按钮。单击音频右侧的下拉列表框,在打开的快捷菜单中选择"麦克风"选项。单击录像机的红色rec录制按钮,开始视频的录制。

当开始录制后,即按上述的脚本内容进行格式工厂软件中的相关操作与讲解。

步骤3:全部操作录制完成后,生成视频文件(..\16.2\视频素材的加工.trec),此时将该视频加载到"媒体箱"和轨道上。

2. 编辑音频

步骤1:选择轨道1上的视频并在其上右击,在弹出的快捷菜单中选择"分离音频和视频"命令,此时视频占据轨道1,音频占据轨道2。

步骤2:选择轨道2,把播放头定位于0:01:11;24处,单击时间轴工具栏的"分割"按钮,然后把播放头定位于0:01:12;29处,单击时间轴工具栏的"分割"按钮。此时从整个音频中剪出一段音频。

步骤3:在轨道2上选择剪出的第二段音频,把鼠标移至此段音频的音量线上,按住鼠标的左键向下拖动时,使此段音频的音量为0,实现此段音频的静音。

步骤4:参照步骤2、步骤3的操作,把轨道2上音频的00:02:15;05至00:02:18;15时间段剪出并静音。

3. 编辑热点注释

步骤1:把轨道1、轨道2锁定。

步骤2:新建轨道3,将播放头置于时间轴开始位置。单击"注释"选项卡,在打开的"注释"窗口中选择"标注"选项,把"文本矩形"注释拖到画布右侧合适的位置,在该文本矩形的文字上双击,输入文字"视频格式转换"。

步骤 3：在画布上双击该文本矩形注释,在属性窗口中打开"文本属性"面板,设置字体的颜色为黑色,大小为 30。

步骤 4：在属性窗口中选择"注释属性"选项,打开"注释属性"面板,设置填充颜色为浅黄色。

步骤 5：在时间轴的轨道 3 上调整该注释的持续时间,使其从视频播放开始一直持续到视频播放结束。

步骤 6：选择"视觉效果"选项卡,打开"视觉效果"窗口,把"交互功能/热点"效果拖到轨道 3 的注释上,此时轨道的该注释上添加了交互功能/热点效果条,双击该效果条,在"属性"窗口中打开"交互功能/热点"效果面板,勾选"结尾处暂停"选项,选择"时间"选项并设置时间为 00:00:00;00。

步骤 7：重复步骤 2 至步骤 6 的操作,分别新建设轨道 4、轨道 5、轨道 6、轨道 7,制作以下注释。

制作第 2 个文本矩形注释,设置名称为"截取视频",在"交互功能/热点"效果面板中将时间设置为 00:01:12;29。

制作第 3 个文本矩形注释,设置名称为"提取音频",在"交互功能/热点"效果面板中将时间设置为 00:02:18;15。

制作第 4 个文本矩形注释,设置名称为"提取画面",在"交互功能/热点"效果面板中将时间设置为 00:03:35;20。

制作第 5 个文本矩形注释,设置名称为"音视频混流",在"交互功能/热点"效果面板中将时间设置为 00:05:11;25。

4. 编辑指针效果、添加字幕

参照案例 16.2 的"编辑字幕""编辑指针效果"部分的操作,进行指针效果与字幕的编辑。

5. 生成视频

单击 CS 软件工具栏的"分享"命令,依据提示生成视频,视频交互功能的实现需要在浏览器下观看。

16.4 微视频案例——动画素材的加工

【案例描述】

◇ 知识点内容简述

Flash CS(以下简称为 Flash)是一款二维动画制作软件,其基本动画包括逐帧动画、形状补间动画、动作补间动画、引导层动画和遮罩层动画 5 种。本知识点介绍引导层动画、遮罩层动画的基本原理和具体实现的方法。

◇ 技术实现思路

运用 CS 软件的录像机录制引导层动画、遮罩层动画的制作过程并生成视频；在 CS 软件中编辑视频；编辑指针效果；生成视频文件。

【案例实施】

◇ 知识点内容脚本

1. 引导层动画

图层是 Flash 中重要的概念，而运用图层创建的引导层动画则是其基本动画之一。引导层动画的基本原理是使运动引导层与被引导层建立链接，通过运动引导层中绘制的路径来引导被引导层中的对象按路径运动，从而形成引导层动画。

以小人走迷宫为例，引导层动画的制作步骤如下。

步骤 1：启动 Flash 软件，新建一个文档。

步骤 2：在时间轴的图层 1 上右击，在弹出的快捷菜单中选择"添加传统运动引导层"选项，此时在图层 1 的上方建立了一个"引导层"，使引导层与图层 1 建立链接关系，即引导与被引导的关系。

步骤 3：在时间轴上再新建一个图层 3，将图层 3 移动至图层 1 的下方，不改变引导层与被引导层之间的引导关系。

步骤 4：执行"文件"→"导入"→"导入到库"命令，将(..\16.4\1.png)和(..\16.4\2.png)图片文件导入到 Flash 的库中。

步骤 5：此时图层 3 的第 1 帧存在空白关键帧，选中此帧，用鼠标拖曳的方式将 1.png 图片从 Flash"库面板"中拖曳至设计区中，用"工具箱"中的"任意变形工具"调整图像至合适大小。

步骤 6：在图层 3 的第 30 帧插入帧。

步骤 7：选中引导层的第 1 帧，用"工具箱"中的"铅笔工具"从迷宫入口至迷宫出口画一条引导线。

步骤 8：在引导层的第 30 帧上插入帧。

步骤 9：选中图层 1(也就是被引导层)的第 1 帧，用鼠标拖曳的方式将 2.png 图片从 Flash"库面板"中拖曳至设计区中。

步骤 10：将图形移至迷宫入口处，运用"任意变形工具"调整图像至合适大小，同时调整图片的中心句柄与引导层中的引导线重合。

步骤 11：在图层 1 的第 30 帧插入关键帧，用鼠标拖曳的方式将设计区中 2.png 图片移至迷宫出口处，同时保持图片的中心句柄与引导层中的引导线重合。

步骤 12：在图层 1 的第 1 帧至第 30 帧之间的任何一帧上右击，在弹出的快捷菜单中选择"创建传统补间"选项，创建传统补间动画。

2. 遮罩层动画

运用遮罩层与被遮罩层间的关系创建遮罩层动画是 Flash 中基本动画之一。遮罩层动画的基本原理是在遮罩层与被遮罩层之间建立遮掩与被遮掩的关系,实现被遮罩层中的一些对象被遮掩的效果。此动画与形状补间动画、动作补间动画配合运用,能够制作出较为复杂的动画。

以地球自转为例,遮罩层动画的制作步骤如下。

步骤 1:启动 Flash 软件,新建一个文档。

步骤 2:执行"文件"→"导入"→"导入到库"命令,将(..\16.4\1.bmp)图片文件导入到 Flash 的库中。

步骤 3:在时间轴的图层 1 上右击,在弹出的快捷菜单中勾选"遮罩层"选项,此时该图层变为遮罩层。

步骤 4:在时间轴上新建一个图层 2,用鼠标拖曳的方式将图层 2 拖到图层 1(遮罩层)下方,使二者建立遮罩层与被遮罩层的关系。

步骤 5:此时图层 1(遮罩层)的第 1 帧有空白关键帧,选中第一帧,使用"工具箱"中的"椭圆工具"在舞台中央画一个圆形。

步骤 6:在图层 1(遮罩层)的第 40 帧右击,在弹出的快捷菜单中选择"插入帧"。

步骤 7:选中图层 2(被遮罩层)的第 1 帧上,从"库"中将 1.bmp 图片拖到舞台最左侧,用"工具箱"中的"任意变形工具"调整图片的高度与圆形直径相同,使图片右边缘与圆形右侧外切。

步骤 8:在图层 2(被遮罩层)的第 40 帧上,插入关键帧。

步骤 9:将舞台上的图片水平移到最右侧,用"工具箱"中的"任意变形工具"调整图片的左边缘与圆形左侧外相切。

步骤 10:在图层 2 的第 1 帧至第 40 帧之间的任何一帧上右击,在弹出的快捷菜单中选择"创建传统补间"选项,创建传统补间动画。

步骤 11:将图层 1(遮罩层)和图层 2(被遮罩层)同时锁定。

◇ CS 案例实现

1. 导入视频

步骤 1:选择"媒体"选项卡,打开"媒体箱",单击"导入媒体"命令,把运用 CS 8.5 版软件录像机录制的视频文件(..\16.4\Flash 引导层动画.camrec)导入到"媒体箱"中。

步骤 2:用步骤 1 同样的方法,把视频文件(..\16.4\Flash 遮罩层动画.camrec)导入到"媒体箱"中。

2. 制作标题

步骤 1:选择"媒体"选项卡,打开"媒体"选项窗口,在窗口中选择"库"选项,从"库"中的动态背景类中把"变形三角形背景"拖曳到轨道 1 上。

步骤 2:在轨道 1 上选中"白色三角形背景"并在其上右击,在弹出的快捷菜单中选择"添加剪辑速度"命令,此时在轨道上会添加一个"剪辑速度"效果条,双击该效果条,在"属性"窗口中打开"剪辑速度"面板,设置速度的值为0.31x。

步骤3：选择轨道3,选择"注释"选项卡,在打开的"注释"选项卡中选择"标注"选项,在标注列表中把"文本"标注添加到画布上(同时也会添加到轨道3上),给文本标注添加文本"一、引导层动画",在"属性"窗口的"文本标注"面板中设置字体颜色为红色,大小为72。

步骤4：在轨道3上把注释播放的时长调整到0:00:03;16处。

3. 编辑视频与指针效果

步骤1：从"媒体箱"中把"Flash引导层动画.camrec"拖至轨道1的已有视频后面,然后在其上右击,在弹出的快捷菜单中选择"分离音频和视频"命令,此时视频的画面占据轨道1,视频的音频占据轨道2。

步骤2：把轨道2上的音频播放开始时间调整到0:00:03;16处。

步骤3：在轨道1上选中第二段视频,选择"指针效果"选项卡,打开"指针效果"窗口,从窗口中选择"指针效果"选项,把"指针高亮"效果拖曳到轨道1的第二段视频上。单击轨道上的"指针高亮"效果条,在"属性"窗口中打开"指针高亮"效果面板。在"指针高亮"效果面板中设置颜色为黄色,不透明度为70%,大小为20。

步骤4：在"指针效果"窗口中选择"左键点击圆环"选项,把"左键点击圆环"效果拖曳到轨道1的第二段视频上。单击轨道上的"左键点击圆环"效果条,在"属性"窗口中打开"左键点击圆环"效果面板。在"左键点击圆环"效果面板中设置颜色为红色,大小为30,圆环宽度0.5,持续时间为1.25秒。

4. 编辑字幕

步骤1：添加一条新的轨道4,把播放头定位于0:00:36;16处。

步骤2：把上述"知识点内容脚本"的"1.引导层动画"文本内容进行复制,返回CS软件中。

步骤3：选择"字幕"选项卡,打开"字幕"窗口,单击"添加字幕"按钮,把文本粘贴于"字幕"窗口的文本框中。

步骤4：在"字幕编辑"窗口中单击"字体属性"按钮,打开"文本样式"窗口,在窗口中设置字体为楷体,颜色为黑色,大小为32,不透明度为0。

步骤5：在"字幕"窗口中单击"脚本选项"按钮,在弹出的菜单中选择"同步字幕"命令,打开"同步字幕"窗口并单击"继续"按钮,打开"字幕和音频同步"对话框,选择"从播放头位置开始"选项。播放视频过程中,当听到一句话结束时,用鼠标在字幕文本框中单击下一句话开始的单词,即可创建一个新的字幕。

步骤6：在时间轴上依据视频对字幕播放时长做出微调,使音频与字幕更好地同步。

5. 编辑遮罩层动画视频

参照上述的操作步骤分别编辑视频的标题、指针效果、字幕等,此处不再赘述。

6. 生成视频

生成视频的步骤参照14.2节相关内容。